薪酬管制、参照点效应与经理人薪酬激励效果研究

王熹 ◎ 著

天津出版传媒集团

天津人民出版社

图书在版编目（CIP）数据

薪酬管制、参照点效应与经理人薪酬激励效果研究 /
王熹著. -- 天津 : 天津人民出版社, 2022.8
ISBN 978-7-201-18690-0

Ⅰ.①薪⋯ Ⅱ.①王⋯ Ⅲ.①企业管理－工资制度－
研究－中国 Ⅳ.①F279.23

中国版本图书馆 CIP 数据核字(2022)第 150923 号

薪酬管制、参照点效应与经理人薪酬激励效果研究
XINCHOU GUANZHI CANZHAODIAN XIAOYING YU
JINGLIREN XINCHOU JILI XIAOGUO YANJIU

出　　版	天津人民出版社
出 版 人	刘　庆
地　　址	天津市和平区西康路35号康岳大厦
邮政编码	300051
邮购电话	（022)23332469
电子信箱	reader@tjrmcbs.com

策划编辑	杨　轶
责任编辑	李佩俊
装帧设计	汤　磊

印　　刷	天津新华印务有限公司
经　　销	新华书店
开　　本	710毫米×1000毫米　1/16
印　　张	19.5
字　　数	280千字
版次印次	2022年8月第1版　　2022年8月第1次印刷
定　　价	68.00元

前　言

　　企业制度的发展经历了以业主制企业与合伙制企业为代表的古典企业制度和以公司制为代表的现代企业制度两个时期。区别于古典企业，股权结构的分散化以及所有权和控制权的分离成为现代公司的主要特征。公司制企业的产生与发展，极大地促进了自由竞争的经济发展和市场效率的提高。然而两权分离产生的两种权利与利益的竞争，引起了人们对公司治理问题的关注。保证股东利益的最大化是公司治理的目标，如何设计有效的激励机制促进公司经营代理人采取行动最大限度地增加委托人效用，成为公司治理研究的核心内容之一。

　　在我国，1978年改革开放以来，企业形成了一条由行政型治理向经济型治理演变的鲜明改革主线。我国企业的经理人激励制度也随之经历了几十年的变迁，培育了逐步发挥功能的经理人市场机制，管理者的报酬以及经理人人力资源的分配开始按照市场力量制定的标准得以实现。从计划经济时期近乎平均主义的报酬体系，到市场经济体制下国有企业负责人薪酬制度改革红利逐步释放，经理人薪酬水平逐步抬升，激励效应凸显，为促进企业改革发展发挥了重要作用。然而一些始料未及的"高管薪酬增长率高于公司利润增长率""公司利润负增长与高管薪酬正增长'倒挂'""天价薪酬"的怪象也陆续涌现。2014年8月29日，中共中央政治局召开会议，审议通过了《中央管理企业负责人薪酬制度改革方案》《关于合理确定并严格规范中央企业负责人履职待遇、业务支出的意见》，在加强监督的基础上进一步加大对高管薪酬的调控力度。我国政府现阶段将薪酬管制作为促进经济发展和社会公平的重大制度安排以及次贷危机后国际上采取的薪酬管制措施,再次引发了舆论对经理人激励效率损失——就此"消极怠工"降低努力水平的担忧。那么"限薪"甚至"降薪"的薪酬管制是否必然会降低经理人的努力水平? 本研究正是由此出发,探索薪酬管制对经理人努力水平的影响及其内在机理。

本研究应用情境模拟实验、行为博弈实验以及实证研究的方法,基于参照点效应,揭示了薪酬管制对经理人行为决策与心理认知产生影响的作用机制。主要内容包括:

(1)经理人薪酬参照点识别。通过文献回顾与半结构化访谈,设计了包括27个参照点的二维经理人薪酬参照点因子结构概念模型,通过在线问卷调查与探索性因子分析,识别了基于我国文化背景的五维经理人薪酬参照点因子结构。

(2)高管薪酬水平参照(与同行业、同地区、同产权性质企业比较)对企业绩效的影响。高管是企业重要的人力资源之一,其努力水平在很大程度上关系到企业绩效。然而由于信息不对称,很难直接观测高管努力水平,因此许多研究选择企业绩效指标作为其努力水平的代理变量进行研究。本研究以2013—2016年在沪深A股市场存续的上市公司为样本,基于我国文化背景实证检验高管薪酬横向比较对每股收益和总资产收益率的影响。

(3)薪酬管制、高管薪酬水平参照(与同行业、同地区、同产权性质企业比较)对企业绩效的影响。薪酬管制政策将使高管薪酬参照点漂移,可以预见政策出台将至少带来三种参照点变化:①预期参照点,即未来的期望收益;②"公平工资"参照点,本研究仅考察水平参照点(即其他代理人的收益)的作用,对于垂直参照点(即委托人的收益)的作用暂不做研究;③现状参照点,即目前的收益。因此本研究认为薪酬管制程度将调节高管薪酬参照与企业绩效间关系。本研究以2013—2016年在沪深A股市场存续的上市公司为样本,检验高管薪酬水平低于参照点时,薪酬管制程度对企业绩效影响的调节效应。

(4)参照点(预期参照点/水平参照点/现状参照点)对薪酬满意度的影响

及作用机制。薪酬满意度是组织行为与人力资源管理领域一个重要的态度层面变量,研究薪酬满意度是否存在参照点效应,对于预测个体行为具有更为普适的意义。研究采用情境模拟实验,设计了4种实验情境,检验薪酬满意度的参照点效应。通过9种情境模拟实验及彩票问卷,检验薪酬满意度的损失厌恶特征及其对薪酬满意度参照点效应的调节作用。

(5)参照点(预期参照点/水平参照点/现状参照点)对薪酬公平感知的影响及作用机制。薪酬公平感知是组织行为领域另一个重要的态度层面变量。本研究采用情境模拟实验,设计了4种实验情境,检验薪酬公平感知的参照点效应。通过9种情境模拟实验及行为博弈实验,检验薪酬公平感知的损失厌恶特征以及不平等厌恶偏好对薪酬公平感知参照点效应的调节作用。

(6)公平偏好、高管团队内部薪酬差距与企业绩效间的关系。高管团队其他人员是经理人薪酬比较的一个重要参照对象。本研究基于我国上市公司背景,将公平偏好理论中的F&S模型加入传统的锦标赛模型,构建了更符合现实情况的考虑公平偏好的锦标赛模型。通过对理论模型的推导分析,并结合沪深两市2014—2018年非金融A股上市公司面板数据的实证回归分析,探讨了高管团队内部薪酬差距与企业绩效之间的关系、公平偏好对二者关系的调节以及公平偏好对最优薪酬差距的影响。

本研究可能的创新之处主要在于构建了从心理和行为视角揭示薪酬管制这一制度安排作用效果的系统理论框架并进行了验证,具体表现在以下五个方面:

(1)构建了从心理和行为视角揭示薪酬管制作用效果的系统理论框架,丰富了薪酬管制研究的思路并提供了政策效果评价的新理论依据。本研究建立了从参照点效应揭示薪酬管制对行为决策与心理认知产生影响的系统理论框架并进行验证;在研究方法上主要应用了实验研究与实证研究,突破了目前以实证研究为主对薪酬管制制度安排进行效果评价的局限。

(2)揭示了多重参照点对行为决策和心理认知作用的一般规律,充实了行为决策理论的参照点效应和激励理论研究。参照点效应是本研究对薪酬管制问题研究的心理和行为视角。本研究在对参照点进行识别的基础上，研究了包括预期、水平和现状参照点在内的多重参照点对行为决策和心理认知结果变量的影响及其作用机制，研究成果将进一步充实行为决策的参照点效应和委托—代理框架下的激励理论研究。

（3）突破"经济人"假设，考察了不平等厌恶偏好以及损失厌恶特征对心理认知及行为决策的影响及其作用机制。用主流经济学理论通常无法解释个体行为博弈实验中发现的大量亲社会性行为，行为经济学对超越经济人假设的偏好进行研究，促使了社会偏好理论的应运而生。薪酬满意度、薪酬公平感知属于主观心理认知结果变量，受到个体偏好的影响，在风险决策中对行为决策产生影响的损失厌恶或者不平等厌恶偏好是否也影响心理认知呢？本研究在测度损失厌恶及不平等厌恶程度的基础上，检验了不平等厌恶偏好以及损失厌恶特征对薪酬公平感知或薪酬满意度参照点效应的调节作用。

（4）对经理人薪酬参照点进行识别，在一定程度上弥补了公平理论的缺憾——参照对象选择规律的缺失。参照点的选择是个体的一个心理活动，具有内隐性、动态性和复杂性的特征，给学者们的研究造成了一定的困难。对于预测或决定个体选择"谁"或者"什么"作为其比较标准存在较大的难度，这是参照点研究的一个核心问题，可能这正是公平理论并未给出参照点选择规律的原因。本研究力图突破这一局限，基于经理人薪酬比较这一情境，探究组织中最为关键的人力资本——经理人的参照点选择规律，研究结论将拓展组织行为的激励理论。

（5）基于现阶段我国上市公司高管团队内部薪酬差距实证数据，验证了公平偏好对高管团队内部薪酬差距与企业绩效之间倒"U形"关系的调节作用，深化了个体偏好异质性对锦标赛理论的影响。本研究将公平偏好理论中的F&S模型纳入锦标赛模型，构建了考虑代理人公平偏好心理特征的、更为一般性的锦标赛模型。本研究基于我国上市公司样本数据，实证检验了公平偏好对高管团队薪酬差距与企业绩效之间倒"U形"关系的调节作用，以及对高管团队内部最优薪酬差距的负向影响，从而为模型推导提供了更稳健的数据支持,深化了对锦标赛理论的认知。

本研究是国家自然科学基金青年项目(71502121)以及教育部人文社会科学研究规划项目(20YJA630064)的阶段性研究成果。研究生张娜、尤祥博、温馨、陈雪参与了课题研究并合作完成部分研究内容。本研究得到了诸多专家的宝贵意见以及调研对象的大力支持,一并表示由衷的谢意。

由于时间及水平限制,研究纰漏及不当之处,敬请读者批评指正。

目　录

第一章　绪　论

20世纪后半期以来,经济全球化、知识经济发展进程加快,科学技术特别是信息网络技术迅猛发展,越来越多的企业意识到企业之间的竞争归根结底是人的竞争,依靠核心人力资源建立竞争优势成为新时期人力资源管理的基本特征。经理人是组织中最重要的人力资源,如何有效地对其进行激励与约束成为现代企业制度建立以来理论界和实业界共同关注的核心问题和焦点问题。当前我国经济社会发展进入新阶段,转变经济发展方式和调整经济结构的任务更加紧迫和艰巨。在这一背景下,有效激励经理人对于促进企业转型升级、提升运作效率具有尤为重要的现实意义。

1.1　研究背景

2008年以来,影响全球主要金融市场的美国次贷危机引发人们对于高管薪酬制度的新一轮反思。在次贷危机中,公司股价的连续下挫、裁员范围的逐步扩大和高管收入的稳步上涨形成了巨大的反差。无论是高管薪酬水平的绝对上涨,还是首席执行官(CEO)与普通员工的相对收入差距,都引发了人们对高管薪酬的反思与争论。许多学者指出,美国等发达国家激进的高管薪酬制度为次贷危机的发生埋下了深深的隐患。在这一背景之下,次贷危机后,秉承自由主义市场原则的西方政府积极采取了各种措施纠正高管薪酬制度和高管行为,其中就包括实施限薪和减薪计划、调整薪酬结构、增加使用股权等长期激励性方式及减少现金薪酬等短期性激励方式、制定更加严格的监管机制,等等。2008年10月20日,德国政府在一项银行拯救计划中明确规定,受助银行高管的年薪不得超过50万欧元。2009年2月4日,美国总统奥巴马签发了针对按"不良资产救助计划"接受联邦政府救助的公司高管的"限薪令",这项"限薪令"规定受助机构高管的年薪不得超过50万美元。英国首相布朗也紧随其后在2月27日公开表示,苏格兰皇家银行前首席执行官160万英镑的巨额退休金"让人难以接受"。

在我国,1978年改革开放以来,在效率目标主导下,企业形成了一条由行政型治理向经济型治理演变的鲜明改革主线。我国企业的经理人激励制度也随之经历了40余年的变迁,培育了逐步发挥功能的经理人市场机制,管理者的报酬以及经理人人力资源的分配开始按照市场力量制定的标准得以实现(李维安、刘旭光、陈靖涵,2010)。从计划经济时期近乎平均主义的报酬体系,到市场经济体制下国有企业负责人薪酬制度改革红利逐步释放,经理人薪酬水平逐步抬升,激励效应凸显,为促进企业改革发展发挥了重要作用。然而随着中国融入全球化经济的进程与程度不断深入,国外公司较高的薪酬基准无疑为中国的经理层提供了一个极富吸引力的参照点。

2003年,国资委正式出台《中央企业负责人经营业绩考核暂行办法》,放松高管薪酬管制。中央直属企业高管薪酬上限从不高于职工平均工资3倍扩大到12倍,同时明确可以根据考核结果和中长期激励条件给予相应的中长期激励,此外还设立了单项特别奖。自此,以央企为代表的国有企业经理人薪酬出现爆发式增长。一些始料未及的"高管薪酬增长率高于公司利润增长率""公司利润负增长与高管薪酬正增长'倒挂'""天价薪酬"的怪象也陆续涌现。与此同时,改革开放极大地促进了人民生活水平的显著提高,人们的信念与偏好也必然伴随国民经济快速发展共生演化。随着经理人收入的"节节攀升",为了兼顾委托人和非高管人员的"公平"偏好,合理调节收入差距,促进社会整体的效率与公平,国家相关部门相继出台了一系列相关规定进一步规范上市公司的高管薪酬。2009年1月,财政部发布了《关于金融类国有和国有控股企业负责人薪酬管理有关问题的通知》,4月发布《关于国有金融机构2008年度高管人员薪酬分配有关问题的通知》,2009年9月,多部委联合下发《关于进一步规范中央企业负责人薪酬管理的指导意见》。2014年8月29日,中共中央政治局召开会议,审议通过了《中央管理企业负责人薪酬制度改革方案》《关于合理确定并严格规范中央企业负责人履职待遇、业务支出的意见》,在加强监督的基础上进一步加大对高管薪酬的调控力度。

1.2 研究问题的提出与研究目的

政府采取薪酬管制政策的初衷是适度调控薪酬差距,兼顾委托人和非高管人员的“公平”偏好,促进社会整体的效率与公平,但是存在损失经理人激励效率的风险,因此需要进一步对政策效果做出评价。在2009年紧缩的薪酬管制背景下,部分研究指出“限薪”降低了正常薪酬契约的激励作用,导致公司高管转向追求隐性收入或者控制权收益,不仅事实上加大了薪酬差距,导致不公平加剧,更对企业价值造成负面影响(陈冬华等,2005;黄再胜、王玉,2009)。

次贷危机后国际上采取薪酬管制及我国政府现阶段将薪酬管制作为促进经济发展和社会公平的重大制度安排,再次引发了舆论对经理人激励效率损失——就此“消极怠工”降低努力水平的担忧。那么“限薪”甚至“降薪”的薪酬管制是否必然会降低经理人的努力水平? 如果是将造成多大程度的影响? 要回答上述现实问题、客观评价政策效果,首先需要明确薪酬激励与经理人努力水平之间的关系。薪酬满意度(pay satisfaction)是人们对薪酬水平的主观评价,差异理论(discrepancy theory)(Lawler,1981)和公平理论(equity theory)(Adams,1965)是薪酬满意度研究的两类基础理论,它们共同的核心思想是薪酬满意度在很大程度上受到相对薪酬水平影响。相对薪酬水平高低取决于参照点的选择。风险决策研究方面,卡尼曼和特沃斯基(Kahneman & Tversky,1979)在前景理论(prospect theory)中首次提出了“参照点”(reference point)的概念,认为个体决策时依据的不是决策方案各种可能结果的绝对效用值,而是以某个既存的心理立基点(即参照点)为基准,把决策结具理解为绝对效用值与参照点的偏离方向和程度的相对效用。参照点潜在决定了个体将某特定结果编码为收益或损失，进而影响其随后的决策过程。现实中公司业绩不仅受代理人行为（努力水平）的影响，还受到其他不可控随机因素的制约，如气候条件、市场需求。在不确定环境下，高努力水平存在不能够带来高回报的风险，因此经理人的努力水平决策属于风险决策，存在参照点效应。由此可见，无论是个体的心理认知（薪酬满意度和薪酬公平感知）还是行为决策（努力程度）都受到绝对薪酬外的相对薪酬水平的影响。"不患寡而患不均"的思想与社会现实很好地印证了这一理论。因此明晰相对薪酬对个体心理认知和行为决策产生的影响能够揭示薪酬激励与经理人努力水平之间的关系。参照点的选择直接决定了相对薪酬水平，因此这里隐含的更深层次的研究问题是参照点对心理认知和行为决策产生影响的内在作用机制。这一问题的揭示具有重要的现实意义，不仅有助于我们正确评价政策效果，解释疑虑，更可以为薪酬管制政策的制定与优化提供理论依据。

社会比较理论（social comparison theory）指出个体通常利用社会比较进行自我评价，而比较对象的选择及其对个体的自我影响是一个内隐的过程。库利克和安布罗斯（Kulik & Ambrose, 1992）认为，对于预测个体将选择"谁"或"什么"作为其比较标准方面，存在较大难度，这是参照点研究的一个核心问题。而社会比较理论的上行比较、下行比较和平行比较，公平理论的横向比较（他人）和纵向比较（自己），系统比较（如组织承诺的薪酬），参照依赖（reference dependence）模型的现状参照点、预期参照点等诸多参照对象的范畴都表明参照点的选择是一个多元复杂的过程。那么经理人作为组织中的最重要的人力资源，他们进行薪酬比较时的参照点选择是否有规律可循呢？经理人薪酬比较情境下多重参照点中各个参照点的重要程度如何？它们各自是如何影响经理人的心理认知及行为决策呢？

薪酬管制政策背景下，初步预见会引发经理人水平、现状及预期参照点的薪酬比较。首先，紧缩的政策降低了经理人的薪酬预期，这是否必然会降低经理人的努力水平呢？其次，在深受"不患寡而患不均"思想影响的我国文化背景下，就横向比较的水平参照而言，薪酬管制下经理人间薪酬差距缩小,是否有可能会促进部分经理人提高努力水平呢?此外,重复交往是雇佣关系的基本特征,以往的薪酬水平也可能成为参照点。因此从时间维度的相对薪酬而言,"限薪"甚至"降薪"的薪酬管制政策使经理人处于"损失"状态,经理人会尽量努力工作提高绩效报酬从而弥补损失吗?故探究参照点对经理人主观心理认知和行为决策的影响及其内在作用机制成为关键问题。

本研究旨在从心理和行为视角研究薪酬管制背景下,参照点对经理人心理认知结果变量(薪酬满意度、薪酬公平感知)和行为决策变量(努力水平)的影响及其内在作用机制。研究的基本假设是:①经理人的努力水平决策属于风险决策;②经理人的行为决策与心理认知不仅受到薪酬绝对水平的影响,在很大程度上还受制于与参照点相较的相对薪酬水平影响。因此薪酬管制将通过参照点效应对经理人心理认知结果变量(薪酬满意度、公平感知)和行为决策变量(努力水平)产生影响。

1.3 研究意义

1.3.1 理论意义

1. 从心理和行为视角揭示薪酬管制的作用效果与内在作用机制,丰富了薪酬管制研究的思路,并提供了政策效果评价的新理论依据

目前针对薪酬管制效果的分析多局限于实证研究,缺乏从经理人心理与行为视角揭示过程与结果。现实中不断涌现的与薪酬有关的怪象说明单纯地减少或者消除薪酬管制也可能扭曲激励效果,因此更具规律性的内在作用机制揭示不仅将更有力地诠释薪酬管制政策的作用效果、丰富薪酬管制研究的思路,而且可以增强理论对现实行为的解释力度,提高行为预测的准确性,构成政策效果评价的新理论依据。

2. 揭示了多重参照点对行为决策和心理认知产生作用的一般规律,充实行为决策的参照点理论和激励理论

参照点效应是本研究对薪酬管制问题进行研究的心理和行为视角。在薪酬管制政策背景下,初步预见会引发经理人水平、现状及预期参照点的薪酬比较。对参照点对行为决策和心理认知结果变量的影响及其内在机理的挖掘,将进一步充实行为决策的参照点理论和激励理论。

3.对经理人薪酬参照点及其影响因素进行识别,在一定程度上弥补了公平理论的缺憾——参照对象选择规律的缺失

参照点的选择是个体的一个心理活动,具有内隐性、动态性和复杂性的特征,给学者们的研究造成了一定的困难。这也许正是公平理论并未给出参照点选择规律的原因。预测个体将选择"谁"或者"什么"作为其比较标准存在较大的难度,这是参照点研究的一个核心问题(Kulik & Ambrose,1992)。参照点选择直接影响比较结果,是不能回避的一个重要科学问题。本研究基于经理人薪酬比较这一情境,探究组织中最为关键的人力资源——经理人的参照点选择规律,研究结论将丰富组织行为中激励理论的研究内容。

4.突破"经济人"假设,考察了个体异质性(不平等厌恶偏好、损失厌恶特征)对心理认知及行为决策的影响及其作用机制,深化了异质性对个体行为影响的研究

本研究在测度损失厌恶及不平等厌恶偏好程度的基础上,检验了不平等厌恶偏好、损失厌恶特征对薪酬公平感知或薪酬满意度参照点效应的调节作用。将公平偏好理论中的F&S模型纳入锦标赛模型,构建了考虑代理人公平偏好心理特征的、更为一般性的锦标赛模型。实证检验了公平偏好对高管团队内部薪酬差距与企业绩效之间倒"U形"关系的调节作用,深化了个体偏好异质性对锦标赛理论的影响。

1.3.2 实践意义

1.揭示薪酬管制背景下经理人的心理认知与行为决策变化的规律,从宏观层面而言可以更好地为经理人激励机制的设计提供政策建议

调控制度关注效率与公平两大目标。薪酬管制作为一项调控政策,不仅是一个公平问题,更是一个效率问题,应从这两个方面进行评价。显而易见紧缩的薪酬管制措施迎合了政府与公众的公平偏好,而对管制对象——经理人的影响也可从"公平""效率"两个方面进行区分。第一,从公平层面而言,中国的经理人激励实践根植于中国新兴加转型的特殊历史情境,这期间经理人的财富水平不断增长,其信念与偏好也必然随之共生演化。特别是在"中庸""不患寡而患不均"的传统文化影响下,现阶段"公平偏好"经理人与"纯自利"经理人比例是否有所变化? 紧缩的薪酬管制政策能否符合多数经理人的诉求? 第二,效率层面,在放松的甚至是取消的薪酬管制政策下,随着经理人利润分享比例的提高,其拥有的剩余权益越多就有更大的积极性进行盈余管理和风险项目,这也将增加代理成本,此时薪酬契约不再是解决代理问题的治理机制,其自身也成为代理问题的一部分,因此放松甚至完全取消薪酬管制也存在效率损失。故需要在经理人努力水平的可能损失与薪酬激励引发的代理成本之间进行权衡(trade-off)。如果能够从理论上揭示薪酬管制背景下经理人的心理认知与行为决策变化的规律,准确预测经理人努力水平的可能损失,将能够更好地为经理人激励机制的设计提供政策建议。

2.预测经理人的行为,从而有的放矢地对其行为加以引导与监督

薪酬管制背景下经理人的心理认知与行为决策变化的规律的发现,不仅能够预测经理人的努力水平这一行为决策变量,而且可以洞悉纷繁复杂的社会现象隐藏的内在心理机制,并有助于预测在职消费、主动离职甚至是更严重的道德风险——腐败等负向组织行为。针对可能出现负向组织行为的经理人,政府可以重点进行道德引导或加大监督力度,减少腐败与隐性腐败问题的发生,增强理论的现实指导意义。

1.4 研究框架与研究内容

本研究旨在分析薪酬管制政策对经理人行为的激励效果,可以预见政策将至少带来三种参照点效应:①预期参照点,即未来的期望收益参照点。②"公平工资"参照点。心理学研究(Fehr & Falk, 2002)显示,代理人往往倾向与自己同类的其他代理人比较物质收益是否公平分配,而不是与自己不属一类的委托人进行比较。因此本研究仅考察水平参照点(即其他经理人的收益)的作用,对于垂直参照点(即委托人的收益)的作用暂不做研究。③现状参照点,即目前的收益参照点。

课题的研究逻辑是薪酬管制→参照点效应→心理认知与行为决策。基于薪酬管制政策背景,抽取可能对经理人产生影响的上述三种薪酬参照点;进一步通过对经理人薪酬参照点选择规律的探索,识别对经理人行为决策产生重要影响的参照点,继而研究各个参照点分别对个体心理认知(薪酬公平感知、薪酬满意度)和行为决策(努力水平及其代理变量)的影响及其内在作用机制(损失厌恶和不平等厌恶偏好的调节作用);最后根据研究结论给出管理启示与政策建议,提高研究结论的可操作性。本研究的概念框架见图1.1:

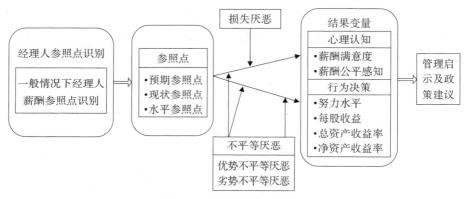

图 1.1 本研究的概念框架

研究内容一:经理人薪酬比较的参照点识别。

参照点选择具有内隐性和动态性的特征,加大了研究的难度,也导致学者们对个体参照点选择规律研究的成果并不多见。在现有研究中,参照点类型呈现纷繁复杂性,诸如自我参照点(历史薪酬、生活成本、预期等)、内部参照点(同组织内的相似职位)、外部参照点(其他组织中相似教育背景、同行业或相似工作特征的个体)、社会参照点(家庭成员、朋友、邻居等)、系统参照点(组织承诺、契约等),在方向性上也表现为上行比较、下行比较和平行比较等多种形式,可见参照点选择在具有一定普适的规律性的同时,可能还具有高度的情境依赖性。那么在我国文化背景下,经理人将选择什么作为参照点进行薪酬比较呢?我们通过文献回顾与半结构化访谈,设计了包括27个参照点的二维经理人薪酬参照点因子结构的概念模型,通过在线问卷调查与探索性因子分析,识别了基于我国文化背景的五维经理人薪酬参照点因子结构。

研究内容二:高管薪酬外部水平参照(与同行业、同地区、同产权性质企业比较)对企业绩效的影响。

高管是企业重要的人力资源之一,其努力水平与企业绩效相关。然而由于信息不对称,高管努力水平很难直接观测,因此许多研究选择企业绩效指标作为其努力水平的代理变量进行研究。本研究选取2013—2016年在沪深A股市场存续的上市公司,检验高管薪酬横向比较对每股收益和总资产收益率的影响。构建如下检验模型1。其中因变量(VBE)为企业绩效;自变量为薪酬参照(Reference),分为同行业薪酬参照点(IND)、同地区薪酬参照点(REG)、同产权性质薪酬参照点(SAP)三种情况。在公司治理实践中,高管往往先将自己的薪酬与参照基准进行对比,企业绩效是比较后产生不平等厌恶的心理感知进而改变努力水平的行为结果,存在一定的滞后性,故对模型中的企业绩效取滞后一期数据。具体模型为:

$$VBE_{i,t}=\alpha+\beta_1\times Reference_{i,t-1}+\beta_2\times lnCOMP_{i,t-1}+\beta_3\times Lev_{i,t-1}+\beta_4\times Size_{i,t-1}+$$
$$\beta_5\times Dual_{i,t-1}+\beta_6\times Independ_{i,t-1}+\beta_7\times State_{i,t-1}+\beta_8\times Protected+Year+$$
$$Industry+\varepsilon_{i,t-1} \hspace{2cm} (模型1)$$

研究内容三:高管薪酬外部水平参照(与同行业、同地区、同产权性质企业比较)、薪酬管制对企业绩效的影响。

检验高管薪酬水平低于参照点时,薪酬管制程度对企业绩效影响的调节效应,检验模型见模型2。因变量(VBE)为企业绩效;自变量为薪酬参照(Reference),分为同行业薪酬参照点(IND)、同地区薪酬参照点(REG)、同产权性质薪酬参照点(SAP)三种情况;调节变量为薪酬管制程度RPay,交互项为RPay×Reference。同上,模型中的企业绩效取滞后一期数据。

$$VBE_{i,t}=\alpha+\beta_1\times Reference_{i,t-1}+\beta_2\times RPay_{i,t-1}+\beta_3\times RPay_{i,t-1}\times Reference_{i,t-1}+$$
$$\beta_4\times lnCOMP_{i,t-1}+\beta_5\times Lev_{i,t-1}+\beta_6\times Size_{i,t-1}+\beta_7\times Dual_{i,t-1}+\beta_8\times Independ_{i,t-1}+$$
$$\beta_9\times State_{i,t-1}+\beta_{10}\times Protected+Year+Industry+\varepsilon_{i,t-1} \hspace{1cm} (模型2)$$

研究内容四：参照点（预期参照点/水平参照点/现状参照点）对薪酬满意度的影响及损失厌恶的作用机制。

薪酬满意度是组织行为与人力资源管理领域一个重要的态度层面变量，研究薪酬满意度是否存在参照点效应对于预测个体行为具有更为普适的意义。本研究采用在模拟的实验情境中对自变量进行操纵，从而考查被试反应变化的情境实验方法，检验薪酬满意度的参照点效应。实验分别给出不存在参照点及存在预期参照点、现状参照点和水平参照点等4种实验情境，请被试分别在4种情境下就自己的薪酬满意度进行自我报告。实验采取被试内设计的方法，即每名被试参加本部分的所有情境实验。

检验薪酬满意度是否存在损失厌恶特征。采用在模拟的实验情境中对自变量进行操纵，从而考查被试反应变化的情境实验方法进行检验。实验分别给出（高于、等于、低于）×（预期参照点、现状参照点、水平参照点）共9种实验情境，请被试分别在9种情境下就自己的薪酬满意度进行自我报告。9种实验情境见图1.2。

图1.2 实验情境

应用彩票问卷测量被试的损失厌恶特征，检验损失厌恶对于薪酬满意度参照点效应的调节作用。实验采取被试内设计的方法，即每名被试参加本部分的所有情境实验。

研究内容五：参照点（预期参照点/水平参照点/现状参照点）对薪酬公平

感知的影响及不平等厌恶的作用机制。

薪酬公平感知是组织行为领域另一个重要的态度层面变量。检验薪酬公平感知的参照点效应,采用在模拟的实验情境中对自变量进行操纵,从而考查被试反应变化的情境实验方法。实验分别给出不存在参照点及存在预期参照点、现状参照点和水平参照点等4种实验情境,请被试分别在4种情境下就自己的薪酬公平感知进行自我报告。实验采取被试内设计的方法。

检验薪酬公平感知是否存在损失厌恶特征。研究采用在模拟的实验情境中对自变量进行操纵,从而考查被试反应变化的情境实验方法进行检验。实验分别给出(高于、等于、低于)×(预期参照点、现状参照点、水平参照点)共9种实验情境,请被试分别在9种情境下就自己的薪酬公平感知进行自我报告。应用彩票问卷测量被试的损失厌恶偏好。实验采取被试内设计的方法。

检验存在水平参照点情况下,不平等厌恶对薪酬公平感知的调节作用。采厸在模拟的实验情境中对自变量进行操纵,从而考查被试反应变化的情境实验方法。实验分别给出(高于、等于、低于)×水平参照点共3种实验情境,请被试在3种情境下就自己的薪酬公平感知进行自我报告。实验采取被试内设计的方法。随后采用修正型最后通牒博弈和修正型独裁者博弈实验测度个体优势和劣势不平等厌恶系数。

研究内容六:公平偏好、高管团队内部薪酬差距与企业绩效间的关系。

随着企业内部的薪酬差距逐年增大,薪酬差距与企业绩效之间的关系问题成为理论界和实务界关注的焦点问题。从拉泽尔(Lazear)和罗森(Rosen)提出锦标赛理论以来,学者们对两者关系的研究主要得出了正相关、负相关、倒"U形"相关和正"U形"相关等结论。研究内容六发现,个体存在偏好差异,并非都是纯自利的。由于传统经济学"经济人"自利模型的局限性,用主流经济学理论通常无法解释个体行为博弈实验中发现的大量亲社会性行为。行为经济学对超越"经济人"假设的偏好进行研究,促使了社会偏好理论的应运而生。社会偏好概括而言包括利他偏好(突出表现为社会福利偏好)、差异厌恶偏好(又称为不平等厌恶或公平偏好)及互惠偏好等3类。

相关学者将社会偏好中的公平偏好假设引入锦标赛模型,发现存在公平偏好时,锦标赛制度的效果与自利假设下的研究结论存在区别。研究内容二、三中,考察了高管薪酬外部横向比较对企业业绩的影响,本部分研究基于我国上市公司背景,将公平偏好理论中的F&S模型加入传统的锦标赛模型,构建了更符合现实情况的考虑公平偏好的锦标赛模型。通过对理论模型的推导分析,并结合沪深两市2014—2018年非金融A股上市公司面板数据的实证回归分析,探讨了高管团队内部薪酬差距与企业绩效之间的关系、公平偏好对二者关系的调节以及公平偏好对最优薪酬差距的影响,检验模型参见模型3、4。其中被解释变量PER是企业绩效,解释变量WD是高管团队内部薪酬差距,Z代表公平偏好。

$$PER_{i,t}=\alpha_0+\alpha_1 WD_{i,t}+\alpha_2 WD_{i,t}^2+\alpha_3 C_{i,t}+\varepsilon_{i,t} \tag{模型3}$$

$$PER_{i,t}=\lambda_0+\lambda_1 WD_{i,t}+\lambda_2 WD_{i,t}^2+\lambda_3 Z_{i,t}\times WD_{i,t}+\lambda_4 Z_{i,t}\times WD_{i,t}^2+\lambda_5 Z_{i,t}+\lambda_6 C_{i,t}+\varepsilon_{i,t}$$
$$\tag{模型4}$$

1.5　研究方法

本研究使用变量较多,且涉及个体的心理机制分析,心理过程的内隐性、动态性特征增加了变量测量的难度,因此本研究主要采用实验室实验(laboratory experiment)研究的方法突破上述限制。其主要优点在于实验环境与实验条件可控程度高,实验者能够比较清楚地观察自变量对因变量的影响,极大地减少了其他变量的干扰。此外"努力水平"这一变量应用实证研究方法无法直接测量,故而实证研究部分都是针对其代理变量"企业业绩"展开的。

此外本研究构建了多元回归分析模型,分别检验了高管薪酬水平参照(与同行业、同地区、同产权性质企业比较)、薪酬管制对企业绩效的影响以及公平偏好、高管团队内部薪酬差距与企业绩效间的关系。

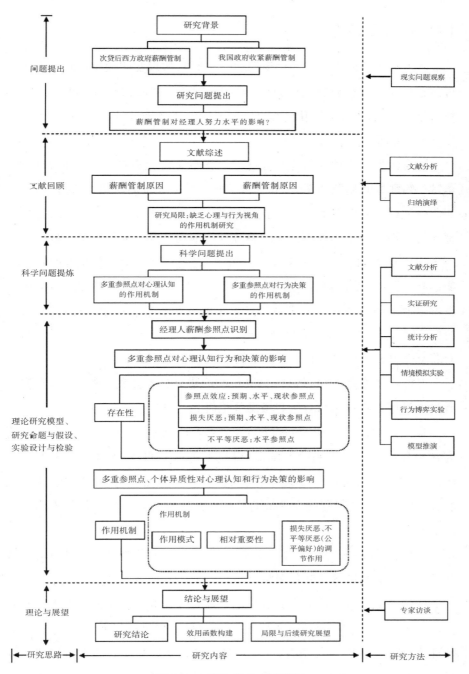

图1.3 本研究的技术路线图

1.6　研究创新点

本研究基于问题导向，坚持探索科学规律，从现实问题思考到理论研究再到指导实践，可能的创新之处主要在于构建了从心理和行为视角揭示薪酬管制这一制度安排作用效果的系统理论框架并进行了验证，具体表现在以下4个方面：

1.构建了从心理和行为视角揭示薪酬管制作用效果的系统理论框架，丰富了薪酬管制研究的思路，并提供了政策效果评价的新理论依据

以往研究对薪酬管制这项制度安排的效果评价较为单一，且缺乏从心理与行为视角揭示其作用机制的系统理论框架。经理人努力水平提供属于不确定因素干扰下的个体风险决策问题，受到除自身绝对薪酬外的相对薪酬影响，相对薪酬的高低取决于参照点。本研究建立了从参照点效应揭示薪酬管制对行为决策与心理认知产生影响的系统理论框架并进行验证；在研究方法上主要应用了实验研究与实证研究，突破了目前以实证研究为主对薪酬管制制度安排进行效果评价的局限。

2.揭示了多重参照点对行为决策和心理认知作用的一般规律，充实了行为决策理论的参照点效应和激励理论研究

参照点效应是本研究对薪酬管制问题研究的心理和行为视角。本研究在对参照点进行识别的基础上，研究了包括预期、水平和现状参照点在内的多重参照点对行为决策和心理认知结果变量的影响及其内在作用机制，成果将进一步充实行为决策的参照点效应和委托—代理框架下的激励理论研究。

3.突破"经济人"假设，考查了不平等厌恶偏好、损失厌恶特征对心理认知及行为决策的影响及其作用机制

用主流经济学理论通常无法解释个体行为博弈实验中发现的大量亲社会性行为，行为经济学对超越"经济人"假设的偏好进行研究，促使了社会偏好理论的应运而生。薪酬满意度、薪酬公平感知属于主观心理认知结果变量，受到个体偏好的影响，在风险决策中对行为决策产生影响的损失厌恶或

14

者不平等厌恶偏好是否也影响心理认知呢？本研究在测度损失厌恶及不平等厌恶偏好程度的基础上，检验了不平等厌恶偏好、损失厌恶特征对薪酬公平感知或薪酬满意度参照点效应的调节作用。

4.对经理人薪酬参照点进行识别，在一定程度上弥补了公平理论的缺憾——参照对象选择规律的缺失

参照点的选择是个体的一个心理活动，具有内隐性、动态性和复杂性的特征，给学者们的研究造成了一定的困难。对于预测个体将选择"谁"或者"什么"作为其比较标准存在较大的难度，这是参照点研究的一个核心问题，也可能是公平理论并未给出参照点选择规律的原因。参照点选择直接影响比较结果，是不能回避的一个重要科学问题。本研究突破了这一局限，基于经理人薪酬比较情境，探究组织中最为关键的人力资源——经理人的参照点选择规律，研究结论将拓展组织行为的激励理论。

5.基于现阶段我国上市公司高管团队内部薪酬差距实证数据，验证了公平偏好调节高管团队内部薪酬差距与企业绩效之间倒"U形"关系，深化了个体偏好异质性对锦标赛理论的影响

研究将公平偏好理论中的F&S模型纳入锦标赛模型，构建了考虑代理人公平偏好心理特征的、更为一般性的锦标赛模型。研究基于我国上市公司样本数据，实证检验了公平偏好对高管团队薪酬差距与企业绩效之间倒"U形"关系的调节作用以及对高管团队内部最优薪酬差距的负向影响，从而为模型推导提供了更稳健的数据支持，深化了对锦标赛理论的认知。

第二章 概念界定、理论基础
与文献综述

　　如何激励(motivation)组织中的个体一直是管理学关注的焦点。薪酬作为一种重要的激励形式,不仅拥有深厚的社会背景和管理学基础,其理论溯源可追溯到古典经济学的基本假设。经济学研究社会如何利用稀缺的资源生产有价值的商品,并将它们在不同的个体之间进行分配,从而促进国民和社会的福利。由于在不同历史时期人们的需求不同,所以实现福利增进的途径是存在差异的,这导致了经济学主流取向的演变,而对于"人们需要什么"的假设正是经济学研究与脉络演化的逻辑起点。斯密在《国富论》中把追求利润最大化的个人确立为经济分析的出发点,为新古典经济学和现代主流经济学奠定了分析生产者行为的基本范式(Smith,1776)。19世纪50—70年代的边际革命把追求效用最大化的个人确立为经济分析的另一个出发点,为新古典经济学和现代主流经济学奠定了分析消费者行为的基本范式(Gossen,1854;Jevons,1871;Menger,1871;Walras,1874)。这两个范式内在地统一于追求自身利益最大化,因此帕累托(Pareto)把具有这种行为倾向的人概括为"经济人",并将其视为经济分析的前提假设(Pareto,1896)。什么样的薪酬形式、结构与水平才能激励组织中的个体呢?特别是在所有权与经营权相分离的现代公司制度之下,经理人作为组织中最重要的人力资源,如何对其进行有效激励呢?学者们为此进行了大量的研究,形成了以委托—代理理论研究范式为代表的激励理论(the theory of incentives)。

2.1 经理人、高级管理人员（高管）及其薪酬

本研究理论分析中的经理人特指在薪酬契约谈判中与委托方（公司董事会）相对应的代理方（经理层），即公司经理、总裁或者首席执行官（不包含董事会和监事会成员）等广义高管人员。这样界定主要基于高管薪酬契约分析凵委托—代理分析框架的逻辑要求：在薪酬契约谈判中，董事会及其下属的薪酬委员会主要是代表作为委托人的股东利益，而监事会作为我国公司治理结构中的特殊制度安排，也主要代表以股东为主的利益相关者对代理人进行监督约束，因此我们将经理人概念界定为对公司日常经营决策负责的经理、总裁或者首席执行官。

高级管理人员简称高管，是指行使经营权的、在公司管理层中担任重要职务、负责公司经营管理、掌握公司重要信息的人员。根据《中华人民共和国公司法》（2018年第四次修正）第二百一十六条对相关用语的含义的阐释，高级管理人员是指公司的经理、副经理、财务负责人、上市公司董事会秘书和公司章程规定的其他人员。我国上市公司年报中披露的高级管理人员包含总经理、总裁、首席执行官、副总经理、副总裁、董事会秘书和年报上公布的其他管理人员（包括兼任高管的董事）。由于实证研究部分需要，如无特别指明，本研究涉及的高管为我国上市公司年报中披露的高级管理人员。

尽管不同公司和行业的薪酬实践存在很大的差异，但高管薪酬契约基本可以分为4个组成部分：基本薪金、基于财务绩效的年度奖金、股票期权以及长期激励计划（包括限制性的持股计划和基于多年财务绩效表现的奖励计划）（Murphy，1999）。由于股权激励形式在我国上市公司中尚不普及，可获得的数据也不足以支撑本研究的大样本平衡面板估计，因此本研究实证部分以高管的货币现金薪酬作为研究对象，主要包括薪酬契约中的基本薪金和年度奖金两部分。

2.2 经理人薪酬激励的理论基础

2.2.1 委托—代理理论与经理人薪酬激励

1.传统的委托—代理理论

信息经济学(economics of information)研究非对称信息情况下,什么是最优交易契约,又称契约理论或机制设计理论。其中拥有私人信息的参与人称为"代理人"(agent),不拥有私人信息的参与人称为"委托人"(principal),应用委托—代理的框架可以分析信息经济学的所有模型,故又称委托—代理理论。传统的委托—代理理论是建立在"理性经济人"假设之上的。由于两权分离,股东与经理人的目标并不一致,其关系类似于雇主与雇员。代理人和委托人的利益不一致决定了委托人希望代理人努力工作却只支付较低的薪水,代理人则希望领取较高的薪水却不愿意努力工作。因此代理人为了追求自己的最大利益所采取的行为,一般会不利于委托人的利益。为了使代理人按照有利于委托人利益的方式行事,如努力工作,委托人必须设计一种激励机制(incentive contract),使代理人在追求个人利益的同时实现委托人利益的最大化。这种激励机制就是薪酬契约(compensation contract),能够以最小的工资支付成本激励代理人努力工作进而获得最大期望利润的报酬契约就是最优薪酬契约。股东—经理和雇主—雇员类的隐藏行动的道德风险(moral hazard with hidden action)问题的基本分析模型是,委托人通过选择期望的努力水平和激励机制(薪酬契约),在满足代理人参与约束(IR)和激励相容(IC)的条件下,最大化委托人的期望效用。

委托人的期望效用函数表示如下:

$$\int v(\pi(a,\theta)-s(x(a,\theta)))g(\theta)d\theta$$

其中 a 是代理人的努力水平一维变量,θ 是不受代理人和委托人控制的外生随机变量(称为"自然状态"),$g(\theta)$ 是 θ 的密度函数,生产技术 $x(a,\theta)$,$v(\cdot)$ 是效用函数。委托人的问题就是选择 θ 和 $s(x)$ 最大化上述期望效用函数。

委托人同时面临着代理人参与约束（IR）和激励相容（IC）。参与约束（IR）即代理人从接受合同中得到的期望效用不能小于不接受合同时能得到的最大期望效用，函数表述如下：

（IR）

$$\int u(s(x(a,\theta)))g(\theta)d\theta - c(a) \geq \bar{u}$$

其中$\bar{u}$代表代理人的保留效用。

激励相容（IC）即假定委托人不能观测到代理人的行动a和自然状态θ，在合同激励下，代理人总是选择使自己的期望效用最大化的行动a。

（IC）

$$\int u(s(x(a,\theta)))g(\theta)d\theta - c(a) \geq \int u(s(x(a',\theta)))g(\theta)d\theta - c(a')$$

$$\forall a' \in A$$

其中，$a' \in A$是代理人可选择的任何行动。

委托—代理理论的研究脉络遵循对假设一步步放松的逻辑，这些假设包括对称信息、没有不确定性、只涉及双方、只交易一次。

（1）对称信息情况下的经理人最优激励机制与努力水平选择。因为对称信息下努力水平可以观测，所以此时激励相容约束是多余的。①没有不确定性。在雇主与雇员的一对一博弈中，当两者之间的信息（包括事前信息、事后信息）完全对称时，雇主想使雇员按照前者的利益选择行动，并可以根据雇员投入的努力水平支付薪酬，"理性经济人"雇员提供的最优努力水平满足边际条件——努力边际成本等于努力边际收益，帕累托最优可以实现，即不存在效率损失。因此根据雇员努力程度支付薪酬构成了固定工资合约这一常见的合约形式。②存在不确定性。委托—代理关系的中心问题是保险（insurance）和激励（incentive）的权衡（trade-off）。不确定性的存在引发风险分担问题。对称信息情况下，风险问题和激励问题可以独立解决，帕累托最优风险分担和帕累托最优努力水平可以同时实现。最优激励机制可设计为当代理人的真实努力水平（a）小于委托人期望的最优努力水平（a^*）时，支付一个低的固定报酬水平，反之当代理人的真实努力水平等于委托人期望的最优努力水平时,委托人根据最优努力水平和随机因素共同决定的产出水平支付报酬 s*(π(a*,θ))。因此只要这个固定报酬水平足够低,委托人不期望的代理人行动就不会出现。特别地,当委托人和代理人都具有不变的绝对风险规避度时,最优激励机制与产出水平是线性关系。改进的霍姆斯特姆和米尔格罗姆(Holmstrom & Milgrom,1987)模型指出,假定产出函数是线性形式——π=a+θ(其中 a 是代理人努力水平,θ 是外生不确定性因素),线性激励机制——s(π)=α+βπ(其中 α 是代理人的固定收入,β 是代理人分享的产出份额),当委托人是风险中性的、代理人是风险规避的,帕累托最优风险分担要求代理人不承担任何风险(β*=0),委托人支付给代理人的固定收入刚好等于代理人的保留工资加上努力的成本;帕累托最优努力水平要求努力的边际期望利润等于努力的边际成本(a*=1/b,假定努力成本为 c(a)=ba²/2,b>0 代表成本系数),b 越大,最优的 a 越小。

(2)不对称信息情况下的经理人最优激励机制与努力水平选择。现实中,雇主与雇员之间的信息很难实现完全对称,雇主不能直接观测雇员的行动(a),能观测的只是另一些变量(如 π)。由于存在随机因素(θ),即使代理人努力工作也可能只会得到低水平产出,而不努力工作时也可能凭借好运气而得到高水平产出。同时委托人通常不能监督代理人(监督成本太高或不具备相关专业知识导致),因此目标不一致的代理人将选择 a<a* 以改进自己的福利水平。因为利润水平由代理人的努力水平(a)和外生变量(θ)共同决定,代理人可以将低利润归咎于不利的外生影响,从而逃避委托人的指责,因此发生"道德风险"问题。当委托人风险中性而代理人风险规避时,在委托人不能观测代理人的真实努力水平(a)情况下,帕累托最优风险分担是不可能的,为了使代理人有积极性努力工作,代理人必须承担比对称信息情况下更大的风险。此时代理人的激励相容约束将发挥作用(binding),即通过激励机制 s(π)诱使代理人选择委托人希望的行动。代理人总是选择最优的真实努力水平(a)最大化自己的期望效用函数,激励相容约束为 $\int u(s(\pi))f_a(\pi,a)\mathrm{d}\pi=c'(a)$(Mirrlees,1974;Holmstrom,1979),其中 f(π,a)是 π 的分布密度函数。并且,当 a 是连续变量时,区别于 π 的包含更多信息的新

变量Z(如其他企业的利润)进入激励机制(契约、合同)不仅可以降低风险水平,而且可以提高努力水平。在改进的霍姆斯特姆和米尔格罗姆(Holmstrom & Milgrom,1987)模型中(委托人风险中性、代理人风险规避),信息不对称时,代理人激励相容约束为$a=\beta/b$,从激励角度而言,b越大,最优的a越小;从风险分担角度而言,b越大,为诱使代理人选择同样的努力水平要求的β越大,最优的a越大。但此时$a=\beta/b<1/b=a^*$(非对称信息下的最优努力水平严格小于对称信息下的努力水平,即不能实现帕累托最优努力水平)。但是即使代理人的行动不可观测(即信息不对称),如果代理人是风险中性的,帕累托最优同样可以实现,不会出现道德风险问题,即代理人承担全部风险时,没有外部效应存在,代理人如同为自己工作,不会有偷懒动机,此时代理人选择的努力水平与帕累托最优努力水平相同。

(3)多阶段博弈的经理人最优激励机制与努力水平选择。如同重复博弈可能解决囚徒困境一样,如果委托—代理关系不是一次性的,而是多次性的(重复的),即使没有显性激励机制(explicit incentive mechanism,即根据可观测的行动结果来奖惩代理人),"时间"本身可能解决代理问题。法玛(Fama,1980)认为,在竞争的经理人市场上,经理的市场价值决定于过去的经营业绩,从长期看,经理人必须对自己的行为负责,因此即使没有显性激励合同,经理人也有积极性努力工作,这样可以改进经理人的声誉,从而提高未来收入。霍姆斯特姆(Holmstrom,1982)模型化了法玛的思想,证明了$c'(a)=\dfrac{\delta\tau}{1-(1-\tau)\delta}(0<\tau<1)$,即$\tau$越大,声誉效用越强;且努力水平随年龄的减少而增加,即$a_t<a_{t-1}<\cdots\cdots<a_2<a_1$(Holmstrom,1999)。因为代理人现期的努力通过影响产出改进了市场对代理人经营管理能力的判断,因此越年轻的经理人工作可能越努力,而越接近退休年龄的声誉效应也越小。肖条军(2003)建立了两阶段基于信号博弈(第一阶段进行信号博弈)的声誉模型,进一步推广KMRW声誉模型(KMRW reputation model)。刘惠萍、张世英(2005)建立了一个关于经理人声誉机制与显性机制相结合的动态契约模型,证明委托人事前关于经理人能力的信息的不确定性越大,则经理人越容

易通过增加他的努力水平来改善能力预期,从而能够提高声誉的激励效应,反之会降低声誉的激励效应。

(4)基于多代理人锦标制度的经理人最优激励机制与努力水平选择。锦标赛制度(rank-order tournaments)是相对业绩比较的一种特殊形式,在这种制度下,代理人的所得仅依赖于他在所有代理人中的排名。拉泽尔和罗森(Lazear & Rosen,1981)证明,如果代理人的业绩是相关的,锦标制度是有价值的,因为它可以剔除更多的不确定因素,从而使委托人对代理人努力水平的判断更为准确,既降低风险成本,又强化激励机制。霍姆斯特姆(Holmstrom,1982)指出,除非代理人面临的不确定因素是完全相关的,或者代理人的业绩只能用序数度量,否则锦标制度并没有使观测变量包含的信息量得到充分利用。如果将相对排序和业绩变量结合起来使用,委托人可以进一步提高效率。被提升后的工资水平(w_H)越高,代理人越努力,因为被提升收益越大。提升的可能性(P)越大,代理人努力水平越高,但超过一个临界点后,努力水平随提升可能性(P)的上升而下降。部分实证研究也证实了高管团队垂直薪酬差异与企业绩效正相关(由于不可直接观测,可理解为用企业绩效作为努力水平的代理变量进行实证研究)(Eriksson,1999;Lee,2008;李绍龙、龙立荣、贺伟,2012),非国有企业的高管外部薪酬差距与企业业绩正相关(黎文靖、岑永嗣、胡玉明,2014),适当的薪酬差距对员工产生了激励作用(缪毅、胡奕明,2014)。

2.考虑社会偏好的委托—代理理论

斯密在《国富论》中把追求利润最大化的个人确立为经济分析的出发点,为新古典经济学和现代主流经济学奠定了分析生产者行为的基本范式(Smith,1776)。19世纪50—70年代的边际革命把追求效用最大化的个人确立为经济分析的另一个出发点,为新古典经济学和现代主流经济学奠定了分析消费者行为的基本范式(Gossen,1854;Jevons,1871;Menger,1871;Walras,1874)。这两个范式内在地统一于对自身利益最大化的追求,因此帕累托把具有这种行为倾向的人概括为"经济人",并将其视为经济分析的前提假设(Pareto,1896)。然而最后通牒博弈实验、信任博弈实验和公共品博弈实验等一系列个体行为博弈实验的结果显示人们并非都是完全自利的，也具有善良、公平和互助特性，对"经济人"假设提出了巨大的挑战。人们不仅关心自身的物质收益，也会关心他人的利益的特征被称为社会偏好（social preferences）。社会偏好是个体效用函数的重要组成部分，可概括分为3种：利他偏好、公平偏好及互惠偏好。

传统的委托—代理理论亦以"理性经济人"为基础假设展开研究，只考虑代理人的行为对其所获取绝对收入水平的反应，而不考虑代理人对其他人收入水平的关注，即假定代理人的效用仅仅取决于自身绝对收入水平，而不受相对收入水平的影响。虽然也存在考虑代理人相对业绩的委托—代理模型（如锦标赛制度等），但并未考虑代理人的心理因素及行为反应。因此传统委托—代理理论得出的结论仅包含信息不对称情况下关于道德风险的激励，而不包括考虑公平心理等因素的激励问题。然而用单独个人经济利益的追逐动机不能完全解释参与者的行为，对"公平"的追求也是其行为的重要解释因素。因此考虑社会偏好的委托—代理理论研究，多集中于两种意义上的"公平"追求对委托—代理模型的影响：

（1）关注动机公平的委托—代理模型。这类模型强调行为背后的动机和意图是否公平，以拉宾（Rabin，1993）的互惠意图（intention based reciprocity）理论为代表。心理学实验的发现概括了人们普遍表现出的"互惠互损"行为准则，把"公平性"（fairness）定义为"当别人对你友善时你也对别人友善，当别人对你不善时你也对别人不善"。而且给予这种概念明确的规定，即"如果你在损失自己效用（收入、利益等）情况下去损害别人的效用（收入、利益等），就被定义为你对别人不善；如果你在损失自己效用（收入、利益等）情况下去增进别人的效用（收入、利益等），就被定义为"你对别人友善"。更重要的贡献是，拉宾（1993）开创性地利用吉亚纳科普洛斯等（Geanakoplos et al.，1989）的心理博弈框架构建经济学模型，具体分析了人们生活中广泛存在的这种互利行为。参与者根据自己的二阶信念结构判断对方的意图，进而决定反应策略。模型的核心问题是在善意函数的构造中如何判断和衡量对方的善意程度。拉宾（1993）认为，博弈方通过自己的实际收益与期望的公平收益（即参照点）的比较来判断对方是否对自己善意，进而决定自己的策略。当测度二阶信念的善意函数Ⅱ<0时，意味着博弈方认为对方对自己不友善，那么博弈方使自己效用最大化的策略是以怨报怨，也就是善意函数Ⅰ<0；反之，善意函数Ⅱ>0时；意味着博弈方认为对方对自己友善，那么使自己效用最大化的策略是以德报德，也就是善意函数Ⅰ>0。拉宾（1993）的"互惠"理论有多重均衡，"互损"也是均衡。杜文贝格和基希施泰利格（Dufwenberg & Kirchsteiger，2004）定义了序列互惠均衡，以便更好地解释连续博弈中的行为，这是一个非常完备的均衡概念，其中局中人关于他人行为动机善恶的推断信念包括均衡路径上的推断信念和非均衡路径上的推断信念都会不断更新，但是，即使用于最简单的动态博弈分析过程也相当烦琐，并且同样存在多重均衡结果。蒲勇健（2007a）通过构造一个基于互惠意图的简化的Holmstrom-Milgrom模型（简称HM模型），证明在一定条件下，企业更加人性化地关怀员工，给予员工比其保留支付还要多的固定收入，不仅不会减少企业的利润，相反会因此而激发员工的感激之情，使员工更加努力地为企业工作，同时新合约带来了原有理性代理人HM模型的帕累托改善。蒲勇健（2007b）将拉宾（1993）提出的同时考虑了物质效用和"动机公平"的效用函数植入传统的委托—代理模型，得出当委托人支付给代理人的固定工资满足一定条件时：①代理人努力程度（a）是工资中固定部分（α）增函数，即委托人越慷慨地给予代理人更多的固定收入，代理人越努力工作；②代理人的努力程度比理性代理人情形下高（$a>\beta/b$）。

（2）关注分配结果公平的委托—代理模型。此类模型强调物质收入的分配结果公平，即假设参与人无论对方对自己是否有善意，参与人只关注结果公平与否，这就意味着参与人不仅需要关心自身的利益，而且还需要关注他人的收益，同时具有减少与别人收益差异的动机。关于分配结果的公平偏好包括嫉妒心理（envious）、同情心理（compassionate）和不平等厌恶（inequity aversion）等。上述心理偏好中，只有不平等厌恶能够解释全部博弈实验，因此经典的关注分配结果公平的委托—代理模型都是建立在不平等厌恶假设之上的，包括F&S模型（Fehr & Schmidt，1999）和ERC模型（Bolton &

Ockenfels, 2000)（也有学者称之为BO模型）。不平等厌恶认为，在自己收益低于他人时会因嫉妒心理产生嫉妒负效用，而高于他人时会由同情心理产生同情负效用，而且收益低于他人时的嫉妒负效用大于同等幅度高于他人收益时的同情负效用。

F&S模型认为，人们为了判断收益分配是否公平，会将自己的收益与他人收益一一比较，总效用等于物质收益直接效用、嫉妒负效用和同情负效用之和。每个人的嫉妒心理强度和同情心理强度不同，有的人嫉妒心理强度较大，有的人同情心理强度较大，而当两者都为零的时候表示纯粹自利偏好。F&S模型因能够解释全部博弈实验结果而被广泛应用。

ERC模型则认为人们为了判断收益分配是否公平，只会把自己的收益与参考群体（reference group）的平均收益进行比较，即行为人既不愿意自己的收益高于平均收益，也不愿意低于平均收益。ERC模型没有给出具体的函数形式，因而在解释博弈实验结果时有很大的自由度，解释范围几乎涵盖了除公共品博弈实验中投资少者被惩罚现象之外的全部博弈实验结果。

此外查尼斯和拉宾（Charness & Rabin, 2002）试图将几种公平偏好纳入统一的分析框架，提出了一个包含个人公平偏好的两人简单线性效用函数模型，参数的取值范围不同代表了自利及竞争性（competitive preferences）、不平等厌恶、利他等不同的偏好。也有研究指出，与同情偏好相反，行为人还存在因别人的收入低于自己而骄傲的偏好（即自豪偏好），个体收益高于他人时会由自豪心理产生正效用（Fehr & Schmidt, 1999; Bolle, 2000）。李训、曹国华（2008）构建了包括代理人纵向（代理人与委托人间）嫉妒偏好和自豪偏好的委托—代理模型，证明了在对称信息下，代理人的努力水平与公平偏好程度无关，只随努力成本系数的增大而降低；在非对称信息下，最优努力水平随代理人的公平偏好程度、努力成本系数的增大而下降。蒲勇健、郭心毅、陈斌（2010）基于委托人—代理人两人博弈的F&S模型，证明了在代理人收入低于委托人的情况下，无论信息对称与否，获得纵向"公平"收入的代理人都将提高努力水平，且代理人的努力水平随其公平偏好程度的增加而提高。袁茂、雷勇、蒲勇健（2011）构建了包括横向公平偏好（代理人之间）

的委托—代理模型,得出结论:在对称信息下,横向公平偏好因子不会对代理人努力水平产生影响;而在非对称信息下,代理人对横向公平偏好的重视程度越高,其努力水平越大,当代理人具有无限大的横向公平偏好程度时,接近对称信息下的努力水平。

2.2.2　人力资本理论与经理人薪酬激励

人力资本理论(human capital theory)起源于经济学研究。20世纪60年代,美国经济学家舒尔茨(Schultz)和贝克尔(Becker)创立了人力资本理论,开辟了关于人类生产能力的崭新思路。这一理论认为物质资本指物质产品上的资本,包括厂房、机器、设备、原材料、土地、货币和其他有价证券等;而人力资本则是体现在人身上的资本,即对生产者进行教育、职业培训等支出及其在接受教育时的机会成本等的总和,表现为蕴含于人身上的各种生产知识、劳动与管理技能以及健康素质的存量总和。人力资本将雇员概念化为一整套可以向雇主"出租"的技能,与物质资本同为生产性资本。

人力资本是一种特殊的商品,与一般商品相比,同样具有价值但是又拥有以下不同的属性:首先,人力资本可能在使用过程中增值。一般商品在使用过程中,其价值消失或降低,而由于在使用过程中,劳动技能的熟练以及经验的积累,使得人力资本的价值反而有可能增值。其次,人力资本的使用价值是"易变的"。一般商品的使用价值在短期内不会发生很大的变化,如燃烧一吨煤所产生的热量是比较确定的,因此是相对"稳定的",而人力资本可以在较短的时间内通过培训、教育发生较大的变化。最后,人力资本具有较强的差异性,往往需要采用"个别定价法",而一般商品的价值可以通过市场交易一次性直接确定。

高级管理人员作为企业最为重要的人力资本,不仅会直接作用于公司的经营方向和生产营销策略,其自身的工作作风和领导风格还会对组织的工作氛围、人际关系等各个运营环节产生重要影响。因此与一般的人力资本相比,经营者人力资本的使用价值更具特殊性:首先,使用效果的表现形式存在差异。一般人力资本所有者往往从事单一或具体的工作,成果容易识别,其价值可以通过计时、计件工资等方式来衡量;而经营者从事的工作通常具有全局性和综合性，其才能的发挥完全嵌入企业生产经营的全过程，不能单独体现，故只能通过企业的整体经济效益进行衡量。其次，经营者的劳动具有复杂性与风险性。经营者人力资本价值并不表现为某一具体的劳动，而在于如何将企业的各项生产要素如土地、资本、劳动等资源有效地结合起来，提高企业的生产效率，创造更多的收益，因此相较于一般人力资本所有者的单一劳动而言具有复杂性。此外由于企业的生产经营活动受到内/外部、可控/不可控等多重因素的影响，经营者不仅要面对企业内部复杂的经营管理，还要面对企业外部激烈的市场竞争，经营业绩具有很大的不确定性，这使得经营者人力资本的使用价值也具有一定的风险性。最后，企业的生产经营活动最终可归结为劳动力要素与资本要素共同作用的结果。随着社会的发展，组织所处的环境日益动荡复杂，VUCA 特征（volatility 易变性，uncertainty 不确定性，complexity 复杂性，ambiguity 模糊性）愈发突显，这使得人的能动性对于组织的生产经营活动更具决定性影响。不同层次人力资本所有者的作用不同，处于组织结构最高层的经营者拥有特殊的人力资本，在价值创造中处于绝对的核心地位，因而其使用价值最为突出与重要。

就结构而言，经营者人力资本价值包括内在价值和外在价值。内在价值是经营者人力资本形成过程中教育、培训、经验等各种投入的凝结，可以通过经营者的能力表现出来；外在价值是指其使用价值和交换价值，它必须通过与外部环境交换体现出来。经营者人力资本的内在价值是外在价值的基础，而外在价值是内在价值的归宿。

一个社会的财富是人力资本和非人力资本的组合，在一国或一个地区的实际财富中，相较于人口中积累下来的知识和技能，有形的物质资本所占的比例反而相对较小。人力资本通过教育、培训、劳动力迁移、保健等投资活动而获取，可以创造利润，从长期而言，人力资本投资收益率高于物质资本投资收益率。基于人力资本理论的高管薪酬激励问题研究，主要集中于高管人力资本与薪酬之间关系的实证研究，而高管人力资本一般通过教育水平、年龄和任职年限进行测量。例如，拉泽尔（1981）研究发现经理人的收入会随着教育水平的提高而增长。汪金龙（2007）等人以我国部分上市公司为样本,发现高管的教育水平与其报酬正相关。李四海、江新峰和宋献中(2015)利用我国沪深A股上市公司2004—2012年数据,研究高管年龄对薪酬契约的影响。研究结果发现,高管年龄对薪酬水平具有显著的影响,相对年龄与绝对年龄越大的高管获得了更高水平的薪酬。

2.2.3 经理权力理论与经理人薪酬激励

根据最优契约理论,所有权与经营权分离的现代公司,可以通过设计激励契约解决委托人、代理人目标不完全一致和信息不对称的问题,董事会应该秉公无私地与经理进行薪酬契约谈判。然而近些年"高管薪酬增长率高于公司利润增长率""公司利润负增长与高管薪酬正增长'倒挂'"等高管薪酬偏离公司经营实绩的持续增长现象,以及部分实证研究成果并不支持"高管薪酬与公司业绩相关",引发了人们对于经理能够干预自己的薪酬水平和结构的担忧。

经理权力理论基础源于经理主义研究。伯利(Berle)和明兹(Means)在20世纪30年代发现"经理革命"现象(managerial revolution),这种"经理革命"造就了一种"与所有权相分离的经济权势",开创了经理主义研究的先河。克里斯托(Crystal,1991)在《Why CEO Compensation Is So High》一文中较早地对高管超额薪酬成因进行研究,发现高层管理者在他们的薪酬制定过程中能够在一定程度上给董事会制造压力。别丘克(Bebchuk)和弗里德(Fried,2003)的分析指出,经理权力在经理薪酬契约的制定过程中扮演了重要角色,经理权力能够解释许多长期以来一直困扰学者们的高管激励薪酬实践问题。特别是对于股权分散、实现内部人控制的公司,经理权力给出了更好的解释。在内部人控制的情况下,经理层可以通过控制董事会从而设计出符合自己利益最大化的薪酬契约,即经理薪酬契约的决定存在内生性。经理权力对最优契约设计的干扰将影响薪酬水平和结构的设计,从而削弱对经理增加股东价值的激励,并将最终影响公司长期价值。随后别丘克和弗里德(2004)在《Pay Without Performance:The Unfulfilled Promise of Executive Compensation》一书中首次综合性地提出经理层权力理论。他们从双方关系角度出发,将经理层权力描述为经理人员对董事会产生的一种影响力,而这种影响力能够使经理人员所获得的薪酬明显超出了其在公平谈判情况下所能达到的报酬水平。

经理权力理论的核心观点是,经理层利用其拥有的权势干预甚至决定自己的薪酬。主要内容:首先,由于委托人与代理人之间的信息不对称,董事会很难完全实现对公司经理层薪酬契约的控制,作为"理性经济人"的经理人有动机和能力干预自己的薪酬;其次,如果薪酬与公司业绩相脱离,必然会寻致经理层运用权力寻租;最后,经理层能够影响董事会为自己谋求超额薪酬,此时薪酬契约不再是解决代理问题的治理机制,其自身也成为代理问题的一部分。

经理权力分析范式提出了权力—薪酬关系假说,即当董事会相对缺乏独立性,或者缺少有力的外部股东或机构投资者制约时,经理拥有的凌驾于董事会等内部治理约束的权力越大,其薪酬水平与公司经营实绩的差距越大。具体而言,在其他条件相同的情况下,当公司董事会较弱或者无效、缺少有力的外部股东以及较少的机构投资者持股比例时,经理层对薪酬契约的设置将具有较大的影响。

一些实证研究发现也支持经理权力理论的假设。科尔、霍尔特豪森和拉克尔(Core,Holthausen & Larcker,1999)发现,当董事会规模较大、外部董事多数由首席执行官任命、首席执行官同时兼任董事长时,首席执行官薪酬往往偏高。赛尔特、康和库玛(Cyert,Kang & Kuma,2002)发现了第一大股东持股与经理薪酬水平之间的负向相关关系,外部股东持股比例增加一倍,高管的非现金薪酬将减少12%~14%。哈策尔(Hartzell)和斯塔克斯(Starks,2003)发现,机构投资者持股比例越集中,高管薪酬水平越低。他们还发现,存在大的机构投资者的公司的薪酬绩效敏感度更高。权小锋、吴世农和文芳(2012)以2004—2007年我国国有上市公司为样本,研究国企高管是否通过其权力影响而获取私有收益,并探讨其进行薪酬操纵的行为策略和薪酬结构的价值效应。研究发现:①国有企业高管的权力越大,其获取的私有收益越高,但中央政府控制的国有企业高管偏好隐性的非货币性私有收益,而地方政府控制的国有企业高管更偏好显性的货币性私有收益;②管理层权力越大,薪酬与操纵性业绩之间的敏感性越大,表明随着权力增长,管理层会倾向利用盈余操纵获取绩效薪酬。

虽然经理权力研究视角提出了经理层权力与薪酬之间关系的假说,但需要说明的是,即使经理层有影响自己薪酬的权力,这种权力依然会受到股东、董事会和市场的约束,同时还会受到外部人员对薪酬方案的"公愤"(outrage)影响。薪酬方案可能招致的"公愤"程度越高,越难获得董事会批准,经理层也越难利用手中权力寻租。金融危机形势下各国政府纷纷出台的"高管限薪令"是"公愤"限制高管薪酬的很好佐证。

2.3 薪酬管制

经济学家萨缪尔森(Samuelson)认为,管制是政府以命令的方法改变或控制企业的经营活动而颁布的规章和法律。伯吉斯(Burgess,1995)认为,政府管制是政府采取的干预行动。本研究将薪酬管制(regulation)界定为国家依靠其政治权力对经理人薪酬实施直接干预的一种制度安排。主要的薪酬管制形式包括实施限薪和减薪计划、调整薪酬结构,以及使用股权等长期激励性方式等。基于目前国内外经理人市场薪酬管制的现实背景,本研究着眼于限薪和减薪形式的薪酬管制对经理人努力水平的影响。

宏观经济调控的两大目标是效率与公平。薪酬管制作为一种调控制度,不仅是一个公平问题,更是一个效率问题。实施薪酬管制的内在经济机理首先是国有企业在特定治理环境下降低代理成本的一种制度安排,即提高效率问题。代理成本存在的根本性原因:

(1)两权分离的现代企业中,所有者与经营者的利益不完全一致。企业所有者追求利润或者公司价值最大化,而经理人追求包括经济利益、声誉等多元目标的个人效用最大化。延森和米克林(Jensen & Meekling,1976)认为,由于所有权与控制权的分离,具有自利动机的代理人最大化效用的行为可能牺牲委托人的利益。现实中,在职消费、盈余管理等一系列现象层出不穷突显了经理人利用控制权以损害或者牺牲所有者的权益为代价获取收益,实现个人效用最大化。格罗斯曼和哈特(Grossman & Hart,1988)、哈里斯和拉利夫(Harris & Raviv,1988)、阿吉翁和博尔顿(Aghion & Bolton,1992)明确地将高管收益分解为货币收益和控制权收益两部分。张维迎(1999)认为控制权收益主要包含一些难以度量的非货币形态的收益,其中包括总经理可以享受的在职消费、通过企业资源的转移而得到的个人好处等等。上述管理行为将使企业的价值小于经理人为企业完全所有者时企业的价值,两者的差即为代理制下的效率损失,构成代理成本(agency costs)。

(2)所有者与经理人之间不可避免地存在信息不对称(asymmetric information)问题。经理人拥有所有者并不掌握的私人信息(如专业知识),信息的不对称性加剧了经理人在缔约后采取不利于委托人利益的行为方式,引发道德风险问题,加大了效率损失。当所有者与经理人之间的信息〔包括事前(ex ante)信息、事后(ex post)信息〕完全对称时,所有者可以根据经理人投入的努力水平支付薪酬,"理性经济人"经理人提供的最优努力水平满足边际条件——努力边际成本等于努力边际收益,不存在信息对称性问题引发的效率损失。因此根据经理人努力程度支付薪酬,构成了固定工资契约这一最常见的契约形式。然而现实中所有者和经理人很难完全实现信息对称,所有者通常不能监督经理人(不具备相关专业知识导致),或者监督成本太高,即监督也从另外的层面增加了代理成本。因此如何通过对经理人进行有效的激励与约束,克服当事人之间的目标不一致和信息的分散化导致的效率损失成为现代公司治理理论研究的重点。其中影响最大、分析最为深刻的是委托—代理理论(principal-agent theory)。

传统的委托—代理理论是建立在"经济人"假设之上的,因此薪酬激励成为解决委托人、代理人目标不完全一致和信息不对称问题的根本性制度。为了使经理人(代理人)按照有利于所有者(委托人)利益的方式行事,比如努力工作,委托人必须设计一种激励机制,使代理人在追求个人利益的同时实现委托人利益的最大化。这种激励机制就是薪酬契约,能够以最小的工资支付成本激励代理人努力工作进而获得最大期望利润的报酬契约就是最优薪酬契约。最优契约理论(optimal contract theory)是根植于委托—代理分析范式的,强调最优契约的核心目标是融合经理人与股东利益,并尽量提供具有信息含量的业绩指标实现效率的改进(Jensen,Murphy & Wruck,2004;李维安、刘绪光、陈靖涵,2010),也构成了基于业绩的薪酬激励形式的理论基础。最优契约理论已成为目前最为流行的高管薪酬研究理论之一。然而在实践中,基于业绩的薪酬契约并不能够完全避免目标不一致和信息的分散化导致的效率损失,并可能引发经理人从事盈余管理(earnings management)及代理人间的合谋(collusion)行为(针对包括相对业绩指标的薪酬契约而言)的负效应。随着经理人利润分享比例的提高,也会增加代理成本,因为经理人拥有的剩余权益越多,就有更大的积极性从事有较大风险的项目,而借助有限责任制把失败导致的损失留给资本所有者承担(林卫斌、苏剑,2010)。"安然事件"及"美国次贷危机"下大量金融企业的倒闭都与经理人的过度风险行为有密切的关系。

因此均衡的企业内部治理机制是,最小化代理成本的经理人拥有一定程度剩余权益的激励机制与一定程度的有效监督约束机制。当薪酬激励机制引发的代理成本高于其节约的由两权分离和信息不对称引发的代理成本时,则应降低薪酬激励的强度,减少效率损失。降低薪酬激励强度的最简单形式就是薪酬管制。即使是几乎不使用薪酬调控政策的秉承自由主义市场原则的西方国家,不完全薪酬契约(GHM model)也成为通过事后对薪酬激励强度进行调整以解决上述问题的一项机制安排。

由于薪酬管制的特殊性,本研究主要集中于国内,关于薪酬管制的研究主要围绕以下两个问题展开:

(1)薪酬管制的原因。国内学者对薪酬管制的原因进行了积极的探索,特别是从公平——委托人"不平等厌恶"——角度给出了实施薪酬管制的缘由。陈冬华等(2005)认为,薪酬管制内生于国有资产的管理体制和政府干预:处于信息劣势的政府面对众多国有企业,只能通过签订整齐划一的契约减少管理成本。从委托人"不平等厌恶"角度看,政府对国企初次分配的"公平"偏好使其有动机将薪酬降到高管可接受的最低限(黄再胜、曹雷,2008;黄再胜、王玉,2009)。王晓文、魏建(2014)也通过构建一个含有委托人"不平等厌恶"偏好的多任务"委托—代理"模型,从政府"不平等厌恶"角度考察了薪酬管制的原因。

（2）薪酬管制的效果。大多数研究偏向于薪酬管制无效论,甚至认为薪酬管制会引起在职消费或高管腐败等现象,对企业的绩效存在负面影响,因此建议放松管制。陈冬华等（2005）发现,我国上市公司在职消费主要受企业租金、绝对薪酬和企业规模等因素的影响。由于薪酬管制的存在,在职消费成为国有企业管理人员的替代性选择,说明在职消费内生于国有企业面临的薪酬管制约束,薪酬管制约束下的外生薪酬安排缺乏激励效率。陈信元等（2009）发现,我国国有上市公司薪酬管制主要受地区市场化程度、贫富差距、财政赤字、失业率和企业规模等因素的影响。国有企业薪酬管制的存在导致高管腐败概率增加,说明高管腐败可能内生于国有企业面临的薪酬管制约束。黄再胜、曹雷（2008）发现,国有企业高管薪酬的政府管制实际上部分剥夺了企业董事会的定薪权,制约了改制后国有企业本身给高管提供经济激励合约的能力,从而使得基于代理理论的激励政策主张缺乏必要的制度前提而无法得到有效实施。黄再胜和王玉（2009）再次指出,薪酬管制束缚了国有企业业绩型报酬方案的实施空间和激励效率,引发了国企高管薪酬激励机制的严重扭曲。徐细雄、刘星（2013）从权力寻租视角考察了企业高管权力配置与腐败行为之间的内在联系,并通过实证研究指出政府薪酬管制恶化了高管腐败。

2.4　参照点效应

2.4.1　参照点效应

在独立性、传递性及替代性公理假设基础上,期望效用理论提供了测量效用的确切方法,使得人们可以据此对个体的行为进行预测,因此是非常理想的（Wakker,2010）。期望效用理论假设人们的决策是理性的、效用最大化的,然而受信念、感知、内在动机、态度、计算能力等因素的影响,现实中人们很难做到完全理性,悖论及诸多经验和实证研究结果异象的出现也推动学者们构建更具一般解释力的理论,非期望效用理论体系(non-expected utility theory,NEUT)应运而生。其特征是放松期望效用理论的前提假设,将一些更具普适性的个体行为变量引入理性决策模型,刻画人们的选择行为。其中最具代表性的是普林斯顿大学心理学教授卡尼曼与特沃斯基提出的"前景理论(prospect theory)"对期望效用理论中的效用函数和客观概率的取代。

前景理论与期望效用理论相比较,主要有两点不同:首先,决策效用是建立在相对于参照点的盈利(gains)或者损失(losses)之上的,而非备择方案结果的绝对值;其次,权重函数是非线性概率的,而期望效用理论假设概率是线性的。其数学表达式为 $V(X)=\sum_{i=1}^{n}\Pi(P_i)V(x_i)$,决策权重函数 $\Pi(P_i)$ 表示人们对客观概率 P_i 的主观评价。价值函数 $V(x_i)$ 如图2.1所示。从表达式及其图形中我们可以看出:①参照依赖(reference dependence)。价值函数的自变量是盈利或者损失,而盈利与损失是相对于参照点而言的,高于参照点水平表现为盈利,反之则为损失。②灵敏度递减(diminishing sensitivity)。人们的风险态度是变化的,而非总是风险厌恶——在面对盈利的时候是风险厌恶的,而面对损失的时候是风险爱好的。③损失厌恶(损失规

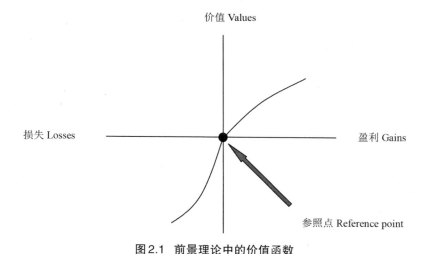

图2.1 前景理论中的价值函数

资料来源:笔者根据卡尼曼、特沃斯基(Kahneman & Tversky,1979,P.279)改编。

避,loss aversion)。相较于一单位盈利,一单位损失将带给人们更多的效用变化。以上三点特征都是基于参照点的,因此直接决定个体编码为盈利或是损失的参照点的识别是前景理论中风险决策框架的基础。参照点是决策者在判断和选择过程中依据的标准。参照点潜在决定了个体将某特定结果编码为盈利或损失,进而影响其随后的决策过程(Kahneman & Tversky,1979),称之为参照点效应(the effect of reference point)。前景理论中人们的行为仍然是遵循效用最大化原则,也就是选择效用最大的前景。通过构建主观决策权重函数,反映"确定性效应"及价值函数的损失规避特征,前景理论解释了"阿莱悖论"中个体选择偏好的不一致性。参照点的提出使得学者们对人们决策行为的探索,从仅关注客观财富或者客观财富的主观评价,过渡到财富变化的相对值对人们选择的影响,形成了一种替代的风险决策框架,使得决策理论研究得到了极大的扩展。

关于参照点的类型,学者们并未形成共识,而是根据研究情景的不同提出了差异性的观点:①现状、非现状参照点。叶提斯和斯通(Yates & Stone,1992)定义了现状参照点(status quo references)和非现状参照点(non-status quo references)。现状参照点是指个体以目前所处的现实情况为参照点,如当前的财富水平、当前的绩效水平等;而非现状参照点则是指无客观现状参照的情况,如以目标绩效、个体的期望或抱负水平等对未来的知觉作为参照点。②内在维度、外在维度和时间维度参照点。菲根鲍姆(Fiegenbaum)和哈特(Hart)等人(1996)在《战略参照点理论》(strategic reference point theory)一文中,从企业战略制定的角度提出了"三维度参照点矩阵"的概念,认为可以从内在维度、外在维度和时间维度等三个方面对参照点进行划分。内在维度的参照点是指既定的决策过程标准和结果标准,外在维度的参照点包括竞争对手、企业制度、顾客的利益、供应商的利益以及各股东的利益等,时间维度参照点是基于过去、现在或将来产生的。③社会参照点和个人参照点。谢晓非、陆静怡(2014)将他人的状态称作风险决策中的社会参照点,将决策者的现状定义为个人参照点。④底线、现状和目标。王晓田、王鹏(2013)以底线(最低需求,minimum requirement)、现状(status quo)和目标

（goal）为参照点，将决策结果空间划分为失败、损失、获益和成功等四个功能区域。三个参照点的心理权重的排序：底线>目标>现状。这一模型继而推导出跨越不同区域的以现状为分界的双"S形"的价值函数，以及据此产生的对于跨越不同参照点的预期结果的偏好转换、损失—获益及失败—成功的两种不对称性。此外还有学者进行了隐性参照点和显性参照点的分类（Dholakkia & Simonson，2005）等等。

2.4.2　参照点效应与经理人努力水平

劳动经济学研究中关于参照点的产生机制主要集中于三类因素（Mazumdar，Raj & Sinha，2005）：一是可预测的期望，它是由决策者以前的经验和当前的环境决定的。二是规范的标准，它包括人们通常认为的"公平"或"公正"的水平。三是渴望的标准或水平，指在某一群体中，人们对某事物具有的大体相同的认知水平。因此此类参照点效应的研究也主要集中于以上三类因素引发的参照点对劳动供给的影响。

1."可预测的期望"参照点对努力水平的影响

参照点效应可能有助于理解劳动力供给对工资的反应的某些方面。这一主题的研究主要集中于出租车司机努力水平供给问题。研究劳动力市场上这样一个狭窄的细分是有原因的。劳动力供给模型通常假设工人能够选择自己的工作时间量，出租车职业在这个方面的特征是十分显著的。利用纽约出租车司机的数据，塞勒等人（Camerer et al.，1997）研究发现，出租车司机一天的工作时间与他当天的平均小时工资率显著负相关。虽然学者们没有建立一个正式的模型，但是提出的数据与前景理论框架研究结果一致，即出租车司机将自己每天的收入与某一参照点的收入水平进行比较得出其预期效用——如果高于参照点收入水平，则感受为收益；低于参照点收入水平，则理解为蒙受损失。根据损失厌恶，低于参照点20美金带来的效用损失痛苦程度大于超出参照点20美金带来的效用收益的愉悦程度。容易看出，有着损失厌恶特征的出租车司机在达到自己的目标收入后将停止工作。塞勒（Camerer）等学者研究的假设获得进一步支持的难题在于，出租车司机将什么作为他们收入的参照点并不清楚。科谢吉和拉宾(Koszegi & Rabin,2006)提出参照点是建立在出租车司机预期的基础上的。具体而言,他们提出了劳动力供给的模型,其中出租车司机的效用函数包括真实收入水平和工作时间的绝对效用,以及真实收入与预期收入(参照点)比较的相对效用。

2."公平工资"参照点对努力水平的影响

这一方面的研究多是应用基于社会偏好的委托—代理理论展开研究,包括"公平"工资的垂直参照点和水平参照点。其中垂直参照点研究委托人与代理人之间的收益分配"公平"问题,涉及基于动机的公平和基于结果的公平,即互惠及不平等厌恶研究。水平参照点研究代理人间的收益分配公平问题,即不平等厌恶问题。关于"公平"工资与努力水平关系的委托—代理理论模型在上文"考虑社会偏好的委托—代理理论"部分已论证,不做赘述。部分实验室实验支持了委托人—代理人之间"公平"工资垂直参照点这一假设,如阿克洛夫(Akerlof,1982)、阿克洛夫和耶伦(Akerlof & Yellen,1988)将公平关系刻画为"礼物交换",公司提供慷慨工资被解释为提供了"礼物",而作为回报,员工做出高努力的选择。"礼物交换"博弈的研究发现:雇员往往以更多的努力来回报雇主给予的更高工资水平(Fehr et al.,1996);工资和努力水平总是正相关的,但实现的努力水平远低于最优效率水平(Charness,2004;Charness et al.,2004;Falk & Gaechter,2002;Fehr et al.,1993;Hannan et al.,2002)。代理人间"公平"工资的水平参照点相关研究寥寥,并集中于锦标赛机制,如克拉克尔(Krakel,2000)研究了锦标赛机制下,具有"相对剥夺厌恶"偏好的员工的均衡努力水平与纯粹自利员工的区别,"相对剥夺厌恶"偏好等同公平偏好理论中的嫉妒偏好,只是Krakel将"相对剥夺厌恶"偏好视为员工的唯一效用,研究表明在锦标赛机制下,"相对剥夺厌恶"偏好的代理人比那些纯粹自利的代理人会付出更大的努力。

3."渴望"参照点对努力水平的影响

马斯(Mas,2006)实证检验了参照点效应对新泽西州警察执法效率的影响,发现低于渴望的薪酬导致警察不愿意投入更多的精力努力办案。此外人们还有维持现状的渴望,不低于现状水平已基本成为人们的共识,从现实生活中"由奢入俭难"现象可见一斑。我们注意到"基于可预测的预期"与"渴望"参照点界限并非十分清晰,如果按科塞吉和拉宾(Köszegi & Rabin,2006)的研究,将塞勒等人(Camerer et al.,1997)文中的参照点理解为"可预测的预期"参照点,而非现状参照点,那么现状参照点对努力水平供给影响的文献尚未检索到。委托—代理理论中的重复博弈(多阶段博弈)虽体现了多次交往的特征,但模型中没有考虑参与者的心理因素,或者仅考虑了社会偏好,其发挥作用的内在机理是声誉激励,或者是声誉激励与社会偏好的相互作用,而不是现状参照点对努力水平的影响。例如,布朗等人(Brown et al.,2004)设计了一个供大于求的劳动力市场环境,在这个市场中长期雇佣关系内生形成,通过允许建立长期关系和不允许建立长期关系的实验设置比较,检验了声誉激励的作用及声誉激励与社会偏好的相互作用。研究发现,努力水平从一次性交往的平均3.3提高到重复交往中的平均6.9。

已有实证研究与高管激励实践表明,在高管薪酬契约设计中普遍存在参照依赖现象,并可能对薪酬契约本身的演化和高管经营决策产生重要影响(Murphy,1999;Jensen et al.,2004;Hölmstrom,2005;Bizjak,Lemmon & Naveen,2008;肖继辉,2005;李维安、刘绪光、陈靖涵,2010)。高管薪酬制定过程中的参照标准呈现了多元化特征,包括行业(魏刚,2000;杜胜利、翟艳玲,2005;徐向艺、王俊桦、巩震,2007;杜兴强、王丽华;2007;辛清泉、谭伟强,2008)、地区(谌新民、刘善敏,2003;樊纲、王小鲁、张立文、朱恒鹏,2003;徐向艺、王俊桦、巩震,2007;夏立军、陈信元,2007)、规模(魏刚,2000;谌新民、刘善敏,2003;张俊瑞、赵进文、张建,2003;高义,2006;徐向艺、王俊桦、巩震,2007)、股权性质(谌新民、刘善敏,2003;张俊瑞、赵进文、张建,2003;林浚清、黄祖辉、孙永祥,2003;陈冬华、陈信元、万华林,2005;肖继辉,2005;徐向艺、王俊桦、巩震,2007;夏立军、陈信元,2007;辛清泉、谭伟强,2008;黄再胜、王玉,2009)、团队薪酬差距(林浚清、黄祖辉、孙永祥,2003;卢锐,2007;黄再胜、王玉,2009)、往期薪酬(Hart & Moore,2008;Fehr,Hart & Zehnder,2008、2009;李维安、刘绪光、陈靖涵,2010)等,有学者归纳为外部薪酬参照、内部薪酬参照和薪酬时间参照。部分实证研究检验了上述某一个或者几个参照标准对经理人努力水平的代理变量——企业绩效、在职消费、主动离职的影响,例如高管团队薪酬差异与企业绩效关系(李绍龙、龙立荣、贺伟,2012),外部薪酬差距(同行业)、产权性质与企业业绩关系(黎文靖、岑永嗣、胡玉明,2014),外部薪酬差距(同行业、同地区)与在职消费、主动离职的关系(徐细雄、谭瑾,2014),等等。其中部分关系得到验证。

2.5 超越"经济人"的社会偏好

斯密对生产者行为分析及边际革命对消费者行为分析内在地统一于对自身利益最大化的追求,帕累托把具有这种行为倾向的人定义为"经济人",并将其视为经济分析的前提假设(Pareto,1896),形成了新古典经济学和现代主流经济学研究的基本范式,推动了经济理论的巨大发展。然而自20世纪80年代开始,许多经典实验如最后通牒博弈实验(Güth,Schmittberger & Schwarze,1982)、独裁博弈实验(Andreoni & Miller,1993;Forsythe et al.,1994)、信任博弈实验(Berg,Dickaut & McCabe,1995)、礼物交换博弈实验(Akerlof,1982)以及公共品博弈实验(Marwell & Ames,1979;Fehr & Gächter,2000)的结果显示人们并非都是完全自利的,也具有善良、公平和互助特性。现实生活中,多数人往往展现出善良怜悯、追求公平、互助友爱、慈善捐赠等行为,这些都对传统"经济人"假设提出了挑战。实验经济学家逐渐开始对超越"经济人"假设的偏好进行研究,并促使了社会偏好理论的应运而生。人们不仅关心自身的物质收益,也会关心他人的利益的特征被称为社会偏好,与之相近的概念包括"他涉偏好"(other-regarding preferences)、"亲社会性偏好"(prosocial preferences)和"互动偏好"(interdependent preferences)。社会偏好是个体效用函数的重要组成部分,经典的社会偏好可概括为三种:利他偏好、公平偏好及互惠偏好。研究成果多见诸以下三个方面:

1.社会偏好经典模型
主要包括基于动机的互惠偏好模型、基于结果的不平等厌恶模型和作为利他的社会福利偏好模型。

基于动机的互惠偏好模型强调行为背后的动机和意图是否公平,以拉宾(1993)的互惠意图(intention based reciprocity)理论为代表。心理学实验的发现概括了人们普遍表现出的"互惠互损"行为准则,拉宾(1993)开创性地利用吉亚纳科普洛斯等(1989)的心理博弈框架构建经济学模型,具体分析了人们在生活中如何表现这种"互惠互损"行为,即参与者根据自己的二阶信念结构判断对方的意图,进而决定反应策略。

基于结果的不平等厌恶模型以F&S模型和BO模型这两个经典模型为代表。F&S模型由费尔和施密特(Fehr & Schmidt,1999)提出,该模型认为不均等的收入会妨害个体的效用水平,当人们通过比较发现自己的收益低于他人时,便会产生由劣势不平等或称为嫉妒情绪带来的效用损失;当发现收益高于他人时,则会产生由优势不平等或称为同情情绪带来的效用损失。模型结果显示,当参与者与其他人的收入差距为零时,其效用达到最大化,也就是说,个体会努力地追求收益的无差异。BO模型由Bolton和Ockenfels(2000)提出,又称ERC(Equity,Reciprocity,Competition)模型,该模型与F&S模型类似,主要区别在于使用了非线性的形式刻画了不完全信息的环境背景,认为个体的效用不单单受绝对收益的影响,同时也是相对收益的函数。模型结果显示,参与者将会严格偏好于$1/n$的平均收益值,也就是说,其将通过实际行动使自己的收益份额趋向于平均水平。

社会福利偏好模型以阿德雷奥尼和米勒(Andreoni & Miller,2002)的社会福利偏好理论为代表。人们不仅关心自身利益的大小,还关心社会福利总体水平的特征被称为"社会福利偏好"。这一思想在哲学领域源远流长。从经济学视角看,社会福利偏好作为利他偏好的一种形态,可以更好地解释实验中参与人自我牺牲的行为。阿德雷奥尼和米勒(2002)并没有把这一主张具化为一个模型,他们独特的贡献在于通过独裁者博弈实验证明了人们具备这一社会福利偏好。

此外社会偏好模型还包括融合上述两个偏好结合应用的综合模型(Charness & Rabin,2002;Kohler,2003;Falk & Fischbacher,2006)。虽然社会偏好理论的模型形式多元,但研究的初衷都是解释实验结果与"经济人"假设的悖论;它们均以博弈论为基本的分析工具,加入了各种不同的社会偏好,扩展了效用函数的具体形式。

2.社会偏好的测度

不同于自利偏好,社会偏好存在多元化和异质性,因此社会偏好的测度是深入研究亲社会性行为的基础性问题,学者们进行了积极的探索。福勒(Fowler,2006)通过独裁者实验测度了利他偏好,并用调查问卷的方法检验了测度结果确实能够在一定程度上衡量被试者关心他人福利的程度。由于信任的本质实际上就是一种互惠偏好,因此对互惠偏好的测度与信任水平的测度休戚相关。实验经济学发展了信任的GSS(General Social Survey)和WVS(World Values Survery)社会调查问卷方法,应用信任博弈为测度个体的信任水平(trust)和可信任水平(trustworthiness),为互惠偏好提供了一种更为有效的测量方法。布兰科等(Blanco et al.,2010)用一个修正的最后通牒实验和修正的独裁者实验分别测度了F&S模型中的劣势不平等厌恶系数和优势不平等厌恶系数。

3.社会偏好的稳定性

偏好的稳定性假设是经济学分析的基本前提之一。实验经济学发现了人们存在最大化自身利益之外的社会偏好,然而其面临的最大挑战就是实验中所呈现的社会偏好或亲社会行为是否与其在现实生活中个体的偏好和行为一致呢?即实验结果的外溢性(external validity)问题。福勒(2006)通过独裁者实验测度了249名本科生被试的利他偏好,研究发现博弈实验结果、量表得分与被试向受卡特里娜飓风袭击的灾区捐款行为正相关。本茨和迈耶(Benz & Meier,2008)关于被试参与独裁者博弈实验和慈善捐款的数据对照,说明了被试在两种不同环境中的行为存着弱相关性。

卡兰(Karlan,2005)针对秘鲁小额信贷借款人的偿还行为展开研究。研究发现,这些借款人在一年前的信任博弈实验中表现得也往往值得信任。这一研究结果很好地说明了在实验中表现出较强互惠偏好的个体,在现实生活中的偿还率也更高。卡彭特和关(Carpenter & Seki,2011)针对日本富山湾的渔民的研究表明,在公共品博弈实验中表现出合作倾向的渔民,在实际的捕鱼生产活动中也往往表现得更加积极。

2.6　考虑公平偏好的锦标赛理论

锦标赛理论(rank-order tournaments 或者 tournament theory),也被相关学者称为锦标赛制度,是一种基于相对表现评估的薪酬制度,由拉泽尔和罗森(1981)提出。该制度将所有参与者的产出进行排位,并给予产出相对较多的参与者一笔晋升奖金,以此来达到激励参与者通过有效行动付出努力赢得竞赛,进而提高企业绩效的目的。晋升奖金即不同职位层级之间的薪酬差距。锦标赛理论成功解释了员工产出水平往往连续变化,而其升职后薪酬却出现非连续提高的现象,弥补了标准经济学中按边际产出决定薪酬的边际生产力学说的理论不足。

锦标赛理论的产生更多的是为解释公司高级管理人员职位获得晋升后薪酬巨额提升的现象。由于高管的业绩不易衡量、努力水平难以监控,而层级间的薪酬差距设置可以激发高管人员的有效努力,从而能够促进委托人与代理人的利益一致,降低代理成本。之后相当一部分学者也将该理论应用于企业内部其他职位间薪酬差距的研究。

锦标赛理论的基本假设:第一,竞赛的结果取决于参与者相对业绩的比较;第二,管理层的整体薪酬水平越高、内部薪酬差距越大,这项制度的激励效果越好;第三,管理层内部薪酬差距随着参与竞赛的人数以及企业职位层级增加而增大。这些假设均得到了相关研究支持(Bull,Schotter & Weigelt,1987;Eriksson,1999;Conyon,2001)。同时锦标赛理论的一个潜在假设是,代理人是纯粹自利的,其效用仅由其个人所得的薪酬与相应付出的成本决定,而与其他参与者的比较无关。

锦标赛制度的优势:首先,参与者的风险偏好为风险中立时,这项制度能够取得与边际产出制度相同的资源配置效率。其次,对相对边际产出顺序的观测要比直接度量各参与者的边际产出更为容易,这在监控成本较高的情况下尤为便利,即通过设计一套随职位层级升高而薪酬差距逐步扩大的薪酬制度,企业能够大大降低监控成本,同时能够得到激发参与者努力的理想结果(Lazear & Rosen,1981;Rosen,1986)。此外晋升奖金即薪酬差距是对管理者参与排序竞赛的吸引与鼓励,能够使竞争者自觉付出更大的努力,已就降低了企业监控的必要性。最后,竞赛存在的基础是相对产出的排序,因此获胜者为了足够多的晋升奖金会产生继续向前的努力动机,不会停滞不前(林浚清、黄祖辉、孙永祥,2003)。毕晓普(Bishop,1987)还认为,锦标赛制度有助于企业吸引市场上的优秀人才,并且有利于留住企业内部业绩优异的代理人。

锦标赛理论认为,企业应设置大的职位层级间的薪酬差距,以降低委托代理成本、提高监督效率、提升企业绩效。伦纳德(Leonard,1990)、兰伯特、拉克尔(Lambert,Larcker & Weigelt,1993)以及埃里克森(Eriksson,1999)的研究表明,高管团队内部薪酬差距不变时,单纯提高高管的薪酬水平无助于其努力水平的提升,也就是说,激励经理人提升业绩的关键在于高管层内部的薪酬差距。苏和刘(Tsou & Liu,2005)的研究认为,企业中薪酬差距较小时,员工的离职率反而较高,这同样支持加大薪酬差距的设计。

近些年来,部分学者开始将公平偏好引入锦标赛理论,对其激励效应的影响进行了开拓性的研究。克拉克尔(Kräkel,2000)基于相对剥削理论分析了锦标赛模型中代理人的努力程度,指出代理人与同事之间进行的收益比较是促使代理人付出努力的更大动力。德穆金和弗洛特(Demougin & Fluet,2003)认为代理人的嫉妒心理对委托人来说可能是有利的,这种可能性依赖业绩评价成本。格伦德和斯里弗卡(Grund & Sliwka,2005)在锦标赛模型中融合了F&S模型,讨论了公平偏好对员工努力水平和企业利润的影响,分析认为当奖金给定时,公平偏好代理人竞争下的利润更高,而奖金结构可以调整时,激励效应会全部消失,参与效应为主导。吉尔和斯通(Gil & Stone,2010)综合了锦标赛理论、公平理论与损失厌恶理论,对基于自我价值评价的代理人竞争行为进行了建模,通过对公平偏好与自我价值关系的讨论,发现锦标竞赛被广泛接受的一个原因是自我价值内在参考点的形成。埃森科普夫和泰斯(Eisenkopf & Teyssier,2013)使用了博弈实验方法,证实了嫉妒与损失厌恶会导致代理人为避免失望和较低回报而付出额外的努力,一些损失厌恶代理人会极大地降低努力。综合来看,偏好会导致总效用的降低和锦标竞赛激励效率的下降。

我国学者魏光兴和蒲勇健(2006)将F&S模型引入了具有拆台行为的锦标赛模型进行分析,发现公平偏好会降低努力水平和拆台行为,与纯粹自利相比,公平偏好下的委托人期望收益更低,因此企业最好在纯自利或公平偏好弱的代理人中实行锦标赛制度。刘新民、刘晨曦和纪大琳(2014)构建了更为复杂的引入公平偏好理论的三阶段锦标赛模型,发现努力和拆台的变化方向是一致的,而公平偏好与工资差距对二者的影响却截然相反,前者使之降低而后者使之提高。李训、曹国华(2009)分析了各类市场下公平偏好员工的锦标机制设计问题,认为不仅不同市场下的锦标机制设计结论不同,纯粹自利与公平偏好下的预测结果也有相当大的差异。魏光兴和唐瑶(2017)则研究了异质偏好下的锦标赛效果,提倡委托人要仔细甄别参与者的偏好类型,实施基于异质偏好的分组竞赛比混同竞赛的期望利润更大。

第三章 经理人薪酬激励实务

　　狭义层面的公司治理即通过一种制度安排,合理配置所有者与高层管理人员之间的权利与责任。因此经理人激励是公司治理制度的核心内容之一,是公司治理的动力机制。合理的经理人薪酬激励机制设计,不仅能够吸引、保留有才华的经理人,激发其工作激情与潜力,而且可以通过提高管理层与股东利益的一致性来提高企业的生产力并创造更多的股东价值。经济运行中,各国是如何通过薪酬激励机制实践实现上述目标的呢?本章将对我国及美国、日本的经理人薪酬激励实务进行梳理,以期为我们的理论研究寻求实践基础。

3.1　我国经理人薪酬激励实务

3.1.1　发展历程

　　公司治理是通过一套包括正式的或非正式的、内部的或外部的制度或机制来协调公司与所有利益相关者之间的利益关系,以保证公司决策的科学化,从而最终维护公司各方面利益的一种制度安排(李维安,2001)。李维安(2009)在回顾中国改革开放30年历程的基础上指出,随着我国从计划经济到市场经济的转型,出于对企业效率的追求,企业的行政型治理逐步让位于经济型治理,从行政型治理向经济型治理的演变构成了中国企业改革的一条鲜明主线。公司治理的根本问题是解决外部投资者与在位经理之间的冲突(Becht,Bolton & Röell,2003)。促进经理与股东的利益的协调一致正是高管薪酬激励的目的之所在。因此我国高管薪酬激励实践也是伴随着我国经济转型及企业治理模式变迁而发展的，由计划经济时期单一按劳分配制度导致的收入分配平均化，逐渐演进为与社会主义市场经济体制相匹配的以按劳分配为主体、多种分配方式并存的激励制度。探索其历程，大致可概括为5个阶段：

1.计划经济时期的单一按劳分配阶段（1949—1978年）

从1949年新中国成立直至1978年改革开放的计划经济时期，按劳分配是这一阶段唯一的分配方式，几乎未考虑人力资本差异，其具体形式：全民所有制企业、机关和事业单位以及城镇集体企业都实行工资制，农村集体经济实行工分制。原因在于，1956年社会主义改造完成，我国存在几千年的私有制被彻底消灭，由新民主主义社会进入社会主义社会，所有制由新中国成立初期的混合所有制过渡到社会主义公有制。直到1978年改革开放的20多年间，生产资料所有制只存在单一的公有制，其存在形式为全民所有制和集体所有制。这一时期，单一按劳分配的收入分配体制主要包括以下特点：首先，国家在收入分配体制中处于绝对主导的地位。1950年、1956年《工资条例草案》《工资条例说明书》《各产业工人职员工资等级表草案》《关于工资改革的决定》等政策制度相继出台。城市全民所有制企业实行8级工资制，国家相关部门制定工资表，具体规定每个行业、每个工资级别的工资标准。这种统一的工资制度一直沿用到改革开放前。其次，存在严重的平均主义。同一部门、同一产业的工资等级和工资标准全国基本统一。同时工资数额与企业经营状况、经济效益相脱节。企业间只要工资级别相同，无论经济效益高低，工资数额均相同。在对1978年、1980年我国城市基尼系数的估计中，最高值仅有0.185。再次，收入分配结构单一，但存在大量的实物分配作为补充。在计划经济条件下，由于所有的生产资料都属于公有，因而劳动是人们获得收入的唯一渠道。为了增加工业投资以加快建立独立完整的工业体系，国家采取高积累、低消费的政策，致使工人收入水平极低。为了保障城市居民的基本生活，国家同时提供了大量的实物，其中最突出的表现之一就是无偿为职工提供住房（邹东涛，2008）。

2.市场经济时期的探索阶段：建立以按劳分配为主体、多种分配方式并存的收入分配体制（1978—1992年）

这一阶段，随着经济体制改革的不断推进，公有制以外的其他经济成分开始逐步发展起来，出现了个体经济、私营经济、股份制等所有制形式和成分。收入分配制度也相应地发生了重大变化，主要表现为以打破平均主义为突破口，推进落实按劳分配，逐步确立以按劳分配为主体、其他分配形式为补充的分配制度。

1978年改革开放后，我国首先在农村开始推行家庭联产承包责任制，农民第一次获得了经济"剩余索取权"。它明确划分了国家、集体和个人的责、权、利关系，有效地将农民的收入同他们的劳动成果挂钩，使农村收入分配不再以生产队为基础，而是以农户为分配主体，农民所得收入直接取决于其生产成果的多少。在城市，积极借鉴农村实行承包制的基本经验，建立以承包为主的多种形式的经济责任制，其基本原则是责、权、利相结合，国家、集体、个人利益相统一，职工劳动所得同劳动成果相联系，突破了原有的收入分配平均制度。

1978年，国务院下发了《国务院关于实行奖励和计件工资制度的通知》，指出企业按照"按劳分配，多劳多得"的原则，实行奖励和计件工资制度。1984年党的十二届三中全会通过了《中共中央关于经济体制改革的决定》，强调"增强企业活力是经济体制改革的中心环节""按劳分配的社会主义原则将得到进一步的贯彻落实"，"在企业内部，要扩大工资差距，拉开档次"。随后1985年国务院下发了《国务院关于国营企业工资改革问题的通知》，在国有大中型企业中实行职工工资总额同经济效益按比例浮动的办法，同时指出"为了增强企业的活力，充分发挥企业和职工的主动性、积极性和创造性，克服企业工资分配中的平均主义、吃大锅饭的弊病，必须对企业的工资制度进行改革，使企业职工的工资同企业经济效益挂起钩来，更好地贯彻按劳分配的原则，以促进生产的发展和职工生活水平的提高，加速社会主义现代化建设"。1986年，《国务院关于深化国有企业改革增强企业活力的若干规定》中对经营者薪酬做出了进一步规定，指出经营者在任期年度内全面完成责任目标时,收入可高于职工平均收入的一至三倍,做出突出贡献者还可获得更高的收入,人力资本的价值开始得到体现。80年代的国企改革为薪酬体系进一步发展奠定了基础,培育了"逐步发挥功能的经理人市场机制",高层管理者的报酬以及经理人人力资源的分配开始按照市场力量制定的标准得以实现。

3.市场经济时期的发展阶段:建立经营者年薪制(1992—2002年)

在此时期,我国国有企业开始转换经营机制,建立产权清晰、权责明确、政企分开、管理科学的现代企业制度。年薪制是这一阶段的主要特征。1993年,党的十四届三中全会通过了《中共中央关于建立社会主义市场经济体制若干问题的决定》,要求继续在"按劳分配为主体、多种分配方式并存"基础上,以"效率优先、兼顾公平"为原则进行个人收入分配,为我国企业高管薪酬分配制度奠定了市场化的制度基础。1992年,上海市轻工局选定所属的上海英雄金笔厂等3家企业在全国率先试行年薪制。1994年9月,深圳市出台了《企业董事长、总经理年薪制试点办法》,随后四川、江苏、辽宁、河南、北京等省市也开始了年薪制试点。与此同时,1994年,国家经济贸易委员会、国家经济体制改革委员会和劳动部联合印发的《国有企业厂长(经理)奖惩办法》,明确了"责、权、利相统一,按照赋予厂长责任的大小,进行考核和奖惩"的原则,考核内容包括经营成果和企业经营的国有资产保值增值情况等四个方面。

年薪制作为激励和约束机制的一种具体形式,是以企业的经营业绩指标考核为依据,确定经营者年度薪酬的一种薪酬制度。年薪制将经营者的收入与企业的经营业绩挂起钩来,体现了高级管理人员和企业之间"利益共享、风险共担"的关系,极大地调动了经营者的积极性,高管人员特殊的人力资本价值突显。

4.市场经济时期的规范阶段:建立按劳分配与按生产要素相结合的收入分配体制(2002—2012年)

随着社会主义市场经济体制的日臻完善,按劳分配与按生产要素分配相结合的分配政策也逐步规范,明确了生产要素参与分配的原则,更加重视收入分配差距问题,逐步强调公平问题。2002年,党的十六大明确提出"确立劳动、资本、技术和管理等生产要素按贡献参与分配的原则,完善按劳分配、多种分配方式并存的分配制度",既肯定了劳动在财富创造过程中所发挥的决定性作用,又肯定了非劳动生产要素在财富生产中的重要作用,解决了劳动和非劳动生产要素怎样参与收入分配的问题,即按贡献大小进行分配。因此这一阶段的收入分配制度,首先明确了生产要素按贡献参与分配的问题,强化非劳动生产要素参与分配的合法性。

针对年薪制易造成企业高级管理人员过度重视企业短期利益而忽视长远发展的问题,这一阶段薪酬激励的特征表现为尝试并规范高管薪酬的长期激励。2003年国务院国有资产监督管理委员会令(第2号)《中央企业负责人经营业绩考核暂行办法》指出,对企业负责人的奖励分为年度绩效薪金奖励和任期激励或者中长期激励。2004年6月,国资委出台《中央企业负责人薪酬管理暂行办法》,明确了企业负责人薪酬管理"坚持短期激励与长期激励相结合,促进企业可持续发展"的原则。办法规定了中央企业负责人的薪酬由基薪、绩效薪金和中长期激励单元构成。基薪是企业负责人年度的基本收入,主要根据企业经营规模、经营管理难度、所承担的战略责任和所在地区企业平均工资、所在行业平均工资、本企业平均工资等因素综合确定;按月发放。绩效薪金与经营业绩考核结果挂钩,以基薪为基数,根据企业负责人的年度经营业绩考核级别及考核分数确定,考核结果出来后,当期兑现绩效薪金的60%,其余40%延期兑现。中长期激励办法另行制定。另一方面,2006年国资委出台了《关于规范中央企业负责人职务消费的指导意见》,对规范央企负责人职务消费起到了积极作用。在2008年全球金融危机的冲击、经济增速放缓的背景下,《关于金融类国有和国有控股企业负责人薪酬管理有关问题的通知》《关于国有金融机构2008年度高管人员薪酬分配有关问题的通知》《关于进一步规范中央企业负责人薪酬管理的指导意见》于2009年相继出台,进一步规范了国有企业的高管薪酬。《指导意见》明确了企业负责人的薪酬结构主要由基本年薪、绩效年薪和中长期激励收益等三部分构成。由于我国对股权激励等中长期激励的配套改革政策还在试行中,《指导意见》对中长期激励做了可审慎探索的原则性规定,重点对基本年薪和绩效年薪做了规范。

5. 市场经济时期的优化阶段:兼顾效率和公平、缩小收入差距(2012年至今)

随着改革开放不断深入,人民生活水平显著提高,收入分配差距问题日益突出。2012年10月,国务院常务会议明确2012年四季度要制定收入分配制度改革总体方案,调节垄断部门高收入。2013年,党的十八届三中全会明确提出"健全资本、知识、技术、管理等由要素市场决定的报酬机制",并进一步要求"清理规范隐性收入,取缔非法收入,增加低收入者收入,扩大中等收入者比重,努力缩小城乡、区域、行业收入分配差距,逐步形成橄榄型分配格局"。2013年国务院批转《关于深化收入分配制度改革的若干意见》,明确了改革方向,强调"初次分配和再分配都要兼顾效率和公平,初次分配要注重效率""再分配要更加注重公平,提高公共资源配置效率,缩小收入差距"。

中共中央政治局2014年审议通过了《中央管理企业负责人薪酬制度改革方案》,包括"完善制度、调整结构、加强监管、调节水平、规范待遇"五方面内容。其中最核心的内容是明确下一步央企高管薪酬将采用差异化薪酬管控的办法,综合考虑国企高管当期业绩和中长期持续发展,重点对行政任命的央企高管人员以及部分垄断性的高收入行业的央企负责人薪酬水平实行限高,以此来抑制央企高管获得畸高薪酬,缩小央企内部分配差距,使得央企高管人员薪酬增幅低于企业职工平均工资增幅。根据《改革方案》要求,将中央管理企业负责人的薪酬由基本年薪和绩效年薪两部分构成,调整为由基本年薪、绩效年薪、任期激励收入等三部分构成。同时《关于合理确定并严格规范中央企业负责人履职待遇、业务支出的意见》发布,进一步加强对央企负责人的监督。2016年7月,人力资源和社会保障部提出将进行国企高管差异化薪酬分配制度的试点,标志着国企高管差异化薪酬分配制度将进入实践阶段。

这一时期,国企改革进入攻坚阶段,国企高管的薪酬激励制度也在不断优化。在央企示范作用下,各地方政府也陆续启动国有企业负责人薪酬制度改革,并相继出台了与之配套的薪酬改革方案,从而在对我国国民经济起主导作用的国有企业中全面发挥影响,对促进企业持续健康发展和形成我国合理有序的收入分配格局具有重要意义。国企高管差异化薪酬分配制度的推出和试点,进一步完善了我国国有企业高管薪酬体系,同时也加强了对国企高管的激励和约束。通过市场选拔并任用的职业经理人则由市场价格决定薪酬。

3.1.2 薪酬构成和薪酬水平

1.薪酬构成

2014年中共中央政治局审议通过了《中央管理企业负责人薪酬制度改革方案》,根据《改革方案》要求,中央管理企业负责人的薪酬由基本年薪、绩效年薪、任期激励收入等三部分构成。随后各地方政府也陆续出台了与之配套的国有企业负责人薪酬改革方案,明确国有企业负责人的薪酬由基本年薪、绩效年薪和任期激励收入等三部分构成。其中绩效年薪基于公历年度经营业绩考核结果,任期经营业绩考核以连续三年为考核期。考核指标包括国有资本保值增值率、营业收入增长率、不良资产比率等。

非国有上市公司薪酬多由基本薪酬和绩效薪酬构成,部分公司还设置了特别绩效奖励等奖励性薪酬,对在公司经营管理过程中全面完成各项工作目标、业绩特别突出者进行奖励。个别公司还设置了股权激励长效薪酬制度。

2.薪酬水平

(1)上市公司高管薪酬水平现状总体介绍。①样本总数与高管薪酬指标。本部分数据根据CSMAR数据库整理,以我国2019年全部A股3787家上市公司为样本,以"高管前三名薪酬平均值"作为衡量高管薪酬的指标。②样本描述。如表3.1所示,我国2019年上市公司高管薪酬最大值约为1979.52万元,最小值约为6.31万元,平均值约为106.00万元。如图3.1所示,横轴为高管薪酬的分布区间,纵轴为高管薪酬的分布频数,总的来说,我国上市公司高管薪酬分布呈现正态分布,高管薪酬分布主要集中于40~90

万元。此外从最高薪酬与最低薪酬的差值和标准差还可以看出，全国上市公司高管的薪酬差距较大。

表 3.1 2019 年上市公司高管薪酬水平基本情况

公司数目	平均值（元）	中位值（元）	最大值（元）	最小值（元）	标准差
3787	1059982.55	760000	19795166.67	63100	1176703.82

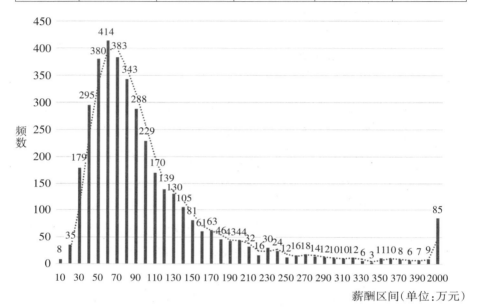

图 3.1 2019 年上市公司高管薪酬分布图

（2）上市公司高管薪酬水平地区间比较。①不同区域上市公司高管薪酬水平比较。将我国上市公司区域划分为东北、华东、华北、华中、华南、西南、西北等 7 个区域进行研究。7 个区域高管薪酬统计分析情况如图 3.2 所示。从图中可以看出，西北、东北、华中上市公司的高管薪酬水平略低，均值均在 100 万元以下，上市公司数目也比较少。结合表 3.2 不难发现，这三个区域的标准差较小，说明这三个地区上市公司之间的高管薪酬差距不大。

华东、西南、华北、华南上市公司的高管薪酬水平较高，均值均超过 100 万元，华东地区的上市公司数目最多，共有 1698 家，是第二名的华南区域上市公司数量（689 家）的近 2.5 倍。在这 4 个区域中，华东区域上市公司高管薪酬水平并不突出,但其标准差最小,说明华东区域所有上市公司的高管薪酬都普遍稳定地维持在一个较高的水平。西南、华北和华南的薪资的标准差比较大,说明区域中两极分化情况比较严重,尤其是西南区域,全国上市公司高管薪酬的最大值和最小值都分布在这个区域。

表3.2　2019年不同区域上市公司高管薪酬水平比较

区域	公司数目	平均值(元)	中位值(元)	最大值(元)	最小值(元)	标准差
东北	157	782094.99	658266.67	4492000	88400	547741.05
华东	1698	1011459.76	756733.33	16231000	72000	979669.07
华北	519	1186600.11	839200	19280800	75200	1482832.97
华中	296	938493.94	635616.67	6385674.57	172566.67	961450.88
华南	689	1279559.62	865000	15062700	206766.67	1440196.71
西南	261	1040652.24	672466.67	19795166.67	63100	1463529.55
西北	167	760717.60	551066.67	6810033.33	95233.33	752647.50
总计	3787	–	–	–	–	–

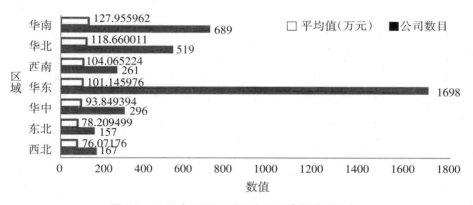

图3.2　2019年不同区域上市公司高管薪酬比较

②不同省份上市公司高管薪酬水平比较。从我国31个省、市、自治区的上市公司高管薪酬的比较来看,广东、浙江、江苏分布的上市公司数目最多,分别为620家、461家、431家。如图3.3所示,横轴为不同省份上市公司高管薪酬的平均值,按从低到高排列。如表3.3所示,北京(125.67万)排名第六,上海(126.50万)排名第五,广东(132.90万)排名第二,而第一、第三和

第四分别是重庆（149.60万）、西藏（128.83万）和河北（127.91万）。上市公司高管薪酬的平均值排名倒数5名的省份分别是青海（49.75万）、甘肃（61.87万）、山西（69.49万）、黑龙江（70.24万）、陕西（70.42万）。高管薪酬平均值的最高值与最低值间差距为99.85万元。从表3.3可以看出，我国各省、自治区、直辖市上市公司高管薪酬水平的差距较大。

表3.3 各省份上市公司高管薪酬比较（2019）

区域	公司数目	平均值（元）	中位值（元）	最大值（元）	最小值（元）	标准差
安徽	110	845134.18	644200	5442833.33	248333.33	682473.73
北京	346	1256676.25	936783.33	16972666.67	241933.33	1269127.11
福建	141	1021792.27	740033.33	5382233.33	210566.67	861698.04
甘肃	33	618695.11	530400	1802666.67	95233.33	408533.82
广东	620	1329027.82	891583.33	15062700	206766.67	1495414.80
广西	38	846560.53	555883.33	3542633.33	207533.33	737958.96
贵州	28	763952.38	695166.67	1664333.33	266800	357068.09
海南	31	820968.67	700000	2680066.67	263900	498914.80
河北	57	1279066.08	648133.33	19280800	75200	2647302.01
河南	82	851494.22	572400	5578300	172566.67	907637.49
黑龙江	38	702438.79	598800	2545566.67	236000	464519.13
湖北	106	1114436.24	754833.33	6385674.57	210433.33	1161347.74
湖南	108	831865.16	586666.67	4206666.67	191400	743945.92
吉林	44	745898.35	600366.67	1728833.33	88400	437450.27
江苏	431	977842.18	726566.67	13630000	165333.33	1048176.48
江西	44	1177395.46	656800	16231000	245200	2409240.06
辽宁	75	843689.50	706666.67	4492000	125633.33	636793.81
内蒙古	25	1232926.52	634700	12293729.67	84733.33	2352686.05
宁夏	14	789838.10	546900	2833333.33	237366.67	669224.94
青海	12	497491.67	441500	1008000	217233.33	268012.77
山东	210	902675.86	733116.67	5595233.33	72000	766109.82
山西	37	694938.38	466000	3983466.67	141333.33	784809.78
陕西	52	704225.64	574083.33	2194266.67	166666.67	472375.70
上海	301	1264985.57	977500	8050700	133333.33	1091100.17

区域	公司数目	平均值(元)	中位值(元)	最大值(元)	最小值(元)	标准差
四川	126	898936.43	653166.67	5984566.67	63100	837257.73
天津	54	955422.72	794083.33	3120000	232833.33	640504.27
西藏	19	1288261.40	754566.67	4564100	306566.67	1153205.96
新疆	56	945991.67	599933.33	6810033.33	132933.33	1104577.16
云南	35	948280	654833.33	2927566.67	228933.33	746133.58
浙江	461	947599.22	742766.67	5690000	175233.33	727816.24
重庆	53	1495977.56	778033.33	19795166.67	225333.33	2793671.82
总计	3787	—	—	—	—	—

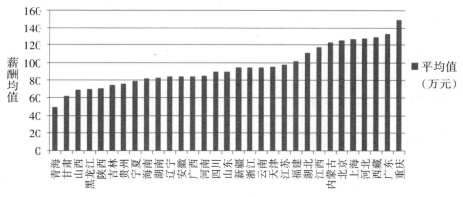

图3.3　2019年不同省份上市公司高管薪酬比较

　　(3)上市公司高管薪酬水平行业比较。①不同行业上市公司高管薪酬比较。根据证监会2012年版行业分类标准,将各行业分为19类。我国上市公司主要集中在制造业,共有2386家,约占3787家上市公司的63%。薪酬水平最高的3个行业分别为金融业、房地产业和住宿餐饮业,高管薪酬的行业平均值分别为230.96万元、220.25万元、139.30万元,且此3个行业的标准差较大,说明这3个行业中高管薪酬水平的差距比较大。平均薪酬水平最低的3个行业分别为居民服务、修理和其他服务业(只有一家公司),水利、环境和公共设施管理业,以及电力、热力、燃气及水生产和供应业,高管薪酬的平均值分别为67.80万元、73.95万元和75.48万元。在所有行业中,金融业和居民服务、修理和其他服务业的高管薪酬的平均值差距最大,达到

163.16万元,最高行业是最低行业的3.4倍,高管薪酬行业比较见表3.4。

表3.4　2019年不同行业上市公司高管薪酬比较

行业	公司数目	平均值(元)	中位值(元)	最大值(元)	最小值(元)	标准差
农、林、牧、渔业	41	810057.72	545966.67	5578300	127666.67	1098736.03
采矿业	75	870873.98	720933.33	3991000	174000	644237.41
制造业	2386	978008	724966.67	16972666.67	63100	1031945.34
电力、热力、燃气及水生产和供应业	110	754789.19	632716.67	3484333.33	230066.67	438774.53
建筑业	93	845188.77	724700	2480160	246633.33	436177.51
批发和零售业	166	1141409.96	925666.67	6109833.33	88400	860716.39
交通运输、仓储和邮政业	104	1019317.02	726600	5442833.33	244333.33	837805
住宿餐饮业	9	1393007.41	624033.33	7223566.67	430500	2192148.86
信息传输、软件和信息技术服务业	301	1000502.33	803500	5690000	72000	761857.08
金融业	111	2309630.17	1887433.33	15062700	198333.33	1943681.23
房地产业	123	2202499.52	1200000	19795166.67	224833.33	3024346.56
租赁和商务服务业	54	1355770.99	989316.67	6414833.33	226666.67	1146641.10
科学研究和技术服务业	57	1164362.14	886600	9728966.67	259466.67	1294803.82
水利、环境和公共设施管理业	56	739542.86	574016.67	2616766.67	155033.33	499129.47
居民服务、修理和其他服务业	1	678033.33	678033.33	678033.33	678033.33	0

行业	公司数目	平均值(元)	中位值(元)	最大值(元)	最小值(元)	标准差
教育	8	975220.83	972033.33	1664333.33	241933.33	481561.89
卫生和社会工作	12	1142763.89	1063566.67	2680066.67	291666.67	787117.03
文化、体育和娱乐业	59	1043622.87	723333.33	6375066.67	210566.67	1076625.42
综合	21	917165.08	774733.33	2901733.33	291433.33	653225.98
总计	3787	—	—	—	—	—

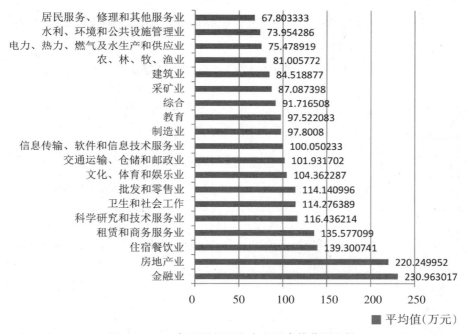

图3.4 2019年不同行业上市公司高管薪酬比较

②制造业子行业上市公司高管薪酬水平比较。根据证监会2012年版行业分类标准,将制造业分为31个子行业。高管薪酬水平平均值最高的3个子行业为黑色金属冶炼及压延加工业、废弃资源综合利用业、食品制造业,高管薪酬的平均值分别为164.39万元、135.87万元和127.51万元。不考虑上市公司数量为0的行业,高管薪酬的平均值最少的3个子行业分别为皮

革、毛皮、羽毛及其制品和制鞋业,其他制造业,印刷和记录媒介复制业,高管年平均薪酬依次为52.73万元、65.30万元、66.75万元。在所有子行业中,黑色金属冶炼及压延加工业和皮革、毛皮、羽毛及其制品和制鞋业的高管薪酬的平均值差距最大,达到111.66万元,最高子行业高管薪酬平均值是最低子行业的3.12倍。此外从标准差可以看出,食品制造业、印刷和记录媒介复制业、黑色金属冶炼及压延加工业、专用设备制造业、其他制造业和废弃资源综合利用业等子行业的标准差比较大,说明行业内各公司高管薪酬水平差距比较大;纺织业、皮革、毛皮、羽毛及其制品和制鞋业,木材加工及木、竹、藤、棕、草制品业,文教、工美、体育和娱乐用品制造业以及仪器仪表制造业等子行业的标准差比较小,说明行业内各公司高管薪酬水平差别较小。制造业高管薪酬比较见表3.5。

表3.5　2019年制造业上市公司高管薪酬比较

行业	公司数目	平均值(元)	中位值(元)	最大值(元)	最小值(元)	标准差
农副食品加工业 C13	49	964140.82	627266.67	4595800	78033.33	936536.21
食品制造业 C14	51	1275107.70	704933.33	12293729.67	143666.67	1905112.79
酒、饮料和精制茶制造业 C15	42	867955.56	643333.33	3404666.67	95233.33	683817.28
烟草制品业 C16	0	—	—	—	—	—
纺织业 C17	35	789560.71	649200	2256900	175566.67	491102.63
纺织服装、服饰业 C18	38	1081774.56	869516.67	4213333.33	193033.33	800746.55
皮革、毛皮、羽毛及其制品和制鞋业 C19	11	527260.61	408266.67	1276666.67	172566.67	348976.94

行业	公司数目	平均值(元)	中位值(元)	最大值(元)	最小值(元)	标准差
木材加工及木、竹、藤、棕、草制品业 C20	8	797470.83	605200	1763133.33	351766.67	461129.19
家具制造业 C21	25	965897.33	802333.33	4029500	276800	736886.42
造纸及纸制品业 C22	29	868609.20	602866.67	3660366.67	271666.67	737813.29
印刷和记录媒介复制业 C23	13	667494.87	658700	1205166.67	235866.67	270233.76
文教、工美、体育和娱乐用品制造业 C24	14	770677.95	644433.33	1465266.67	284491.33	432978.51
石油加工、炼焦及核燃料加工业 C25	16	741959.58	666733.33	2896900	166666.67	647556.91
化学原料及化学制品制造业 C26	247	812727.27	676366.67	4564100	75200	645799.04
医药制造业 C27	227	1064985.81	799766.67	7819133.33	175233.33	878678.75
化学纤维制造业 C28	24	977701.39	777550	2810366.67	140000	644854.12
橡胶和塑料制品业 C29	79	876321.43	716466.67	4647700	226400	653160
非金属矿物制品业 C30	86	1106866.03	787500	5427333.33	230233.33	1005098.56
黑色金属冶炼及压延加工业 C31	32	1643922.92	743983.33	1623100	141333.33	2956870.36

行业	公司数目	平均值(元)	中位值(元)	最大值(元)	最小值(元)	标准差
有色金属冶炼及压延加工业 C32	67	790734.54	716900	3628300	243333.33	565857.86
金属制品业 C33	61	914097.70	669000	5800333.33	232833.33	901624.93
通用设备制造业 C34	134	746384.68	620566.67	4428933.33	63100	534162.32
专用设备制造业 C35	228	1062541.30	662483.33	16972666.67	125633.33	1664909.99
汽车制造业 C36	128	1004312.49	711616.67	8270000	220000	991673.89
铁路、船舶、航空航天和其他运输设备制造业 C37	51	857890.48	690900	2965133.33	194100	518128.55
电气机械及器材制造业 C38	240	905354.63	751600	7406666.67	133333.33	738051.01
计算机、通信和其他电子设备制造业 C39	377	1175085.74	887833.33	11956066.67	191466.67	1085785.33
仪器仪表制造业 C40	48	722663.89	590650	3406466.67	272833.33	495125.68
其他制造业 C41	19	652992.38	551271.80	1472000	310133.33	329355.70
废弃资源综合利用业 C42	7	1358733.33	843166.67	4681900	161100	1523195.25
金属制品、机械和设备修理业 C43	0	—	—	—	—	—
总计	2386	—	—	—	—	—

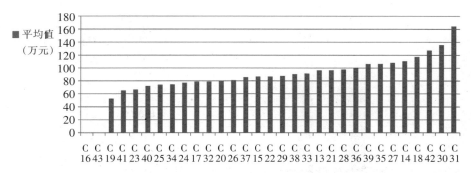

图3.5 2019年制造业上市公司高管薪酬比较

（4）上市公司高管薪酬水平板块间比较。由表3.6可以看出，虽然科创板在5个板块中上市公司数量最少，只有91家，但其高管薪酬平均值最高，达到130.12万元。其次，深市主板上市公司455家，高管薪酬平均值排名第二，达到125.26万元，该板块标准差是5个板块中最大的，说明板块内公司高管薪酬水平差距较大。沪市主板是5个板块中公司数量最多的，共有1497家，高管薪酬平均值为112.65万元，排名第三，标准差也比较大，说明该板块内公司高管的薪酬水平差距较大。高管薪酬的平均值排名第四和第五的板块分别为中小板和创业板，分别为100.77万元和85.96万元。在这5个板块中，创业板和科创板的高管薪酬平均值差距最大，达到44.16万元，科创板高管薪酬平均值是创业板的1.51倍。

表3.6 2019年上市公司高管薪酬板块间比较

所属证券板块	公司数目	平均值（元）	中位值（元）	最大值（元）	最小值（元）	标准差
创业板	797	859596.87	684700	14692300	63100	781882.19
中小板	947	1007746.95	753333.33	11956066.67	72000	931055.09
科创板	91	1301188.28	994033.33	6056900	195266.67	990217.70
沪市主板	1497	1126496.61	787900.33	19280800	75200	1331610.74
深市主板	455	1252626.98	780000	19795166.67	95233.33	1578497.36
总计	3787	—	—	—	—	—

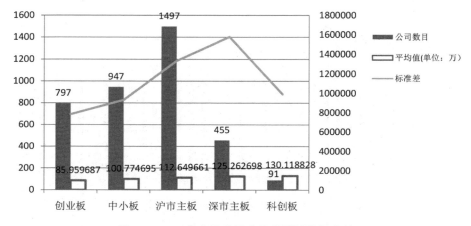

图3.6 2019年上市公司高管薪酬板块间比较

（5）ST与非ST上市公司高管薪酬水平比较。由表3.7可以看出，非ST上市公司数量是ST上市公司数量的17.29倍，无论平均值、中位数还是最大值，非ST的公司都比ST公司要高，反映了非ST上市公司的高管薪酬要优于ST公司。非ST公司的高管薪酬平均值是ST公司的1.86倍，两者相差50.42万元。

表3.7 2019年ST与非ST上市公司高管薪酬比较

公司类型	公司数目	平均值（元）	中位值（元）	最大值（元）	最小值（元）	标准差
非ST	3580	1087542.36	774916.67	19795166.67	63100	1201609.48
ST	207	583344.33	531500	2141033.33	72000	347501.76
总计	3787	—	—	—	—	—

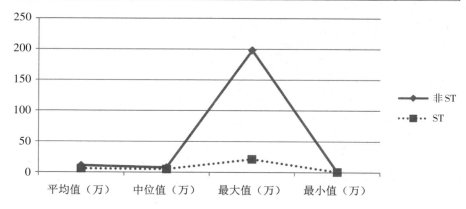

图3.7 2019年ST与非ST上市公司高管薪酬比较

62

(6)国有控股和非国有控股上市公司高管薪酬比较。在我国,截至2019年非国有控股公司数目为2626家,是国有控股公司数量的2.26倍。国有控股公司高管薪酬均值为113.93万,基本与非国有控股公司高管薪酬均值102.49万元持平。在中位值、最大值和最小值中,两种类型公司的最大值相差较大,相差约750.14万元,但标准差的差距不大,总体上说明这两种类型公司的高管薪酬差距不大(见表3.8,图3.8)。

表3.8　2019年国有控股和非国有控股上市公司高管薪酬比较

公司类型	公司数目	平均值(元)	中位值(元)	最大值(元)	最小值(元)	标准差
国有控股	1161	1139280.07	794833.33	12293729.67	75200	1105790.06
非国有控股	2626	1024923.74	741616.67	19795166.67	63100	1205269.87
总计	3787	—	—	—	—	—

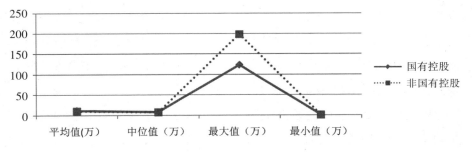

图3.8　2019年国有控股和非国有控股上市公司高管薪酬比较

3.2　美国经理人薪酬激励实务

3.2.1　发展历程

作为市场化程度最高的国家,美国的公司治理模式是以市场为导向的,主要具有以下特点:①具有绝对控股权的大股东较少,股权高度分散;②股权流动性强;③企业融资方式以股权直接融资为主。因此企业主要依靠外部市场约束对管理者进行监督。其高管薪酬发展大致可以分为以下三个阶段:

第一阶段：高管薪酬快速增长，缺少监管机制（1935年以前）。

1910年，美国烟草、美国钢铁两个大型企业首次把高管薪酬与企业运营情况相结合，除了给予公司高管固定工资外，还把公司利润的一部分作为薪酬付给高管。这可以理解为现代激励薪酬体系的开端，也拉开了高管薪酬飙升的序幕。

1930年，在一起普通的公司兼并诉讼案中披露伯利恒钢铁公司（Bethlehem Steel）的总裁在1929年的薪酬达到了162万美元，并且在之前的10年中，薪酬每年都在百万美元以上。随后很多大公司也被发现高管薪酬早已在百万美元以上。这一阶段，随着高管薪酬数据的偶然披露，民众的怨声日益高涨。

第二阶段：高管薪酬平稳（1935—20世纪80年代中期）。

20世纪30年代，经济大萧条席卷整个资本主义世界，民众对高企的高管薪酬忍耐达到了极限。1934年，美国证券交易委员会（SEC）正式成立，要求公司自1935年开始公布高管薪酬数据。1938年，美国证券交易委员会颁布了首个适用于上市公司代理声明（proxy statement）的高管薪酬信息的披露规则。1942年，首次将表格披露方式（tabular disclosure）用于高管薪酬的信息披露，高管薪酬信息披露制度不断完善。

随着信息披露制度的健全，高管薪酬在相当程度上受到了"公愤约束"，快速增长告一段落。延森和墨菲（Jensen & Murphy，1990）的统计和计算显示：1934—1939年，纽约证交所主要上市公司首席执行官的工资加奖金平均为88.2万美元，而1982—1988年可比公司首席执行官的工资加奖金为84.3万美元（均按1988年美元购买力计算）。由此可见，50年中首席执行官的现金报酬加奖金不涨反而减少了。他们同时比较了首席执行官与普通工人的薪酬总额变动速度，认为两者差异不大。公众对高管薪酬的关注度降低。弗莱德曼和萨克斯（Frydman & Saks，2008）的统计数据显示（如图3.9），从1950年到1970年，样本数据高管年度薪酬中位数从74万美元增长到82万美元，年均增长仅为0.5%。

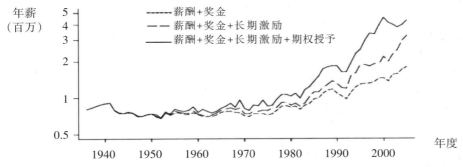

图3.9　美国高管年薪中值及其组成（1936—2005年）（Frydman & Saks, 2010）

第三阶段：高管薪酬迅猛增长（1980年中期—至今）。

从20世纪80年代中期起，高管薪酬的绝对金额开始迅速增长，增速远超普通员工，不断引起广泛的关注。霍尔和墨菲（Hall & Murphy, 2003）的研究显示，美国标准普尔500家公司首席执行官的平均货币薪酬与普通产业工人的平均报酬之比，从1970年的30倍上升到2002年的近100倍，若计入股票期权则达到360倍（2000年峰值为570倍）。

由图3.9及上述数据可以看出，致使这一时期高管薪酬迅猛增长的原因，很大程度上在于股票期权等资产性收入在薪酬结构中的比例持续提高。股票期权制度使得高层管理者更关心所有者的利益和资产的保值增值，将高管的利益与所有者的利益更紧密地结合在一起。在美国，20世纪80年代后高管薪酬与证券市场广泛关联，从90年代初期开始股票期权、长期报酬开始取代工资和奖金成为薪酬中的主要部分，2000年左右股票期权占比达到顶峰，2005年长期报酬占比达到35%。究其原因，从20世纪50年代开始，现金收入的税率大幅增长，而长期报酬和股票期权作为资本性收入税率较低，税收政策亦加速了长期报酬和股票期权在经济运行中的应用。

2008年国际金融危机席卷全球，为了平息日益沸腾的民怨，美国政府及国会也采取了一些措施，对联邦企业以及在"不良资产救助计划"中接受过救市资金的美国金融机构和公司高管薪酬加强了限制，但作为一个长期积累的问题，美国企业高管薪酬过高问题并没有得到有效解决。美国劳工联合会和产业工会联合会公布的《高管薪酬观察报告》（*Executive Pay Watch*）

显示,2015年标准普尔500公司首席执行官的平均薪资相比2014年的1350万美元有所下降,但依旧高达1240万美元。不过这并不是因为薪水或奖金减少,而主要是由于养老金收益下降造成的。

3.2.2 薪酬构成和薪酬水平

经过几十年的发展,美国上市公司高管薪酬的激励模式主要由基本工资、年度奖金、福利计划以及长期激励等四部分构成,其中股票和期权等长期激励形式在薪酬总额中占据了相当比例。根据美世咨询公司(Mercer)2007年发布的一项调查结果,在接受调查的首席执行官的薪酬中,长期激励性报酬占比达到62%。基本工资和奖金属于短期薪酬,发挥了周期短、见效快的激励效用;而福利计划及基于股权的报酬则属于长期薪酬,能够更好地将高级管理人员的利益与公司利益联系起来,从而促进其更为关注公司的长远发展。各组成部分决定因素也存在差异,基本工资通常由薪酬委员会根据高级管理人员所在岗位的范围、职责、重要性以及同行业和其他行业企业相似岗位的水平制定;年度奖金一般基于利润额、股价以及合同约定的预期绩效目标而定;福利计划所占比例通常较小,往往由企业根据自身特点及文化习俗等因素制定,包括两种较为普遍的计划——退休金计划和"金色降落伞"[①]合同;长期激励计划则由企业内外部的多种因素决定,如长期薪酬激励计划目标、计划费用、感知价值及市场趋势与竞争前景等。

与我国不同,长期薪酬激励在美国公司高管的总薪酬中占比最高。长期薪酬包括经营性股票期权、经营业绩股份、股票增值权益及虚拟股票计划等,其中股票期权的占比较大,是美国高管薪酬的主要形式(Hannes,2010)。从美国标准普尔500家企业披露的高管薪酬信息来看,2007年标准普尔首席执行官平均薪金为1054万美元,其中平均基本薪金为84万美元,占工资总额的8%;奖金为204万美元,占工资总额的19%;股票奖励737万美元,占总薪金的70%;福利补贴29万美元,占总薪金的3%(麻健,2009)。彭剑锋、

---

① 金色降落伞合同,是指在其他公司收购经理人员所在公司或由于其他原因被迫离开公司时保护经理人员的一种津贴。

崔海鹏等(2009)选取美国上市公司样本,分析了美国高管薪酬结构的特点。其构成形式与比例如图3.10所示:

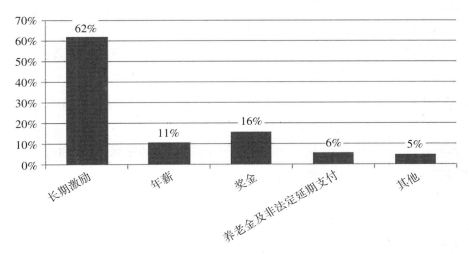

图3.10 美国上市公司高管薪酬结构

美国企业高管的薪酬水平一直领先于世界其他国家,同时高管人员的收入水平与作业型员工间的薪酬差距,以及高管人员与中层管理人员的薪酬差距巨大。这与美国企业的经营理念及其实行以股票期权等股权激励方式为主的长期薪酬激励模式相关,而美国上市公司现行的高管薪酬激励模式又是由美国过去长达20多年的牛市股市以及税收政策与会计准则的促进等多种因素共同作用形成的。

3.3 日本经理人薪酬激励实务

3.3.1 发展历程

在历史与传统文化的影响下,日本工业发展过程中沿袭了师徒关系以及家族式企业的模式,注重劳资双方的合作关系,强调忠实诚信的理念。日本企业人力资源管理模式的基本特点为以人为本、坚持长期稳定的雇佣关系、系统的在职培训、注重培养员工的进取和奉献精神、强调团队合作等。

日本虽有发达的股票市场,但企业从中融资数量有限,负债率较高,股权相对集中且主要由产业法人股东持有(企业间交叉持股普遍)。区别于英美模式,日本银行、供应商、客户和职工都积极通过公司的董事会、监事会等参与公司治理,发挥监督作用。企业与银行之间形成了一种基于长期稳定的资本和贸易关系的、对经营者进行监督和约束的内部治理模式。其高管薪酬激励发展大致分为以下几个阶段:

第一阶段:年功序列制下的传统工资制度(20世纪90年代前)。

20世纪80年代以前,日本企业主要实行年功序列制。年功即员工的年龄和在该企业任职的工龄,序列指不同的等级。年功序列制是日本企业实行的员工的薪酬与其年龄、工龄、学历、职务密切相关的激励制度。其中工龄因素所占比例较大,同时也是决定职务晋升的重要依据。工龄对日本企业员工薪酬的影响有两大特点:第一,工龄因素在薪酬中起决定作用,但是作用递减,即工龄在员工职业生涯早期的薪酬增长中发挥的作用较大,而到了45岁之后,其作用会大大减弱。第二,除了学历的因素,随着工龄的增长,通常男性比女性更有可能晋升更有价值的新职位。年功序列制和终身雇佣制的实施使得个人利益与企业利益紧密相连,很大程度上激励了日本员工对公司的忠诚度,员工在企业终身就职;与此同时,年功序列制政策导向使得日本高管薪酬水平与员工差异不大。

在日本经过第二次石油危机的冲击后,企业增长速度明显下降,再加上老龄化社会的到来,企业不得不采取“减量经营”的方式,因此与高速增长期所相适应的年功序列工资制已经不再适用。进入80年代日本企业开始逐步废除年功序列工资制,逐步采用职能工资制,旨在调动员工的工作热情,激发员工的内在潜力。

第二阶段:成果导向的业绩联动薪酬制度(20世纪90年代至今)。

90年代以来,市场竞争日益激烈,日本经济逐渐萧条,企业员工高龄化严重,日本企业大规模实施了减员计划,甚至将老员工派遣到子公司以减轻负担,而终身雇佣制也从根本上开始崩溃。因此日本对传统的工资制度和管理模式进行了一系列变革,一种以工作成果为基准来决定工资的制度应运而生。区别于年功序列制,成果导向的薪酬制度不再按照工龄、学历,而是基于工作成果进行薪酬评定,以调动高级管理人员工作的积极性。此外这个阶段的高管薪酬激励机制改革还具有两个特点:第一,引入股票期权制度。伴随着经济下行和企业业绩下滑,20世纪90年代,日本上市公司开始推出股权激励计划。1995年底,《特定新事业法》通过;1997年5月,公司法的修改为特定新事业企业、一般上市公司引入股票期权制度提供了法律依据。修改的公司法生效后仅一个月,就有35家上市公司推出了股权激励计划。第二,出台了一系列法律法规健全高管薪酬激励机制。除了前面提到的有关股权激励的法律法规外,2002年,日本修正了商法,重点是设置监事会和薪酬委员会两套体系。由此日本公司日益重视高管薪酬激励机制建设,逐步建立业绩联动型薪酬标准。业绩联动型薪酬标准的特点在于构建高管薪酬与公司业绩相衔接的绩效评价体系,高管人员的职务、岗位责任及个人绩效决定其薪酬;另一方面,高管薪酬水平又关乎公司业绩。

3.3.2 薪酬构成和薪酬水平

日本企业将高管的薪酬与他们的贡献挂钩,作为高管的主要激励手段。高管薪酬主要分为固定薪酬和业绩联动薪酬两部分。固定薪酬在每个会计年度开始前决定,不受企业当年业绩影响,一般按月发放。业绩联动薪酬一般分为奖金、离职补偿金及职务激励薪金等三个部分,具体数额按照当年经营状况进行调整。如2004年索尼公司的执行董事薪酬构成为固定薪酬+奖金(绩效联动薪酬)+股价联动薪酬+退休慰劳金。

从薪酬构成比例上看,日本企业高管的基本薪酬占比较高,业绩薪酬占比较低。根据韬睿咨询公司2005年的一项调查,日本企业高管基本薪酬占比57%,奖金和长期激励计划只占19%。2009—2010年,企业高管薪酬构成中,基本薪酬占66.3%,奖金占13.9%,股票期权占7.3%,离职补贴占6.8%;2011年,销售额在1万亿日元以上企业中,高管基本薪酬占64%,业绩薪酬占20%,长期激励薪酬占16%。这与英美等国短期业绩薪酬加长期激励薪酬占比80%以上的情况形成了巨大差异。2013年4月,日本董事协会根据政府经济政策修订公布了第三版《经营者报酬指南》,欲加强高管薪酬与业绩的联动性,计划用10年时间,改革首席执行官薪酬,计划将基本薪酬、奖金和股权激励的比例调整为20%、40%和40%(肖婷婷,2015)。

尽管日本企业的工资水平已经位居世界前列,但日本经营者的年薪收入水平在世界各国企业中却一直处于相对较低的位置,并没有与国际惯例接轨。2007年,日本国家出资企业首席执行官年薪折合人民币约为139.55万元,法人理事为118.10万元;日本私营企业首席执行官的平均年薪折合人民币约为436.67万元,远低于美国高管年薪水平。根据日本厚生劳动省的统计,1960年,日本企业董事人均年薪收入相当于一般员工年薪收入的8.8倍,这一差距1968年度缩小为4.8倍,1995年度又缩小至2.9倍。自20世纪90年代中期前后日本企业开始实行业绩工资以来,经营者的收入与企业经营效益挂钩,这一差距才又扩大,2005年度扩大到4.8倍,2006年度又增至5.8倍。

总体来说,日本公司高管的薪酬构成的特点:一是高管薪酬构成较简单,以短期报酬为主,长期报酬为辅;二是高管薪酬水平很大程度上取决于公司规模和利润,收入的多少与股票价格的高低不存在必然联系。在日本,法人控制公司股权,且法人交叉持股相互控制,这种治理结构的目的是使股东稳定化,并且有利于及时监控高管经营管理的行为,而非为了得到较高的股息或红利。因此日本公司高管更注重企业的经营管理的状态,而并不会特别关注其持有的股票数量和股价高低。通常日本的高层管理者会持有公司的股票,但是不允许出售股票,使高管持有公司股份的目的主要是激励高管强化对公司的责任感。普遍来看,日本企业高管的薪酬水平不及其他发达国家,其与员工的薪酬差距也远低于美国,整体而言日本更注重薪酬制度公平。

第四章 经理人薪酬参照点
的识别研究

薪酬满意度在很大程度上受到相对薪酬水平影响。相对薪酬水平取决于参照点的选择。参照点潜在决定了个体将某特定结果编码为收益或损失，进而影响其随后的决策与行为过程。然而参照点的选择属于个体的一项心理活动，具有内隐性、动态性和复杂性的特征，经理人作为组织中的最重要的人力资本，他们进行薪酬比较时的参照点选择是否有据可循？经理人薪酬比较情境下各个参照点的重要程度如何？本章将对这些问题进行探索。

4.1 相关研究综述

4.1.1 "参照点"的概念与分类

以卡尼曼（Kahneman）和特沃斯基（Tversky）为代表的学者们认为，决策者自身的损益对风险决策具有深刻的影响。他们在"前景理论"中首次提出了"参照点"的概念，认为它是决策者在判断和选择过程中依据的标准。参照点潜在决定了个体将某特定结果编码为收益或损失，进而影响其随后的决策过程（Kahneman & Tversky, 1979），被称为参照点效应（the effect of reference point），即盈与亏是一个与参照点比较的相对概念而非绝对概念。个体在进行决策时，如果决策的可能结果高于参照点就感受到收益，反之，个体则认为受到了损失。

关于参照点的类型,学者们并未形成共识,而是根据研究的情境不同提出了差异性的观点:①现状和非现状参照点。叶提斯和斯通(Yates & Stone,1992)定义了现状参照点(status quo references)和非现状参照点(non-status quo references)。现状参照点是指个体以目前所处的现实情况为参照点,如当前的财富水平、当前的绩效水平等;而非现状参照点则是指无客观现状参照的情况,如以目标绩效、个体的期望或抱负水平等对未来的知觉作为参照点。②内在维度、外在维度和时间维度参照点。菲根鲍姆和哈特等人(Fiegenbaum, Hart & Schendel, 1996)在《战略参照点理论》(*Strategic Reference Point Theory*)一文中,从企业战略制定的角度提出了"三维度参照点矩阵"的概念,认为可以从内在维度、外在维度和时间维度等三个方面对参照点进行划分。内在维度的参照点是指既定的决策过程标准和结果标准,外在维度的参照点包括竞争对手、企业制度、顾客的利益、供应商的利益以及各股东的利益等,时间维度的参照点是基于过去、现在或将来产生的。③社会参照点和个人参照点。谢晓非、陆静怡(2014)将他人的状态称作风险决策中的社会参照点,将决策者的现状定义为个人参照点。④底线、现状和目标。王晓田、王鹏(2013)以底线(最低需求,minimum requirement)、现状(status quo)和目标(goal)为参照点,将决策结果空间划分为失败、损失、获益和成功等4个功能区域。3个参照点的心理权重的排序:底线>目标>现状。这一模型继而推导出跨越不同区域的以现状为分界的双"S形"的价值函数,以及据此产生的对于跨越不同参照点的预期结果的偏好转换、损失—获益及失败—成功的两种不对称性。此外还有学者进行了隐性参照点和显性参照点的分类(Dholakkia & Simonson,2005)等。

4.1.2 与薪酬满意度相关的薪酬比较对象

"参照点"这一概念的提出是基于行为决策中的风险决策情境的,因此关于心理认知结果变量方面的研究较少使用"参照点"这一概念。但薪酬比较反映了个体将自己的情况与一定的参照标准进行比较的规律,比较对象、参照对象、参照标准、参照体是与参照点非常相近的概念,特别是参照体和参照点这两个概念在一些研究中出现了替代的情况。

理论层面。薪酬满意度研究的两类基础理论是差异理论（discrepancy theory）（Lawler，1981）和公平理论（equity theory）（Adams，1965）。它们共同的核心思想是薪酬满意度在很大程度上受到相对薪酬水平影响，两者的区别在于分别从不同的公平视角研究其对薪酬满意度的影响。

公平理论强调个人的投入/回报比率与他人和自我历史的比较对薪酬满意度的影响，认为员工对收入的满意程度能够影响其工作的积极性，而收入的满意程度取决于比较过程。个体不仅关心自己的绝对收入的多少，而且关心自己相对收入的多少。每个人会把自己付出的劳动和所得的报酬与他人付出的劳动和所得的报酬进行社会比较，也会把自己现在付出劳动和所得报酬与自己过去所付出的劳动和所得的报酬进行历史比较，如果当他发现自己的收入、付出比例与他人的收入、付出比例相等，或现在的收入、付出比例与过去的收入、付出比例相等时，他就会认为公平合理，从而心情愉悦，努力工作；反之，就会产生不公平感，内心不满，工作积极性随之降低。虽然公平理论没有明确给出个体参照对象选择的规律，但是我们从理论阐述可以看出，他人比较和自我的历史比较将影响个体的薪酬满意度水平。

差异理论考察了个体的期望报酬与实得报酬之间的知觉差异对薪酬满意度的影响。劳勒（Lawler，1971）认为薪酬满意度是"应该获得的薪酬数量的知觉"与"实际获得的薪酬数量的知觉"之间差异的函数。个人工作投入的知觉，职务水平、责任水平、工作难度等工作特征的感知，他人投入及产出的知觉以及地位、保障等非货币回报的知觉共同影响个体对期望报酬的感知。历史工资、实际工资率以及参照他人工资共同影响实得报酬知觉。戴尔和德里约（Dyer & Theriault，1976）修正了劳勒（Lawler，1971）的模型，认为除"个体的期望报酬与实得报酬之间的知觉差异"外，"薪酬体系管理的知觉充分性"也将影响薪酬满意度。薪酬要素的知觉适合度、薪酬要素的知觉理解程度、绩效评价的知觉准确性、薪酬政策或契约的知觉遵守程度将决定"薪酬体系管理的知觉充分性"。此外他们还指出组织内外部的他人参照、生活成本、财务需要及雇主的财务状况也会影响"应该获得的薪酬数量的知觉"。威廉姆斯、麦克丹尼尔和阮（Williams，McDaniel & Nguyen，2006）结合了公平理论和差异理论,提出"应该获得的薪酬数量的知觉"与"实际获得的薪酬数量的知觉"是薪酬满意度的主要决定因素,工作投入知觉、工作特征知觉以及参照他人的工作投入与付出知觉是"应该获得的薪酬数量的知觉"前置影响因素,而实得报酬和报酬涨幅决定了"实际获得的薪酬数量的知觉"。由此可见,学者们对"应该获得的薪酬数量的知觉"与"实际获得的薪酬数量的知觉"的前置影响因素没有形成定论,特别是"应该获得的薪酬数量的知觉"即影响薪酬预期的参照对象复杂,包括他人比较、生活成本比较、自我历史比较、组织薪酬政策与薪酬契约比较。

实证研究层面。研究发现薪酬比较是薪酬满意度的重要预测变量:部门内的工资比较对工资满意度有正向影响(贺伟、龙立荣,2011);薪酬比较(公平比较、多少比较、内部和外部比较)标准越高,员工薪酬水平的满意度越高(Sweeney et al.,1990);威廉姆斯等人(Williams et al.,2006)元分析(meta-analysis)研究结果表明,组织内比较、组织外比较、一般比较与薪酬满意度显著正相关;自我评价的投入——回报比率与薪酬水平、薪酬管理过程满意度之间呈正相关(Brown et al.,1992);期望工资比较、他人工资比较、本地区平均工资比较以及最低工资比较与薪酬满意度显著相关(Rice,1990);奥尔德姆(Oldham,1986)指出工龄长的员工倾向用他人外部标准比较,工龄短的员工运用自我内部标准比较评价薪酬;斯维尼等人(Sweeney et al.,2004)进行的一项跨国比较研究发现,与本国平均薪酬水平、与自己相似教育程度的他人以及与自己工作类似的他人比较都将影响员工的薪酬满意度。自我比较、外单位比较、本单位比较以及家庭比较与薪酬满意度相关(于海波、郑晓明,2009)。

4.1.3 与薪酬公平感知相关的薪酬比较对象

关于薪酬公平感知的研究多集中于组织公平,现有研究认为组织公平的形式包括分配公平、程序公平、互动公平或人际公平和信息公平。其中分配公平强调分配结果的公平性,而程序公平、人际公平、信息公平和互动公平则是关注过程的公平性。公平理论是薪酬公平感知的基础理论。前述已经回顾,公平理论认为他人和自我的历史比较的结果将决定个人公平感知。

实证研究方面,以往的研究发现薪酬的社会比较是组织公平感的重要预测变量,大多数学者认为个体的公平感来自比较,比较结果有利或不利时都将带来个体的不公平感知。一项以加拿大样本为对象的研究发现,个体通过与自我需要、内部参照标准和外部参照标准比较来评价分配正平,分配公平解释了薪酬满意度差异的26%(Tremblay,Sire & Balkin,2000)。个体将自己的所得与参照对象平均水平比较的结果影响分配公平感(Zhou & Long,2007)。薪酬的自我比较、外单位和家庭比较与程序公平和分配公平显著正相关(于海波、郑晓明,2013)。赵海霞等人(2013)的研究发现,团队内部薪酬比较与团队薪酬公平感相关,团队薪酬按贡献分配的程度越强,就越能够促进团队薪酬公平感的提升。韦志林、芮明杰(2016)指出员工与自己、组织内相似他人及组织外部相似他人比较的结果影响薪酬的个人公平感、内部公平感和外部公平感。

4.1.4 与经理人薪酬激励相关的薪酬比较对象

经理人作为组织中的最重要的人力资本,如何有效地对其进行激励成为委托—代理理论和公司治理领域研究的核心和焦点问题。委托—代理理论研究非对称信息情况下,促使代理人按照有利于委托人利益的方式行事的激励机制(incentive contract)。这种激励机制就是薪酬契约(compensation contract),能够以最小的工资支付成本激励代理人努力工作获得最大期望利润的报酬契约就是最优薪酬契约。传统的委托—代理理论建立在"理性经济人"假设之上,认为追求利润最大化是"理性经济人"的行为逻辑,因此只考虑代理人的行为对其所获取绝对收入水平的反应,多数不涉及薪酬比较。在这类模型中,唯一与薪酬比较相关的是将代理人相对业绩与薪酬匹配的锦标赛制度。锦标赛制度是相对业绩比较的一种特殊形式,在这种制度下,代理人的所得依赖其在该企业中所有代理人中的排名。部分实证研究也证实了企业高管团队垂直薪酬差异与企业绩效正相关(Eriksson,1999;Lee,2008;李绍龙、龙立荣、贺伟,2012),此时经理人薪酬比较的对象是企业高管团队的内部他人。

但随着研究的不断深入,最后通牒博弈(ultimatum game)(Güth,Schmittbergerz & Schwarze,1982)、公共物品博弈(public goods game)(Fehr & Gächter, 2000)等个体行为博弈实验的结果不断对"经济人"假设形成了巨大的挑战，单独个人经济利益的追逐动机不能完全解释参与者的行为。为此经济学家开始关注"理性经济人"之外的"公平"等个体偏好异质性及其行为反应。考虑社会偏好的委托—代理理论将传统委托—代理理论中的"理性经济人"假设扩展为"公平偏好代理人"，增强了理论对现实的解释力度。考虑社会偏好的委托—代理理论研究了两种意义上的公平：①关注动机，公平的委托—代理模型，强调行为背后的动机和意图是否公平，以拉宾(Rabin,1993)的互惠意图(intention based reciprocity)理论为代表。②关注分配结果公平的委托—代理模型，强调物质收入的分配结果公平，即假设无论对方是否有善意，只关注结果公平与否，这就意味着参与人不仅需要关心自身的利益，而且还需要关注他人的收益，同时具有减少与别人收益差异的动机。关于分配结果的公平偏好包括利他主义(altriusm)、嫉妒心理(envious)、同情心理(compassionate)和不平等厌恶(inequity aversion)等，以 F&S 模型(Fehr & Schmidt,1999)和 ERC 模型(Bolton & Ockenfels,2000)(也有学者称之为 BO 模型)为代表。

实证研究方面，已有研究证明在高管薪酬契约设计中普遍存在参照依赖现象，并可能对薪酬契约本身的演化和高管经营决策产生重要影响(Murphy,1999；Jensen et al.,2004；Hölmstrom,2005；Bizjak, Lemmon & Naveen,2008；李维安、刘绪光和陈靖涵,2010)。高管薪酬制定过程中的参照标准呈现多元化特征，包括同行业比较、同地区企业比较、同规模企业比较、同股权性质企业比较、往期薪酬等，大致可归纳为外部薪酬比较、内部薪酬比较和薪酬时间比较。部分实证研究检验了上述某一个或者几个参照标准对经理人行为的代理变量——企业绩效、在职消费、主动离职的影响，如高管团队薪酬差异与企业绩效关系(李绍龙、龙立荣、贺伟,2012)，外部薪酬差距(同行业)、产权性质与企业业绩关系(黎文靖、岑永嗣、胡玉明,2014)，外部薪酬差距(同行业、同地区)与在职消费、主动离职的关系(徐细雄、谭瑾,2014)，等等。其中部分关系得到验证。

4.2 经理人薪酬参照点因子结构概念模型

通过文献回顾,能够看出个体薪酬参照点繁多,虽然具有一些规律可循,但是分类标准不一,包括时间层面、组织内外部他人层面、预期层面、承诺层面、社会交往层面、生活需要层面等等。经过梳理,我们发现这些参照点大致可以分为两类:一类是与他人相关的参照点,包括组织内部他人参照点、组织外部他人参照点、社会交往他人参照点;另一类是与他人不相关的参照点,包括基于过去、现在或未来期望的时间层面参照点、契约参照点、生活成本、财务需要参照点、工作投入参照点、业绩参照点,等等。根据差异理论,这些参照点共同影响着个体形成对"应该获得的薪酬数量"的知觉。因此我们按照参照点是否与他人相关分为他人参照点和非他人参照点。由于非他人参照点中的各个构成因素影响着个体对"应该获得的薪酬数量"的主观判断,故我们称之为预期参照。根据差异理论、公平理论和锦标赛制度、考虑社会偏好的委托—代理理论以及上述对文献中出现过的参照点的梳理,我们遴选了27个经理人薪酬参照点,并构建了经理人薪酬参照点因素结构概念模型(见表4.1)。

表4.1 经理人薪酬参照点因子结构概念模型

类型	薪酬参照点	理论依据
他人参照点	所在单位相同职位的同事	公平理论、差异理论、锦标赛制度、考虑社会偏好的委托—代理理论
	所在单位不同职位的同事	公平理论、差异理论、锦标赛制度、考虑社会偏好的委托—代理理论
	上级	公平理论、差异理论、锦标赛制度、考虑社会偏好的委托—代理理论
	下级	公平理论、差异理论、锦标赛制度、考虑社会偏好的委托—代理理论
	所在地区该职位的外单位人员	公平理论、差异理论、考虑社会偏好的委托—代理理论
	同行业该职位的外单位人员	公平理论、差异理论、考虑社会偏好的委托—代理理论

类型	薪酬参照点	理论依据
	同产权性质单位该职位的外单位人员	公平理论、差异理论、考虑社会偏好的委托—代理理论
	同规模公司该职位的外单位人员	公平理论、差异理论、考虑社会偏好的委托—代理理论
	同行业的外单位同等学历人员	公平理论、差异理论
	当地市场该职位人员的平均薪酬	公平理论、差异理论、考虑社会偏好的委托—代理理论
	所在行业该职位人员的平均薪酬	公平理论、差异理论、考虑社会偏好的委托—代理理论
	同产权性质单位该职位人员的平均薪酬	公平理论、差异理论、考虑社会偏好的委托—代理理论
	配偶/亲戚	公平理论、差异理论
	朋友/同学	公平理论、差异理论
	业务往来单位的关联人员	公平理论、差异理论
	同龄人	公平理论、差异理论
	年长者	公平理论、差异理论
	年轻人	公平理论、差异理论
	异性	公平理论、差异理论
	同性	公平理论、差异理论
预期参照点	历史薪酬	公平理论、差异理论
	生活成本(维持生活需要的开支)	差异理论
	期望的薪酬待遇	差异理论
	业绩	公平理论、差异理论
	付出	公平理论、差异理论
	组织承诺薪酬	差异理论
	组织薪酬等级结构	差异理论

4.3 概念模型检验

4.3.1 研究设计

本研究采用问卷调查的形式,检验上述概念模型,探索经理人薪酬参照点的因素结构。根据研究的概念模型设计问卷,问卷包括个人基本信息和调查题项。个人基本信息部分包括年龄、性别、学历、参加工作年限、工作单位性质、工作单位规模、所属行业等10项内容,调查题项部分包括"请问您是否将薪酬与您所在单位相同职位的同事作比较?""请问您是否将薪酬与所在地区该职位的外单位人员作比较?"等27个题项,请被试进行"从来不""极少部分时间会""有时会""大部分时间会""每次都会"等5点量打分。

4.3.2　样本选取与数据收集

采用随机抽样法,选取天津市、北京市、上海市、河北省、湖北省等地133人作为样本。鉴于经理人时间安排及数据获取的难度,问卷采取在线网络调查的形式。为了确保被试的态度认真和数据的准确性,展现问卷题项前呈现文字提示,强调研究内容仅供学术研究用途,采取无记名形式,个人基本信息部分将全程保密。接下来告知被试,感受的真实性将决定研究结果的科学性,要求被试认真阅读、思考后作答。问卷填写提交后,每个参与者答卷经初步审核属于认真填写者,将获得相应红包酬金以示感谢。

本研究共发放问卷133份,回收问卷133份,问卷回收率100%。回收问卷全部有效。将所有问卷整理编号,用SPSS23统计分析软件进行数据录入与分析。由于本研究需要,遴选职位为"中层管理者""高层管理者"的81个样本进行统计分析。

4.3.3　数据统计与分析

1.描述性统计

81个样本包括中层管理者60人、高层管理者21人,样本个人基本信息分布特征见表4.2。

表4.2　样本个人基本信息分布描述性统计

项目	分类	样本数	百分比	项目	分类	样本数	百分比
性别	男性	63	77.78%	行业	制造业	4	4.94%
	女性	18	22.22%		采矿业	0	0
年龄	18—24岁	0	0		建筑业	4	4.94%
	25—40岁	42	51.85%		交通运输、仓储、邮政业	4	4.94%

项目	分类	样本数	百分比	项目	分类	样本数	百分比
	41—50岁	35	43.21%		信息服务与软件业	2	2.47%
	51—60岁	4	4.94%		批发、零售业	11	13.58%
	60岁以上	0	0		住宿餐饮业	0	0
学历	初中及以下	0	0		金融业	20	24.69%
	高中	2	2.47%		房地产业	9	11.11%
	大学	42	51.85%	行业	租赁与商务服务业	0	0
	研究生及以上	37	45.68%		科学研究、技术服务业	3	3.70%
参加工作年限	≤10年	12	14.81%		教育、卫生、文化产业	5	6.17%
	10—15年	20	24.69%		其他	19	23.46%
	16—20年	20	24.69%		非管理岗位	0	0
	>20年	29	35.80%		基层管理者	0	0
单位性质	国有企业	28	34.57%	职位	中层管理者	60	74.07%
	民营企业	31	38.27%		高层管理者	21	25.93%
	三资企业	4	4.94%		初级	9	11.11%
	股份制公司（分散持股）	6	7.41%	职称	中级	22	27.16%
	政府部门	0	0		高级	20	24.69%
	事业单位	9	11.11%		无	30	37.04%
	其他	3	3.70%		≤5年	19	23.46%
单位规模	30以下	6	7.41%	本单位工作年限	6—10年	18	22.22%
	30(含)—100人	18	22.22%		11—15年	12	14.81%
	100(含)—300人	12	14.81%		>15年	32	39.51%

项目	分类	样本数	百分比	项目	分类	样本数	百分比
	300（含）—500人	4	4.94%		—		
	500（含）以上	41	50.62%				

各调查题项上的评分基本情况见表4.3。

表4.3 样本调查题项描述性统计

题 项	样本数	最小值	最大值	平均值	标准差
1.请问您是否将薪酬与您所在单位相同职位的同事作比较？	81	1	5	2.60	1.008
2.请问您是否将薪酬与您所在单位不同职位的同事作比较？	81	1	5	2.22	1.049
3.请问您是否将薪酬与您的上级作比较？	81	1	5	1.84	1.018
4.请问您是否将薪酬与您下级（职位低于您的同事）作比较？	81	1	5	1.86	0.984
5.请问您是否将薪酬与所在地区该职位的外单位人员作比较？	81	1	5	2.46	0.909
6.请问您是否将薪酬与同行业该职位的外单位人员作比较？	81	1	5	2.49	0.868
7.请问您是否将薪酬与同产权性质单位该职位的外单位人员作比较？	81	1	5	2.40	0.983
8.请问您是否将薪酬与同规模公司该职位的外单位人员作比较？	81	1	5	2.35	0.951
9.请问您是否将薪酬与同行业的外单位同等学历人员作比较？	81	1	5	2.09	0.990
10.请问您是否将薪酬与当地市场该职位的平均薪酬作比较？	81	1	5	2.31	0.983
11.请问您是否将薪酬与所在行业该职位的平均薪酬作比较？	81	1	5	2.31	0.970
12.请问您是否将薪酬与同产权性质单位该职位的平均薪酬作比较？	81	1	5	2.25	1.007
13.请问您是否将薪酬与配偶/亲戚的薪酬作比较？	81	1	5	2.28	1.175

题 项	样本数	最小值	最大值	平均值	标准差
14.请问您是否将薪酬与朋友/同学的薪酬作比较?	81	1	5	2.40	1.008
15.请问您是否将薪酬与日常工作中有业务往来的外单位关联人员作比较?	81	1	5	2.23	1.016
16.请问您是否将薪酬与同龄人作比较?	81	1	5	2.59	0.919
17.请问您是否将薪酬与年长者作比较?	81	1	5	1.86	1.034
18.请问您是否将薪酬与年轻人作比较?	81	1	5	1.99	1.055
19.请问您是否将薪酬与异性作比较?	81	1	5	1.74	0.972
20.请问您是否将薪酬与同性别的人作比较?	81	1	5	2.10	1.102
21.请问您是否将薪酬与自己之前的薪酬作比较?	81	1	5	2.81	1.085
22.请问您是否将薪酬与生活成本(维持生活需要的开支)作比较?	81	1	5	2.84	1.156
23.请问您是否将目前薪酬与自己期望的薪酬待遇作比较?	81	1	5	2.86	0.972
24.请问您是否将薪酬与自己的业绩作比较?	81	1	5	3.38	0.943
25.请问您是否将薪酬与自己的付出作比较?	81	1	5	3.11	0.962
26.请问您是否将薪酬与单位最初承诺的薪酬作比较?	81	1	5	2.46	1.265
27.请问您是否将薪酬与本单位薪酬等级结构作比较?	81	1	5	2.48	1.097
汇总	81	1	5	2.38	—

2.因子分析

(1)KMO检验和巴特利特球形检验。KMO和巴特利特检验结果见表4.4,KMO抽样适度测定值为0.877,巴特利特球形检验近似卡方值为1787.048,显著性概率是0.000,拒绝相关系数矩阵为单位矩阵的零假设,说明数据具有相关性,适宜做因子分析。一般认为,KMO抽样适度测定值越大,进行因子分析的效果越好。

表4.4 KMO和巴特利特检验

KMO取样适切性量数		0.877
巴特利特球形度检验	近似卡方	1787.048
	自由度	351
	显著性	0.000

（2）确定主因子个数。由公因子方差表（公因子的提取效率方差比率分析表,见表4.5)可以看出,各题项的提取比例都超过了0.5,即通过主因子所解释的每一题项原始变量的部分方差占其整个方差数值的比例均高于50%,说明主因子对各题项原始变量的解释能力较强,因子分析效果较好,与KMO检验值0.877所代表的程度基本一致。

表4.5 公因子方差表

题 项	初始值	提取比率
1.请问您是否将薪酬与您所在单位相同职位的同事作比较?	1.000	0.741
2.请问您是否将薪酬与您所在单位不同职位的同事作比较?	1.000	0.777
3.请问您是否将薪酬与您的上级作比较?	1.000	0.734
4.请问您是否将薪酬与您下级(职位低于您的同事)作比较?	1.000	0.660
5.请问您是否将薪酬与所在地区该职位的外单位人员作比较?	1.000	0.663
6.请问您是否将薪酬与同行业该职位的外单位人员作比较?	1.000	0.763
7.请问您是否将薪酬与同产权性质单位该职位的外单位人员作比较?	1.000	0.817
8.请问您是否将薪酬与同规模公司该职位的外单位人员作比较?	1.000	0.803
9.请问您是否将薪酬与同行业的外单位同等学历人员作比较?	1.000	0.735
10.请问您是否将薪酬与当地市场该职位的平均薪酬作比较?	1.000	0.791
11.请问您是否将薪酬与所在行业该职位的平均薪酬作比较?	1.000	0.842
12.请问您是否将薪酬与同产权性质单位该职位的平均薪酬作比较?	1.000	0.750
13.请问您是否将薪酬与配偶/亲戚的薪酬作比较?	1.000	0.630
14.请问您是否将薪酬与朋友/同学的薪酬作比较?	1.000	0.789
15.请问您是否将薪酬与日常工作中有业务往来的外单位关联人员作比较?	1.000	0.657

题　项	初始值	提取比率
16.请问您是否将薪酬与同龄人作比较?	1.000	0.816
17.请问您是否将薪酬与年长者作比较?	1.000	0.868
18.请问您是否将薪酬与年轻人作比较?	1.000	0.698
19.请问您是否将薪酬与异性作比较?	1.000	0.788
20.请问您是否将薪酬与同性别的人作比较?	1.000	0.734
21.请问您是否将薪酬与自己之前的薪酬作比较?	1.000	0.631
22.请问您是否将薪酬与生活成本(维持生活需要的开支)作比较?	1.000	0.570
23.请问您是否将目前薪酬与自己期望的薪酬待遇作比较?	1.000	0.682
24.请问您是否将薪酬与自己的业绩作比较?	1.000	0.586
25.请问您是否将薪酬与自己的付出作比较?	1.000	0.532
26.请问您是否将薪酬与单位最初承诺的薪酬作比较?	1.000	0.617
27.请问您是否将薪酬与本单位薪酬等级结构作比较?	1.000	0.747

提取方法:主成分分析法。

由方差贡献率分析表(表4.6)可知,因子分析的初始特征值大于1的因子共有5个,同时,这5个因子的累积方差贡献率为71.925%,高于70%,说明这5项因子对各题项原始变量的总体解释能力较好。从公因子碎石图(图4.1)可以看出,前5个公因子特征值变化明显,到第6个特征值以后,变化趋于平稳,可以说明抽取前5个公因子可以对各题项原始变量的信息描述有显著作用。因此,对于经理人的薪酬参照点我们一共提取5个主因子。

表4.6　方差贡献率分析表

成分	初始特征值			提取载荷平方和		
	特征值	方差贡献率(%)	累积方差贡献率(%)	特征值	方差贡献率(%)	累积方差贡献率(%)
1	12.739	47.180	47.180	12.739	47.180	47.180
2	2.718	10.067	57.247	2.718	10.067	57.247
3	1.762	6.524	63.771	1.762	6.524	63.771

成分	初始特征值			提取载荷平方和		
	特征值	方差贡献率(%)	累积方差贡献率(%)	特征值	方差贡献率(%)	累积方差贡献率(%)
4	1.167	4.323	68.094	1.167	4.323	68.094
5	1.034	3.831	71.925	1.034	3.831	71.925
6	0.868	3.214	75.139	—	—	—
7	0.758	2.809	77.948	—	—	—
8	0.657	2.433	80.381	—	—	—
9	0.627	2.321	82.702	—	—	—
10	0.594	2.199	84.902	—	—	—
11	0.558	2.068	86.970	—	—	—
12	0.477	1.767	88.737	—	—	—
13	0.445	1.648	90.385	—	—	—
14	0.381	1.411	91.795	—	—	—
15	0.373	1.381	93.177	—	—	—
16	0.288	1.066	94.243	—	—	—
17	0.241	0.894	95.137	—	—	—
18	0.220	0.816	95.953	—	—	—
19	0.197	0.728	96.681	—	—	—
20	0.175	0.648	97.329	—	—	—
21	0.159	0.590	97.919	—	—	—
22	0.134	0.496	98.415	—	—	—
23	0.124	0.457	98.872	—	—	—
24	0.101	0.375	99.247	—	—	—
25	0.071	0.262	99.509	—	—	—
26	0.068	0.251	99.760	—	—	—
27	0.065	0.240	100.000	—	—	—

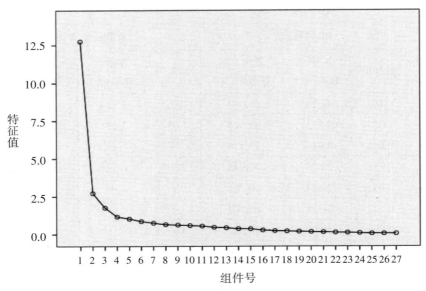

图4.1 公因子碎石图

（3）因子命名分析。利用"最大方差法"对因子载荷矩阵进行旋转,使得主因子与原始变量之间的相关系数进一步向0和1分化,通过旋转之后的因子载荷矩阵明确了各主因子的现实属性特征,以此确定各项主因子符合现实意义的名称。旋转后各题项在不同成分上的载荷见表4.7,方差贡献率分析见表4.8。

表4.7 旋转之后各题项在不同成分上的载荷

题 项	成 分				
	1	2	3	4	5
1.请问您是否将薪酬与您所在单位相同职位的同事作比较？	0.127	0.255	0.437	0.682	−0.050
2.请问您是否将薪酬与您所在单位不同职位的同事作比较？	0.258	0.306	0.432	0.656	−0.021
3.请问您是否将薪酬与您的上级作比较？	0.249	0.365	0.080	0.707	0.180
4.请问您是否将薪酬与您下级（职位低于您的同事）作比较？	0.312	0.271	0.075	0.681	0.142

题 项	成 分				
	1	2	3	4	5
5. 请问您是否将薪酬与所在地区该职位的外单位人员作比较?	0.659	0.131	0.209	0.410	−0.029
6. 请问您是否将薪酬与同行业该职位的外单位人员作比较?	0.764	0.177	0.282	0.261	−0.026
7. 请问您是否将薪酬与同产权性质单位该职位的外单位人员作比较?	0.748	0.349	0.255	0.261	−0.046
8. 请问您是否将薪酬与同规模公司该职位的外单位人员作比较?	0.814	0.221	0.208	0.182	0.126
9. 请问您是否将薪酬与同行业的外单位同等学历人员作比较?	0.667	0.479	0.004	0.242	0.035
10. 请问您是否将薪酬与当地市场该职位的平均薪酬作比较?	0.776	0.320	0.070	0.078	0.275
11. 请问您是否将薪酬与所在行业该职位的平均薪酬作比较?	0.722	0.402	0.025	0.058	0.393
12. 请问您是否将薪酬与同产权性质单位该职位的平均薪酬作比较?	0.661	0.406	0.113	0.066	0.362
13. 请问您是否将薪酬与配偶/亲戚的薪酬作比较?	0.258	0.653	0.346	0.129	0.008
14. 请问您是否将薪酬与朋友/同学的薪酬作比较?	0.353	0.750	0.262	0.128	−0.129
15. 请问您是否将薪酬与日常工作中有业务往来的外单位关联人员作比较?	0.458	0.597	0.146	0.188	0.183
16. 请问您是否将薪酬与同龄人作比较?	0.337	0.719	0.318	0.110	−0.270
17. 请问您是否将薪酬与年长者作比较?	0.236	0.768	0.009	0.428	0.199
18. 请问您是否将薪酬与年轻人作比较?	0.245	0.645	0.097	0.435	0.152
19. 请问您是否将薪酬与异性作比较?	0.224	0.763	−0.066	0.329	0.207
20. 请问您是否将薪酬与同性别的人作比较?	0.263	0.756	0.048	0.190	0.234
21. 请问您是否将薪酬与自己之前的薪酬作比较?	0.050	−0.025	0.763	0.209	−0.046
22. 请问您是否将薪酬与生活成本(维持生活需要的开支)作比较?	0.168	0.141	0.720	0.013	−0.054

题 项	成 分				
	1	2	3	4	5
23.请问您是否将目前薪酬与自己期望的薪酬待遇作比较?	0.256	0.136	0.756	0.022	0.161
24.请问您是否将薪酬与自己的业绩作比较?	0.027	0.016	0.727	0.182	0.155
25.请问您是否将薪酬与自己的付出作比较?	0.078	0.338	0.578	0.117	0.252
26.请问您是否将薪酬与单位最初承诺的薪酬作比较?	0.267	0.050	0.506	0.081	0.530
27.请问您是否将薪酬与本单位薪酬等级结构作比较?	0.354	0.231	0.368	0.239	0.613

提取方法:主成分分析法。

旋转方法:凯撒正态化最大方差法。

表4.8 旋转后的方差贡献率分析表

成分	旋转载荷平方和		
	特征值	方差贡献率(%)	累积方差贡献率(%)
1	5.535	20.500	20.500
2	5.475	20.277	40.777
3	3.893	14.418	55.195
4	3.020	11.185	66.381
5	1.497	5.545	71.925

第一,对第一项主因子(F1)进行命名。由表4.7我们可以看出,第5—12题与F1相关性强。这8个题项代表的薪酬参照点分别为所在地区该职位的外单位人员、同行业该职位的外单位人员、同产权性质单位该职位的外单位人员、同规模公司该职位的外单位人员、同行业的外单位同等学历人员、当地市场该职位人员的平均薪酬、所在行业该职位人员的平均薪酬、同产权性质单位该职位人员的平均薪酬。这些参照点属于本研究概念模型中的他人参照点,同时他们还具有一个共同特点:均是与被试所属组织具有一定联系的他人。心理学研究(Fehr & Falk,2002)显示,代理人往往倾向与自

己同类的其他代理人比较物质收益是否公平分配。经理人薪酬激励相关的实证研究也显示,与经理人所在组织具有某种联系的其他组织经理人的薪酬,将影响企业绩效或经理人在职消费、主动离职等行为。由此可见,经理人具有比较与自己所在组织存在某种程度联系的外部关联组织的经理人薪酬的倾向,具体可以表现为与自己相识的外部关联组织经理人进行横向比较,或者与所在地区、所属行业或者同产权性质企业经理人市场平均薪酬水平进行比较。因此我们命名第一项主因子F1为"组织外部他人参照点",即外部关联组织的经理人横向参照点,包括同地区、同行业、同规模、同产权性质组织同职位经理人的薪酬横向参照点,或反映他们平均收入水平的市场薪酬横向参照点。

第二,命名第二项主因子(F2)。第13—20题与F2相关系数较高。这些题项表示的薪酬参照点依次为配偶/亲戚、朋友/同学、业务往来的外单位关联人员、同龄人、年长者、年轻人、异性、同性。这些参照点属于本研究概念模型中的他人参照点,此外区别于主因子F1,他们的一个共同特点是与被试日常社会交往频率较高的个体及其表现的性别或年龄特征,如家人、朋友、同学、日常业务往来关系人。布劳(Blau,1994)将个体与其家庭成员、亲戚或者朋友的比较称为社交标准,因此我们命名第二项主因子F2为"社交参照点",即日常社会交往人群参照点,包括配偶/亲戚、朋友/同学、业务往来的外单位关联人员。由表4.3我们可以看出,在比较对象的年龄和性别特征上,个体倾向于与同龄人和同性进行比较。

第三,命名第三项主因子F3。由表4.7可以看出,第21—25题与F3相关性较强。这些题项反映的参照点分别是历史薪酬、生活成本(维持生活需要的开支)、期望的薪酬待遇、业绩、付出(工作投入),属于概念模型中的预期参照点。区别于主因子F1和F2,这些参照点与他人不相关,而是建立在自身客观条件基础之上的,比如以往的薪酬、自己和家庭的生活成本、自己的工作投入与产出等。根据差异理论,这些参照点共同影响着个体对"应该获得的薪酬数量"的知觉,因此我们将这一主因子命名为"自我预期参照点"。

第四,命名第四项主因子(F4)。第四项主因子F4与题项1—4相关性较强。它们代表的参照点分别为所在单位相同职位的同事、所在单位不同职位的同事、上级、下级,属于概念模型中的他人参照点。区别于组织外部关联单位相似人员的横向比较和日常社会交往人群的比较,该类参照点代表的他人均来自于组织内部,即同事及其职位特征,因此我们将其命名为"组织内部他人参照点"。由表4.3可以看出,在组织内部,相较于不同职位以及上、下级人员的垂直比较,个体更倾向与同职位人员进行横向比较。

第五,分析并命名主因子(F5)。第26、第27题与主因子F5相关性较高。与主因子F3相似,这两个参照点均与他人无关,分别为组织承诺的薪酬和组织薪酬结构。但与F3的不同之处在于,F3是基于自身客观条件和期望的,而主因子F5是基于组织薪酬契约或薪酬制度的。戴尔和德里约(Dyer & Theriault,1976)修正了劳勒(Lawler,1971)的模型,认为除"个体的期望报酬与实得报酬之间的知觉差异"外,"薪酬体系管理的知觉充分性"也将影响薪酬满意度。参照点契约理论(contract as a reference point)也指出现实中的契约是不完全的,但为缔约方提供了一种自我利益得失判断的参照基准(Hart et al.,2008;Fehr et al.,2009、2011)。因此我们将这类参照点命名为"制度预期参照点",包括与组织签订的薪酬契约承诺薪酬的对照以及与组织薪酬结构、绩效管理等薪酬制度的对照。

按照上述提取的5个主因子归类的经理人薪酬参照点因子结构见表4.9。

表4.9　各参照点的提取方差及在主因子上旋转后载荷

主因子	题　项	提取比率	旋转之后的载荷
组织外部他人参照点	同规模公司该职位的外单位人员	0.803	0.814
	当地市场该职位人员的平均薪酬	0.791	0.776
	同行业该职位的外单位人员	0.763	0.764
	同产权性质单位该职位的外单位人员	0.817	0.748
	所在行业该职位人员的平均薪酬	0.842	0.722
	同行业的外单位同等学历人员	0.735	0.667
	同产权性质单位该职位人员的平均薪酬	0.750	0.661
	所在地区该职位的外单位人员	0.663	0.659

主因子	题 项	提取比率	旋转之后的载荷
社交参照点	年长者	0.868	0.768
	异性	0.788	0.763
	同性	0.734	0.756
	朋友/同学	0.789	0.750
	同龄人	0.816	0.719
	配偶/亲戚	0.630	0.653
	年轻人	0.698	0.645
	业务往来单位的关联人员	0.657	0.597
自我预期参照点	历史薪酬	0.631	0.763
	期望的薪酬待遇	0.682	0.756
	业绩	0.586	0.727
	生活成本(维持生活需要的开支)	0.570	0.720
	付出	0.532	0.578
组织内部他人参照点	上级	0.734	0.707
	所在单位相同职位的同事	0.741	0.682
	下级	0.660	0.681
	所在单位不同职位的同事	0.777	0.656
制度预期参照点	组织薪酬等级结构	0.747	0.613
	组织承诺薪酬	0.617	0.530

4.4　研究结论与启示

4.4.1　研究结论与理论贡献

参照点的选择具有内隐性、动态性和复杂性的特征,给学者们的研究带来了一定的困难。现有研究表明,学者们对于参照点的分类没有形成一致性的意见,标准繁多,各类参照点纷呈。经理人是组织中最重要的人力资源,识别其薪酬比较的参照点因子结构具有重要意义。本研究基于我国文化背景,通过文献梳理,构建了经理人薪酬参照点因子结构概念模型,进一步通过样本问卷调查与探索性因子分析,抽取了经理人薪酬参照点的5个

主因子,主要研究结论如下:

(1)构建了二维结构的经理人薪酬参照点概念模型。根据对公平理论、差异理论和委托—代理理论的回顾和实证研究的梳理,按照参照点是否与他人相关,构建了包括"他人参照点""预期参照点"二维结构的经理人薪酬参照点概念模型。其中"他人参照点"包括同规模公司该职位的外单位人员、朋友/同学、所在单位相同职位的同事等20个参照点,"预期参照点"包括历史薪酬、组织承诺薪酬等7个参照点。

(2)基于我国文化背景,抽取了经理人薪酬参照点的5个主要因子,探索性地构建了经理人薪酬参照点的五维结构模型。经过问卷调查及样本数据的探索性因子分析,抽取经理人薪酬比较的主要参照点包括组织外部他人参照点、社交参照点、自我预期参照点、组织内部他人参照点、制度预期参照点。其中组织外部他人参照点指外部关联组织的经理人参照,包括同规模公司该职位的外单位人员等8个参照点;社交参照点是日常社会交往对象参照,包括朋友/同学等8个参照点;自我预期参照点与他人不相关,是建立在自身客观条件基础之上的期望参照,包括历史薪酬等5个参照点;组织内部他人参照点是指组织内部同事间比较,包括同职位同事等4个参照点;制度预期参照点与组织薪酬契约承诺的薪酬及组织薪酬结构、绩效管理等薪酬制度相关,包括组织承诺薪酬等2个参照点。

(3)5个主因子对概念模型中27个参照点的解释力由高到低依次为组织外部他人参照点、社交参照点、自我预期参照点、组织内部他人参照点、制度预期参照点。组织外部他人参照点、社交参照点解释力最强,自我预期参照点、组织内部他人参照点稍弱,制度预期参照点解释力最弱。说明组织外部他人参照点对原有27个参照点的代表性最强,制度预期参照点的代表性最弱。

(4)根据各个参照点比较频率排序,发现业绩、付出、期望待遇、生活成本、历史薪酬是得分最高的5个参照点,它们均属于自我预期参照点。其次依次为所在单位同职位的同事、同龄人、同行业同职位的外单位人员、薪酬等级结构、同地区同职位的外单位人员、薪酬承诺等。

4.4.2 管理启示和政策建议

薪酬管制是美国次贷危机后西方政府及我国政府作为国有企业经营者特殊身份背景的现实选择,也引发了人们对经理人就此"消极怠工"——降低努力水平的担忧。薪酬满意度是人们对薪酬水平的主观评价,是预测个体行为的一个重要态度变量,很大程度上受到相对薪酬水平影响。相对薪酬水平取决于参照点的选择。探索经理人薪酬参照点的因子结构,对预测经理人薪酬满意度和个体行为具有重要意义。

(1)引导组织成员建立合理的薪酬预期,避免实得薪酬低于预期导致的薪酬满意度下降。研究结果显示,自我预期参照点是经理人比较频率最高的参照点维度。在薪酬管制背景下,组织可以通过内部舆论宣传,向组织成员介绍经济增速放缓、甚至存在下行压力等宏观环境情况,以及企业各项经济指标等企业微观层面数据,引导组织成员建立合理的薪酬预期值。

(2)可通过调整薪酬构成的形式进行薪酬管制。研究结果显示,经理人依次倾向于与业绩、付出、期望待遇、生活成本、历史薪酬进行比较,相对于历史薪酬,经理人更看重实得薪酬与自我工作业绩和付出(工作投入)比较。因此可以通过降低固定薪酬、增加浮动薪酬比例的形式调整薪酬结构,从而进行薪酬管制,特别是当调整后的薪酬水平有可能低于历史薪酬的情况下,通过增加绩效薪酬比例、确保薪酬分配程序公正的方式缓解薪酬满意度的急速下降。此外制度预期参照点的存在也要求组织兑现承诺,保证分配公正和程序公正。

(3)薪酬策略与企业发展战略相匹配。研究发现,组织外部他人参照是经理人薪酬参照点的一个重要维度,即经理人关注关联组织经理人薪酬的横向比较。根据组织薪酬水平高于、等于或低于市场薪酬水平或竞争对手,组织采取的薪酬策略可划分为领先型薪酬策略、跟随型薪酬策略、滞后型薪酬策略。因此当企业处于发展期大量需要人才时,可以通过采取领先型薪酬策略吸引优秀人员加盟;而当企业处于稳定期或收缩期,可以采用跟随型策略留住人才,或在收缩期采用滞后型策略控制成本。另外组织内部他人参照点启示企业可以通过建立适度的高管团队内部薪酬差距,提升经理人的工作积极性。

4.4.3　研究局限和未来研究方向

（1）研究发现组织外部他人参照点、社交参照点、自我预期参照点、组织内部他人参照点、制度预期参照点是经理人薪酬参照的5个主要维度，但是它们如何对经理人薪酬满意度等态度变量和努力水平等行为变量产生影响，有待后续验证。

（2）鉴于研究需要，经理人样本获取具有一定的难度，本研究结论都是基于所选样本得出的，在更大的样本范围中，经理人薪酬参照点的五维因子结构是否依旧成立、各个参照点的比较频率排序是否稳定，有待进一步验证。

第五章　薪酬管制、高管薪酬参照对企业绩效的影响

薪酬管制是美国次贷危机后西方政府经济治理的政策选择,也是我国政府现阶段促进经济发展和社会公平的重要制度安排,具有深刻的现实背景,然而政策的出台也引发了舆论对企业高级管理人员激励效率损失——就此"消极怠工"降低努力水平的担忧。那么"限薪"甚至"降薪"的薪酬管制是否必然会降低高管的努力水平? 现实中,雇主与雇员之间的信息很难实现完全对称,雇主不能直接观测雇员的努力行动,能观测的只是另外一些绩效变量。高管作为企业最重要的人力资本群体,其努力程度更是在很大程度上决定了企业的经营业绩。那么薪酬管制是否会对企业业绩产生影响? 如果答案是肯定的,那么又将如何影响企业业绩呢? 本章将就这些问题展开研究。

5.1　相关研究综述

5.1.1　薪酬管制的成因及效果

薪酬管制(compensation regulation)指政府为国有企业的高级管理人员制定薪酬激励政策,即政府享有定薪权,具体指政府相关部门通过政治权利直接干预其报酬数额(陈冬华、陈信元、万华林,2005)。主要的薪酬管制形式包括限薪和减薪计划、薪酬结构调整以及实施股权等长期激励性方式等。

关于薪酬管制的研究主要围绕以下两个问题展开:

（1）薪酬管制的原因。由于薪酬管制的特殊性，研究主要集中于国内。国内学者对薪酬管制的原因进行了积极的探索，特别是从公平—委托人"不平等厌恶"（inequity aversion）角度解释了实施薪酬管制的动机。陈冬华等（2005）指出，薪酬管制内生于国有资产的管理体制和政府干预：处于信息劣势的政府面对众多国有企业，只能通过签订整齐划一的契约减少管理成本。从委托人"不平等厌恶"角度看，政府对国企初次分配的"公平"偏好使其有动机将薪酬降到高管可接受的最低限（黄再胜、曹雷，2008；黄再胜、王玉，2009）。王晓文、魏建（2014）构建了一个含有委托人"不平等厌恶"偏好的多任务"委托—代理"模型，从政府"不平等厌恶"角度分析了薪酬管制的原因。

（2）薪酬管制的效果。多数文献研究成果支持薪酬管制无效论，部分研究甚至发现薪酬管制会引起在职消费或高管腐败等现象，对企业的绩效存在负面影响，因此建议放松管制。陈冬华等（2005）指出，企业租金、绝对薪酬和企业规模等因素是影响我国上市公司在职消费的关键。薪酬管制导致在职消费成为国有企业管理人员的替代性选择，在职消费内生于国有企业面临的薪酬管制约束及薪酬管制约束下的外生薪酬安排激励效率缺乏。陈信元等（2009）研究发现，地区市场化程度、贫富差距、失业率、企业规模等因素影响了我国上市公司薪酬管制。薪酬管制的实施导致高管腐败增加的现象，说明高管腐败可能内生于国有企业的薪酬管制约束。国有企业高管薪酬管制剥夺了企业董事会的部分定薪权（黄再胜、曹雷，2008），限制了改制后的国企为高管提供激励性经济合约的能力，进一步导致基于委托—代理理论的激励政策缺乏必要的制度前提而无法得到有效实施。相关的后续研究更是再次指出，国有企业业绩型报酬方案的实施空间和激励效率受到薪酬管制的束缚，引发了国企高管薪酬激励机制的严重扭曲（黄再胜、王玉，2009）。蔡地、万迪昉（2011）将国有企业分为中央国企和地方国企，通过实证检验发现，地方政府对高管薪酬的管制降低了高管对企业绩效的敏感程度，但是在对中央企业的研究中并未得出相应结论。徐细雄、刘星（2013）从权力寻租视角考察了企业高管权力配置与腐败行为之间的内在联系，并通过实证研究指出政府薪酬管制恶化了高管腐败。张楠和卢洪友(2017)通过对2005—2013年期间A股上市公司的实证研究发现,薪酬管制约束了高管货币激励,在职消费可能成为地方国有企业高管获得隐性薪酬的替代性选择。普洛伯和范里宁(Propper & Van Reenen,2010)研究了英国公立医院1996—2005年护士工资管制政策效果,指出在护士工资管制政策实施期间,公立医院心脏病死亡人数显著上升。而一项针对英国义务教育阶段教师工资管制政策的研究发现,教师工资相对于当地劳动力市场平均工资每下降10%,学生平均成绩下降2%(Britton & Propper,2016)。

5.1.2 高管薪酬参照点与企业绩效

以卡尼曼(Kahneman)和特沃斯基(Tversky)为代表的学者认为,决策者自身的损益对风险决策具有深刻的影响。他们在"前景理论"中首次提出了"参照点"的概念,认为它是决策者在判断和选择过程中依据的标准。前景理论主要内容:①参照点依赖(reference point dependency),指出人们在判断自己的效用大小时,会选择一个参照点(参照对象),会将自己的所得与参照对象的所得进行对比;②损失厌恶(loss aversion),即人们在面临同等数额的盈利与亏损时,对后者的感知会更加直接和敏锐;③边际效用递减,即当自己的所得与参照点的差距增大时,每一单位收益或者亏损带来的主观效用变化程度会逐渐减小。参照点潜在决定了个体将某特定结果编码为收益或损失,进而影响其随后的决策过程(Kahneman & Tversky,1979),被称为参照点效应(the effect of reference point)。徐细雄、谭瑾(2014)研究发现我国上市公司高管薪酬契约呈现明显的参照点效应,即上市公司高管薪酬显著地受到同行业、本地区高管薪酬均值等外部参照基准的影响,薪酬契约参照点效应引发的主观心理感知对企业高管的在职消费和主动离职行为等都有重要影响。比扎克(Bizjak,2008)等通过研究同行业参照基准对高管薪酬决策的影响,发现企业间高管薪酬具有很强的参照效果,企业的薪酬委员会经常将企业所在行业的主要竞争对手的职业经理人的激励手段和报酬数额作为薪酬制定的参考。公司常常将规模较大、薪酬较高的企业视作制定薪酬政策的参照基准,这种做法会激发"棘轮效应",促使薪酬水平不断上升。

李维安、刘旭光、陈靖涵(2010)认为,由于长久的"不患寡而患不均"的文化感染,签订契约合同时代理人的心理感知会受到参照基准的影响。在薪酬高于参照基准时,代理人会有优势不平等等心理感知,会导致其有互惠的行为倾向;在薪酬低于参照基准时,代理人会有劣势不平等等心理感知,会导致其有报复、懈怠等行为倾向。陈信元、陈冬华等(2009)利用上市公司数据检验表明,在参照点契约理论的理论逻辑下,若企业为高级管理人员制定的薪酬契约激励不足甚至绝对薪酬低于外部参照基准时,企业高管将会认为自己的利益受到了损害,会降低组织公平感,进而导致降低努力程度来对企业进行惩罚,严重的心理感知还会使高管产生在职消费、职务侵占等行为,使企业业绩受损。高、杰拉德、李(Gao,Jarrad & Li,2012)认为首席执行官对大额减薪非常敏感,将会导致首席执行官选择主动离职。

5.1.3　文献述评

通过文献回顾,不难发现理论层面对薪酬管制的原因与效果的研究不断深入,特别是从"委托人不平等"角度给出了原因并对其效果进行了实证研究,但薪酬管制效率动因方面的研究有待深入:

宏观经济调控的两大目标是效率与公平。国内学者对薪酬管制的原因进行了积极的探索,特别是从公平—委托人"不平等厌恶"角度给出了实施薪酬管制的缘由。但薪酬管制作为一种调控制度,不仅旨在公平,更是效率问题。实施薪酬管制的内在经济机理首先是国有企业在特定治理环境下降低代理成本的一种制度安排,即提高效率。如何通过对经理人进行有效的激励与约束,克服当事人之间的目标不一致和信息分散化带来的效率损失,成为现代公司治理理论研究的重点。其中影响最大、分析最为深刻的是委托—代理理论(principal-agent theory)。

最优契约理论(optimal contract theory)是根植于委托—代理分析范式的,融合经理人与股东利益是最优契约的核心目标,并尽量提供具有信息含量的业绩指标实现效率的改进(Jensen,Murphy & Wruck,2004;李维安、刘绪光、陈靖涵,2010),构成了基于业绩的薪酬激励形式的理论基础。然而在实践中,基于业绩的薪酬契约并不能够完全避免目标不一致和信息分散化带来的效率损失,并可能引致增加经理人从事盈余管理(earnings management)及代理人间的合谋(collusion)行为的负效应。代理成本会随着经理人利润分享比例的提高而增加,原因在于经理人拥有的剩余权益越多,势必有更大的积极性从事较大风险的项目,而有限责任制导致资本所有者承担可能存在的失败损失(林卫斌、苏剑,2010)。

另外一种较为流行的经理人薪酬理论是高管权力论(managerial power theory),该理论指出管理者能够影响董事会为自己谋求超额薪酬,此时薪酬契约不再是解决代理问题的治理机制,其自身也成为代理问题的一部分。因此最小化代理成本的经理人拥有一定程度剩余权益的激励机制与有效监督约束机制结合,成为均衡的企业内部治理机制的必然选择。当薪酬激励机制本身引发的代理成本高于其节约的由两权分离和信息不对称引发的代理成本时,则应降低薪酬激励的强度,减少效率损失。降低薪酬激励强度的最简单形式就是薪酬管制。

回顾学者们的已有研究,发现成果多呈现了薪酬管制的负面效应。偶见部分学者得到不一致的研究结论,如阮青松、杨冰婵(2016)在收集2005—2014年上市公司数据的基础上,采用混合回归、最小二乘法、固定回归法对数据检验发现,如果薪酬管制的力度合适,将会提高高管的组织公平感,有利于提升企业绩效。蔡地、万迪昉(2011)将国有企业分为中央国企和地方国企,通过实证检验发现,中央企业高管薪酬的管制并未降低高管对企业绩效的敏感程度。究其原因,笔者认为学者们的研究是基于以往的薪酬水平与相对薪酬差距数据的。1978年改革开放以来,在效率目标主导下,我国企业形成了一条由行政型治理向经济型治理演变的鲜明改革主线。企业的经理人激励制度也随之经历了40余年的变迁。从计划经济下近乎平均主义的工资体系到市场经济下国有企业负责人薪酬制度改革红利下薪酬水平逐步抬升,薪酬激励效应突显,对于促进企业改革发展发挥了重要作用。同时改革开放极大地促进了人民生活水平的显著提高,人们的信念与偏好也必然伴随国民经济快速发展与财富水平的变化共生演化。现阶段,薪酬管制是否/如何影响企业业绩呢?有待揭示。

5.2 理论分析与研究假设

5.2.1 高管薪酬参照与企业绩效间关系

高级管理人员作为组织中最为重要的一类人力资本,其工作投入程度直接关乎企业经营状况。因此薪酬管制对企业绩效的影响研究的逻辑起点在于薪酬对高管努力水平的影响。如何对其进行薪酬激励、促进组织目标实现一直是学者们关注的焦点,其中最具代表性的理论观点是基于信息经济学的最优契约论。信息经济学(economics of information)研究非对称信息情况下,什么是最优交易契约,又称契约理论或机制设计理论。其中"代理人"(agent)是拥有私人信息的参与人,"委托人"(principal)不拥有私人信息。应用委托—代理框架可以分析信息经济学的所有模型,故又称委托—代理理论(principal—agent theory)。在将追求利润最大化(Smith,1776)和追求效用最大化(Gossen,1854;Jevons,1871;Menger,1871;Walras,1874)作为经济分析出发点的假设之下,新古典经济学和现代主流经济学构建了分析生产者和消费者行为的基本范式。这两个范式内在地统一于追求自身利益最大化,帕累托将具有此类行为倾向的人概括为"经济人",并作为经济分析的前提假设(Pareto,1896)。传统的委托—代理理论基于古典经济学"理性经济人"假设,主要研究信息不对称时存在道德风险的薪酬机制设计,激励代理人选择对委托人最为有利的行为。现实中,雇主与雇员之间的信息很难实现完全对称,雇主不能直接观测雇员的行动(a),能观测到的只是另外一些变量(如π)。由于存在随机因素(θ),即使代理人努力工作也可能只会得到低水平产出,而不努力工作时也可能凭借好运气而得到高水平产出。同时委托人通常不能监督代理人(监督成本太高或不具备相关专业知识导致),因此目标不一致的代理人将选择真实努力水平$a<a*$委托人期望的最优努力水平。因为利润水平由代理人的努力水平(a)和外生变量(θ)共同决定,代理人可以将低利润归咎于不利的外生影响,从而逃避委托人的指责,发生"道德风险"问题。在委托人风险中性,代理人风险规避的情况下,代理人的真实努力水平不能被委托人观测,此时帕累托最优风

险分担是不可能的。为了促使代理人有积极性努力工作,委托人必须承担比对称信息情况下更大的风险。此时代理人的激励相容约束(IC)将发挥作用(binding),即通过激励机制 $s(\pi)$ 诱使代理人选择委托人希望的行动。根据著名的 HM 模型(Holmstrom & Milgrom,1987),假定委托人是风险中性的,代理人的线性激励机制为 $s(\pi)=\alpha+\beta\pi$(其中 α 是代理人的固定收入,β 是代理人分享的产出份额)。信息不对称时,代理人激励相容(IC)约束为 $a=\beta/b$,其中 β 是代理人分享的产出份额,b 代表成本系数。从激励角度而言,β 越大,代理人的真实努力水平(a)越高,而高于保留收入水平的固定报酬,满足了代理人的参与约束(IR)。因此高管的薪酬激励强度将影响其努力水平。

以"理性经济人"为基础假设展开研究的传统的委托—代理理论,只融入了代理人行为对其所获取绝对收入水平的反应,而代理人对其他人收入水平的关注却未被纳入,即假定自身绝对收入水平决定了代理人的效用,而相对收入水平对其效用不产生影响。虽然部分委托—代理模型(如锦标赛制度等)也考虑了代理人的相对业绩,但代理人的心理因素及其行为反应却被忽略。因此传统委托—代理理论得出的结论仅包含信息不对称下关于道德风险的激励,而不包括考虑公平心理等因素的激励问题(蒲勇健、郭心毅、陈斌,2010)。但实验经济学的心理博弈(psychological game)实验结论却对这一假设提出了质疑。最后通牒博弈实验(ultimatum game;Güth, Schmittbergerz & Schwarze,1982)、礼物交换博弈(gift exchange game;Fehr, Kirchsteiger & Riedl,1993)、信任博弈(trust game;Berg, Dickhaut & McCabe,1995)及公共物品博弈(public goods game;Fehr & Gächter,2000)等实验说明,单独个人经济利益的追逐动机不能完全解释参与者的行为,对"公平"的追求也是其行为的重要解释因素。因此学者们通过将"理性经济人"假设扩展为关注动机或结果公平的"公平偏好代理人",将传统的委托—代理模型扩展为考虑社会偏好的委托—代理理论,增强了理论对现实的解释力度。经典的关注分配结果公平的委托—代理模型都是建立在"不平等厌恶"假设之上的,例如 F&S 模型(Fehr & Schmidt,1999)、ERC 模型(Bolton & Ockenfels,2000;

也有学者称之为BO模型）。此类模型强调物质收入的分配结果公平,假设参与人只关注结果公平与否,无论他人是否对自己报有善意的动机,即参与人不仅关心自身的利益,而且还具有关注他人的收益、减少与他人收益差异的诉求。当自己的收益低于他人时会因嫉妒心理产生嫉妒负效用（劣势不平等厌恶）,而高于他人时会由同情心理产生同情负效用（优势不平等厌恶）,而且嫉妒负效用大于同等幅度的同情负效用。亚历山大（Alexandre,2006）发现,代理人的努力水平受到薪酬契约参照点和主观公平心理感知的显著影响。基于参照点契约理论,学者们认为在制定或者设计薪酬契约时要考虑代理人的公平偏好,也就是在契约设计之初,考虑代理人将自己的绝对薪酬与他人的薪酬进行对比时产生的心理感知:当高管的薪酬水平高于参照基准时,会产生互惠心理,进而做出对委托人有利的行为;当高管的薪酬水平比参照基准低时,会认为组织未公平地对待自己,其损失厌恶等心理认知、情绪会影响工作态度、效率,甚至激发超额在职消费等动机（徐细雄、谭瑾,2014）。

管理学中,薪酬满意度（pay satisfaction）是人们对薪酬水平的主观评价,差异理论（discrepancy theory）（Lawler,1981）和公平理论（equity theory）（Adams,1965）是薪酬满意度研究的两类基础理论,它们的共同核心思想是薪酬满意度在很大程度上受到相对薪酬水平影响。相对薪酬水平取决于参照点的选择。风险决策研究方面,卡尼曼、特沃斯基（Kahneman & Tversky,1979）在前景理论中首次提出了"参照点"的概念,认为个体决策时依据的不是决策方案各种可能结果的绝对效用值,而是以某个既存的心理立基点（即参照点）为基准,把决策结果理解为绝对效用值与参照点的偏离方向和程度的相对效用。参照点潜在决定了个体将某特定结果编码为收益或损失,并进一步影响后续决策过程。自改革开放以来,我国经济快速发展,社会生产力水平明显提高,人民生活显著改善,实现了从温饱向小康的跨越,特别是2003年薪酬改革以来高管也成为高收入群体的重要组成部分,加之我国长期在"不患寡而患不均"传统思想的影响之下,现阶段高管关注的薪酬焦点并不在于绝对收入的高低,而是薪酬与外部参照标准的差异。人们常常将具有较多相似社会特征的个体作为参照对象。员工在薪酬满意度方面的公平感不受本单位比较的显著影响,而外单位比较对组织公平感的影响较大(于海波、郑晓明,2013)。因此与具有较多相似社会特征的高级管理人员群体比较的相对薪酬水平,将对高管的努力水平进而对企业经营业绩产生主要影响。故提出假设1:

H1:高管薪酬参照对企业绩效有显著影响。

H1a:高管薪酬相对于同行业高管薪酬的平均水平越高时(越低时),企业绩效越高(越低)。

H1b:高管薪酬相对于同地区高管薪酬的平均水平越高时(越低时),企业绩效越高(越低)。

H1c:高管薪酬相对于同产权性质企业高管薪酬的平均水平越高时(越低时),企业绩效越高(越低)。

5.2.2 薪酬管制影响薪酬参照与企业绩效间关系

以拉宾(Rabin,1993)的互惠意图(intention based reciprocity)理论为代表的关注动机公平委托—代理模型,强调行为背后的动机和意图是否公平。心理学实验发现人们普遍表现的"互惠互损"行为偏好,将"公平性"(fairness)视为"当别人对你友善时你也对别人友善,当别人对你不善时你也对别人不善"并进行定义。拉宾(Rabin,1993)更进一步开创性地利用吉亚纳科普洛斯等人(Geanakoplos et al.,1989)的心理博弈框架,构建了具体分析了广泛存在于人们生活中的这种互利行为的经济学模型。参与者根据自己的二阶信念结构判断对方的意图,进而决定后续采取的反应策略。

模型的核心问题是善意函数的构造中如何判断和反映对方的善意程度。拉宾(Rabin,1993)指出,博弈方通过自己的实际收益与他期望中的公平收益(即参照点)的比较来判断对方的善意动机,进而决定自己的行动策略。当测度二阶信念的善意函数Ⅱ<0时,意味着博弈方认为博弈的对方对自己不友善,以怨报怨成为此时使自己效用最大化的策略,也就是善意函数Ⅰ<0;反之,善意函数Ⅱ>0时,意味着博弈方认为对方对自己友善,以德报德则是此时使自己效用最大化的策略,也就是善意函数Ⅰ>0。

拉宾(Rabin,1993)的"互惠"理论有多重均衡,"互损"也是均衡。杜文贝格和基希施泰利格(Dufwenberg & Kirchsteiger,2004)定义了序列互惠均衡,以便更好地解释连续博弈中的行为,这是一个非常完备的均衡概念,包括局中人关于他人行为动机善恶的均衡路径和非均衡路径上的推断信念都会不断更新,但即使用最简单的动态博弈分析过程也相当烦琐,同时存在多重均衡结果。蒲勇健(2007)通过构造一个基于互惠意图的简化的HM模型,证明在一定条件下,职员受到企业更加人性化的关怀,得到比其保留支付还要多的固定收入,不仅不会减少企业的利润,反而因此而激发员工的感激之情,从而更加努力地为企业工作,同时新合约带来了原有理性代理人HM模型的帕累托改善。蒲勇健(2007b)将拉宾(Rabin,1993)同时考虑物质效用和"动机公平"的效用函数植入传统的委托—代理模型,得出当委托人支付给代理人的固定工资满足一定条件时:①代理人努力程度(a)是工资中固定部分α增函数,即委托人越慷慨地给予代理人更多的固定收入,代理人越努力工作;②代理人的努力程度比理性代理人情形下高($a=\beta/b$)。

国内部分学者从委托人"不平等厌恶"即公平角度给出了实施薪酬管制的缘由。由奢入俭难,在因薪酬管制而非业绩变动导致降低薪酬预期的背景下,高管是否会因此质疑代理人的动机公平,而报以带有情绪的劳动,加剧薪酬预期降低对努力水平的影响?若高管的现金薪酬低于参照基准的现金薪酬,高管的薪酬管制程度越高,企业高管会感知到更加强烈的损失厌恶,在这种情况下,薪酬管制程度可能会作为一个信号,对高管薪酬参照点与企业绩效之间的关系起到调节作用。央企高管薪酬管制政策不仅仅影响央企高级管理人员的薪酬水平,而且可以通过企业薪酬水平外部性竞争策略(包括领先型薪酬策略、跟随型薪酬策略、滞后型薪酬策略和混合型薪酬策略)传导至不受政策限制的其他不同产权性质的企业,降低经理人市场的整体性薪酬预期。

因此提出假设2:

H2:高管薪酬管制程度正向调节薪酬参照与企业绩效间的关系。

H2a：薪酬管制程度正向调节高管同行业薪酬参照与企业绩效间的关系。

H2b：薪酬管制程度正向调节高管同地区薪酬参照与企业绩效间的关系。

H2c：薪酬管制程度正向调节高管同产权性质企业薪酬参照与企业绩效间的关系。

5.3　变量设计与样本数据收集

5.3.1　样本数据的收集

本研究选取的样本对象为2013—2016年在沪深A股市场存续的上市公司，[①]并按照以下原则剔除：①财务状况异常的公司；②最终控制人缺失的公司；③所属行业为金融证券业的公司；④高管薪酬信息缺失的公司；⑤本研究所需其他主要变量信息缺失的公司；⑥对主要的连续变量中处于0～1%和99%～100%之间的样本采取Winsorize缩尾处理，避免极端数据对检验结果带来偏差。所有数据均来自国泰安CSMAR数据库，最终得到4个年度上市公司的7343个样本。本研究数据处理软件为Stata11，数据分析方法为混合回归分析法。

5.3.2　变量设计与内涵

1.高管薪酬参照(Reference)，选取3个参照基准

(1)行业高管薪酬，即上市公司所在行业排名前三位的高管薪酬均值；

(2)地区高管薪酬，即上市公司所在地区排名前三位的高管薪酬均值；

(3)产权性质高管薪酬(分为国企和非国企两种性质)，即上市公司所属产权性质(国企或非国企)排名前三位的高管薪酬均值。因此薪酬参照点取值为：

$$同行业薪酬参照(IND) = \frac{公司排名前三位高管薪酬均值}{上市公司所在行业排名前三位高管薪酬均值}$$

---

① 数据收集2013—2016年研究所需的4年全部数据，其中模型的解释变量取2013—2015年的数据，被解释变量取滞后一期即2014—2016年数据。

$$\text{同地区薪酬(REG)} = \frac{\text{公司排名前三位高管薪酬均值}}{\text{上市公司所在地区排名前三位高管薪酬均值}}$$

同产权性质薪酬参照(SAP)=

$$\frac{\text{公司排名前三位高管薪酬均值}}{\text{上市公司所属产权性质排名前三位高管薪酬均值}}$$

2. 薪酬管制程度(RPay)

借鉴陈信元等(2009)研究,将薪酬管制程度用"相对薪酬"来测量,即前三名高管人均薪酬与员工人均薪酬之比。其中员工人均薪酬的测量方法借鉴杨志强、王华(2014)研究,员工人均薪酬=(支付给职工以及为职工所支付的现金—董事、监事及高管薪酬总额)/(员工人数—董事、监事及高管总人数+未领取薪酬的董事、监事及高管人数)。

3. 高管薪酬(lnCOMP)

本研究用COMP表示高管的绝对薪酬均值。对企业报表中披露的"金额最高的前三名高级管理人员的报酬总额"取均值作为其绝对薪酬的代理变量,另外借鉴徐细雄、谭谨(2014)的数据处理方法,为保证回归结果的平滑性,高管薪酬变量将取其绝对薪酬均值COMP的自然对数。

4. 被解释变量

本研究用"每股收益(EP)"来代表A股上市公司的绩效。另外将选取"总资产收益率(ROA)"作为替代变量进行稳健性检验。

5. 其他变量

本研究为了能够有效地衡量高管薪酬参照点对企业绩效的作用,对财务杠杆、企业规模、是否保护性行业、是否是国有企业、两职兼任、董事独立性进行了控制。已有文献证明,企业的绩效与公司规模存在明显的正相关关系,本研究采用A股上市公司总资产的自然对数代表公司规模(Size);企业的财务情况也会影响企业绩效,本研究采用财务杠杆(Lev)代表企业的资本结构;若企业所在行业受国家保护,则Protected取值为1,否则取0;若企业是国企,State哑变量取值为1,其他企业性质取值为0;如果企业中的总经理、董事长两个职位是由同一个人担任,那么Dual取值为1,否则取值为0;

董事会独立性(Independ)由独立董事的人数与董事总人数的比率表示。

表5.1 变量内涵

变量名称	变量符号	变量说明
1.被解释变量(VBE)		
每股收益	EP	净利润与普通股股本总数之比
总资产收益率	ROA	净利润与公司总资产之比
2.主要解释变量		
薪酬管制程度	$RPay$	前三名高管人均薪酬与员工人均薪酬之比
薪酬参照 $Reference$	IND	公司排名前三位高管薪酬均值与上市公司所在行业排名前三位高管薪酬均值之比
	REG	公司排名前三位高管薪酬均值与上市公司所在地区排名前三位高管薪酬均值之比
	SAP	公司排名前三位高管薪酬均值与上市公司所属产权性质排名前三位高管薪酬均值之比
3.控制变量		
高管薪酬	ln$COMP$	公司排名前三位高管薪酬均值的自然对数
财务杠杆	Lev	总负债除以总资产
国有性质	$State$	若企业为国有时取值为1,否则为0
企业规模	$Size$	公司总资产的自然对数
保护性行业	$Protected$	设定B-采掘业、C65-黑色金属冶炼及压延加工业、C67-有色金属冶炼及压延加工业、C41-石油加工、炼焦及核燃料加工业、D-电力、燃气及水的生产和供应业等7个行业为受保护行业,若属于以上行业,则取值为1,否则为0
两职兼任	$Dual$	若高管既担任总经理,同时还担任董事长,则取值为1,否则为0
董事会独立性	$Independ$	独立董事人数与董事总人数之比

资料来源:笔者整理。

5.3.3 模型构建

1.高管薪酬参照对企业绩效的影响

为了检验高管薪酬参照对企业绩效影响的主效应,我们构建如下检验模型。其中因变量(VBE)为企业绩效,自变量为薪酬参照(Reference),分为同行业薪酬参照点(IND)、同地区薪酬参照点(REG)、同产权性质薪酬参照点（SAP）等三种情况。在公司治理实践中，高管往往先将自己的薪酬与参照基准进行对比，企业绩效是对比后产生不平等厌恶的心理感知而改变努力水平的行为结果，存在一定的滞后性，故对模型中的企业绩效取滞后一期数据。具体模型为：

$$VBE_{i,t}=\alpha+\beta_1Reference_{i,t-1}+\beta_2lnCOMP_{i,t-1}+\beta_3Lev_{i,t-1}+\beta_4Size_{i,t-1}+$$
$$\beta_5Dual_{i,t-1}+\beta_6Independ_{i,t-1}+\beta_7State_{i,t-1}+\beta_8Protected+ \quad (1)$$
$$Year+Industry+\varepsilon_{i,t-1}$$

2. 当高管薪酬水平低于参照点时，高管薪酬管制程度对企业绩效的影响

为检验高管薪酬水平低于参照点时，薪酬管制程度对企业绩效影响的调节效应，本研究构建以下模型。因变量（VBE）为企业绩效；自变量为薪酬参照（Reference），分为同行业薪酬参照点（IND）、同地区薪酬参照点（REG）、同产权性质薪酬参照点（SAP）等三种情况；调节变量为薪酬管制程度RPay，交互项为RPay×Reference。同上，模型中的企业绩效取滞后一期数据。

$$VBE_{i,t}=\alpha+\beta_1Reference_{i,t-1}+\beta_2RPay_{i,t-1}+\beta_3RPay_{i,t-1}×Reference_{i,t-1}+$$
$$\beta_4lnCOMP_{i,t-1}+\beta_5Lev_{i,t-1}+\beta_6Size_{i,t-1}+\beta_7Dual_{i,t-1}+ \quad (2)$$
$$\beta_8Independ_{i,t-1}+\beta_9State_{i,t-1}+\beta_{10}Protected+Year+Industry+\varepsilon_{i,t-1}$$

5.4 实证检验结果与分析

5.4.1 描述性统计及高管薪酬现状分析

上市公司前三名高管薪酬均值的描述性统计如表5.2所示，2013—2016年连续4年高管的平均薪酬分别为52.24万元（2013年）、54.81万元（2014年）、58.91万元（2015年）、63.93万元（2016年），从中可以看出2013—2016年高管的薪酬水平持续上升，2016年比2013年薪酬增长22.38%，增长幅度接近1/4。同时经过统计分析发现，薪酬均值的标准差也呈上升趋势，从2013年的27.28扩大到2016年的33.27，并且其最大值与最小值之间的差额也在不断扩大，说明上市公司对高管的现金报酬激励存在较大区别。

表5.2　2013—2016年A股上市公司前三名高管薪酬水平的

描述性统计(单位:万元)

年份	高管薪酬(COMP)均值	标准差	最小值	最大值
2013	52.24	27.28	21.99	110.12
2014	54.81	27.77	21.67	109.18
2015	58.91	30.60	23.65	120.25
2016	63.93	33.27	25.67	130.43

资料来源:笔者运用Stata11统计。

《中央管理企业负责人薪酬制度改革方案》《关于合理确定并严格规范中央企业负责人履职待遇、业务支出的意见》调控对象为央企高管薪酬,此后各省、市、自治区参照中央改革精神,陆续制定印发了国企负责人薪酬制度改革实施意见。因此表5.3将国企与非国企上市公司高管薪酬水平进行了对比分析。

表5.3　2013—2016年A股上市公司高管薪酬水平

年份	国企组		非国企组	
	高管薪酬均值(万元)	标准差	高管薪酬均值(万元)	标准差
2013	56.73	29.21	50.16	27.28
2014	59.15	29.78	53.34	28.33
2015	61.00	30.29	56.97	29.66
2016	64.22	30.35	61.05	30.76

资料来源:笔者运用Stata11统计。

由表5.3和图5.1可以看出,2013—2016年高管薪酬水平呈增长趋势,但2015年国企组薪酬增幅放缓,非国企组上市公司并未受到政策影响。2013—2016年期间,非国企上市公司高管薪酬与国企上市公司高管薪酬均值之间差距逐年缩小。反映了2014年改革方案出台之后,整体而言国企高管薪酬的绝对平均水平并未下降,但与其他产权性质上市公司高管比较的相对薪酬差距缩小。

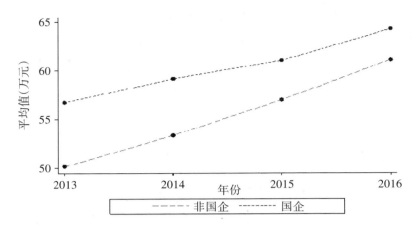

图5.1 2013—2016年A股上市公司高管薪酬水平趋势图

资料来源:笔者运用Stata11统计。

每股收益、总资产收益率等其他主要变量的描述性统计结果见表5.4。

表5.4 其他主要变量的描述性统计

变量	均值	标准差	最小值	最大值	样本量
EP	0.32	0.64	−5.90	17.82	7343
RPay	6.33	3.39	2.44	13.10	7343
ln*COMP*	13.08	0.51	12.30	13.91	7343
Lev	0.42	0.19	0.15	0.73	7343
State	0.39	0.49	0	1	7343
Size	21.95	1.01	20.55	23.71	7343
Protected	0.10	0.30	0	1	7343
Dual	0.26	0.44	0	1	7343
Independ	0.37	0.04	0.33	0.43	7343

资料来源:笔者运用Stata11统计。

在有关经济指标的模型中,由于经济数据的限制往往会使得模型设计存在一定的问题,可能会使得解释变量之间存在多重共线性(multicollinearity)问题。为了保证数据回归结论的真实性,本研究对选取的数据进行了多重共线性检验,具体结果见表5.5,方差膨胀因子基本在可接受范围之内,不存在严重的多重共线性。

表 5.5　多重共线性检验

变量	VIF		
	IND	REG	SAP
Reference	5.77	5.79	14.43
ln*COMP*	6.16	5.81	14.69
Size	1.93	1.94	1.92
Lev	1.46	1.46	1.47
State	1.29	1.29	1.43
Protected	1.11	1.09	1.10
Dual	1.10	1.11	1.10
Independ	1.02	1.02	1.02
VIF 平均值	2.48	2.44	4.65

资料来源：笔者运用 Stata11 统计。

5.4.2　高管薪酬参照对企业绩效影响的单变量分析

为初步分析高管酬薪参照对企业绩效的影响是否显著，按照上市公司排名前三位高管薪酬均值高于或低于同行业、同地区、同产权性质企业排名前三位高管薪酬均值（Reference 大于或小于 1），将研究对象分为高 IND 组和低 IND 组、高 REG 组和低 REG 组、高 SAP 组和低 SAP 组，利用独立样本 T 检验法检验薪酬参照高、低两组企业绩效之间是否存在显著差异，检验结果见表 5.6。

表 5.6 表明低 IND 组、低 REG 组、低 SAP 组的每股收益（EP）均显著低于高薪酬组（显著性水平均为 1%），说明上市公司高管薪酬低于参照基准（同行业、同地区、同产权性质企业的高管薪酬平均水平）时，企业的绩效也显著较低。薪酬参照对公司绩效的影响显著性检验，薪酬水平低于同行业平均酬薪水平的企业绩效明显偏低，说明相对薪酬偏低降低了代理人工作的积极性。

表 5.6 单变量分析结果

分类变量	Reference	T值	分类变量	EP	T值
高 IND 组	1.423	−150***	IND≥1	0.482	−15.94***
低 IND 组	0.616		IND<1	0.238	
高 REG 组	1.431	−140***	REG≥1	0.488	−15.81***
低 REG 组	0.618		REG<1	0.242	
高 SAP 组	1.425	−150***	SAP≥1	0.508	−17.76***
低 SAP 组	0.606		SAP<1	0.233	

注:***表示显著性水平为1%。

另外为了检验不同产权性质企业之间高管薪酬及薪酬参照是否存在明显差异,本研究将上市公司分为国企与非国企两类进行单变量分析,结果如表 5.7 所示。2013—2016 年非国企组上市公司高管薪酬均值自然对数(ln-COMP)为 13.050,明显低于国企组的高管薪酬均值 13.149。同时可以发现在同行业、同地区的上市公司中,国企的高管薪酬均明显高于非国企,说明我国国有企业高管激励强度较高。

表 5.7 单变量分析——区分企业性质

分组变量	lnCOMP	T值	IND	T值	REG	T值
非国企	13.050	−8.06***	0.871	−5.88***	0.845	−9.73***
国企	13.149		0.934		0.948	

注:***表示显著性水平为1%。

5.4.3 高管薪酬参照、薪酬管制对每股收益影响的多元线性回归分析

1.高管薪酬参照对每股收益的影响

根据模型 1 检验高管薪酬参照对每股收益的影响,其中被解释变量为每股收益(EP),检验结果如表 5.8 所示。将样本公司高管薪酬与所在行业、地区以及同产权性质的公司高管薪酬均值比较,得到的同行业、同地区、同产权性质企业薪酬参照的回归系数均为正,IND、REG、SAP 等三组的回归系数结果分别为 0.1125、0.0503、0.1784,而且显著性水平均为 1%。表明 A 股上市公司的每股收益显著受到同行业、同地区以及同产权性质公司高管薪酬参照的影响,即当高管薪酬水平与同行业、同地区、同产权性质企业高管

薪酬的平均水平正向差距越大(负向差距越大),企业的每股收益越高(越低),回归结果强烈支持假设H1。另外在控制变量中,财务杠杆(Lev)的回归结果均显著为负,说明企业借款筹资越多,越不利于高管对企业的经营管理,导致企业的绩效越低;企业规模(Size)的回归结果均为正,且显著性水平均为1%,预示着企业规模越大,其内部治理与监管机制相对更加健全,每股收益也就越高;两职兼任(Dual)的回归结果反映如果高管既是总经理又兼任董事长,会提高高管的努力水平,使得企业的每股收益得到提高。在其他控制变量中,董事会独立性(Independ)在同行业、同地区、同产权性质分类下的回归系数均为负,分别为−0.1670、−0.1705、−0.1750,显著性水平均为5%,表明在企业的人员结构中,独立董事占比越高,每股收益越低。

表5.8 高管薪酬参照对每股收益的影响

变量	被解释变量:EP		
	IND	REG	SAP
Reference	0.1125***	0.0503***	0.1784***
	(5.27)	(3.09)	(6.73)
ln*COMP*	0.0120	0.0685***	−0.0423*
	(0.62)	(4.82)	(−1.83)
Lev	−0.2817***	−0.2817***	−0.2851***
	(−14.91)	(−14.88)	(−15.09)
Size	0.0699***	0.0698***	0.0699***
	(17.40)	(17.29)	(17.43)
Dual	0.0170**	0.0175***	0.0175***
	(2.51)	(2.57)	(2.58)
Independ	−0.1670**	−0.1705**	−0.1750**
	(−2.34)	(−2.39)	(−2.46)
State	−0.0286***	−0.0299***	−0.0137*
	(−4.10)	(−4.29)	(−1.86)
Protected	−0.1002	−0.1052	−0.0926
	(−1.21)	(−1.27)	(−1.12)

变量	被解释变量：EP		
	IND	REG	SAP
_cons	−1.3993***	−2.0403***	−0.7203**
	(−5.90)	(−10.88)	(−2.51)
Adj R−sq	0.1916	0.1896	0.1935
Prob>F	0.0000	0.0000	0.0000
N	7342	7342	7342

注：***、**、*分别表示显著性水平为1%、5%、10%，括号内为t值。

2.薪酬管制程度对高管薪酬参照与每股收益间关系的调节作用

为了研究薪酬管制是否能够调节高管薪酬参照与每股收益的关系，利用模型2进行了实证分析，其中被解释变量为每股收益（EP），结果见表5.9。薪酬参照（Reference）的回归结果均为正，IND的回归系数为0.0862、REG的回归系数为0.0144、SAP的回归系数为0.1577，同行业IND、同产权性质SAP系数的显著性水平均达到了1%，但同地区REG的系数不显著，其原因可能是在加入调节变量RPay和交互项之后，存在多重共线性，这时只需交互项显著。交互项Reference×RPay的回归系数均为正，其中，IND×RPay的回归系数为0.0044、REG×RPay的回归系数为0.0087、SAP×RPay的回归系数为0.0026，除同产权性质企业的回归系数不显著之外，同行业、同地区的交互项系数均显著（显著性水平分别为10%和1%）。该结果表明高管的薪酬管制程度越高（此时RPay取值越低），交互项Reference×RPay越小，企业的绩效越低，该结果支持H2a、H2b（交互项与每股收益正相关）。同产权性质企业高管薪酬参照点SAP回归系数显著为正，交互项SAP×RPay回归结果不显著，故本研究的假设H2c不成立。

社会比较理论认为，社会比较可以分为上行比较、下行比较和平行比较。上行比较的观点由惠勒（Wheeler）等人首次提出，他们认为个体倾向于和比自己等级高的他人进行比较，原因在于通过与他人寻找差距，可以达到自我进步的目的。柯林斯（Collins）进一步指出上行比较更有助于个体的自我评价。有关多重参照点的研究指出，伴随着个体在完成一个目标的同时设立另一个目标,注意力也会从一个参照点向另一个参照点转移。在薪酬管制的背景之下,调控对象在降低薪酬预期的消极框架之下,容易产生利益被侵蚀的心理,相应地也会寻找更多的证据支持。此时他们将更关注薪酬水平与非调控对象之间的比较,结果也将在更大程度上影响其薪酬满意度,进而影响努力水平和企业业绩。此外在控制变量中,财务杠杆(Lev)在同行业、同地区、同产权性质分类下的回归系数均为负,分别为-0.2809、-0.2800、-0.2837,显著性水平均为1%,表明企业运营中借款筹资越多,越不利于高管经营管理企业,导致企业的绩效越低;企业规模在同行业、同地区、同产权性质等3种参照情况下的回归结果均在0.01的水平上显著与每股收益正相关;两职兼任(Dual)的系数显著为正,该结果表明若高管身兼两职,则会大大提高高管的责任感,有利于提高企业的绩效;独立董事的占比对每股收益具有明显的负向影响。本研究未发现每股收益与该公司是否属于保护性行业有显著的相关关系。

表5.9 薪酬管制程度的调节作用

变量	被解释变量:EP		
	IND	REG	SAP
Reference	0.0862***	0.0144	0.1577***
	(3.28)	(0.77)	(4.15)
RPay	−0.0012	−0.0017	−0.0014
	(−0.81)	(−1.19)	(−0.92)
Reference×RPay	0.0044*	0.0087***	0.0026
	(1.83)	(3.99)	(0.93)
ln*COMP*	0.0362	0.0964***	−0.0208
	(1.55)	(5.88)	(−0.64)
Lev	−0.2809***	−0.2800***	−0.2837***
	(−14.83)	(−14.77)	(−14.98)
Size	0.0697***	0.0697***	0.0697***
	(17.34)	(17.27)	(17.37)
Dual	0.0173**	0.0177***	0.0178***
	(2.55)	(2.61)	(2.62)

变量	被解释变量:EP		
	IND	REG	SAP
Independ	−0.1700**	−0.1736**	−0.1760**
	(−2.38)	(−2.43)	(−2.47)
State	−0.0289***	−0.0291***	−0.0161**
	(−4.10)	(−4.12)	(−2.09)
Protected	−0.0986	−0.1021	−0.0942
	(−1.19)	(−1.23)	(−1.14)
_cons	−1.6743***	−2.3647***	−0.9689**
	(−5.96)	(−11.30)	(−2.49)
Adj R−sq	0.1917	0.1911	0.1934
Prob>F	0.0000	0.0000	0.0000
N	7342	7342	7342

注:***、**、*分别表示显著性水平为1%、5%、10%,括号内为t值。为避免共线性,已对交互项采取中心化处理。

5.4.4 国有企业与非国有企业的对比分析

由于国有企业与非国有企业的高管薪酬政策存在着较大差异:在国企薪酬体制改革中,明确规定将国企高管的薪酬与上年度企业在岗职工平均工资相挂钩,其薪酬管制政策非常明显;但在非国有企业中,并未对高管的薪酬上限做明文规定。因此不同产权性质企业的薪酬制度将对企业经营业绩存在着不同程度的影响。基于以上分析,为了探索薪酬政策在不同产权性质企业治理中的效果的区别,将样本分为国企组和非国企组进行对比研究。

1.高管薪酬参照对每股收益的影响

在这一模型中,因变量为每股收益(EP),自变量为薪酬参照点(Reference,主要分为公司高管与同行业、同地区、同产权性质公司高管薪酬的平均水平作比 IND、REG、SAP等3种情况)。在公司治理实践中,高管往往先将自己的薪酬与参照基准进行对比,企业绩效是企业高管在不平等厌恶、损失厌恶等心理感知之后行动反应的代理变量,存在一定的滞后性,故对模型

中的每股收益（EP）取滞后一期数据,具体模型如下:

$$EP_{i,t}=\alpha+\beta_1Reference_{i,t-1}+\beta_2lnCOMP_{i,t-1}+\beta_3Lev_{i,t-1}+\beta_4Size_{i,t-1}+$$

$$\beta_5Dual_{i,t-1}+\beta_6Independ_{i,t-1}+\beta_7Protected+Year+ \qquad (3)$$

$$Industry+\varepsilon_{i,t-1}$$

模型回归结果见表5.10。首先,在不同产权性质企业中,薪酬参照点（Reference）的回归结果均显著为正,进一步证明了参照点效应确实存在,即当高管的薪酬比参照基准（同行业、同地区、同性质企业高管薪酬平均水平）低时,企业绩效会明显降低,该结果强烈支持本研究的假设H1。

其次,在国有企业组（State=1）中,IND、SAP的系数为0.1799、0.2203,明显比非国有企业组（State=0）的IND、SAP的回归系数0.0632、0.1376大,而且显著性水平达到了0.01,该结果表明国企中高管的薪酬参照点效应较非国企的薪酬参照点效应更强烈。但该结果并没有在同地区薪酬参照点（REG）中得到证明。

最后,在本研究的控制变量中,不同性质企业的两职兼任（Dual）、董事会独立性（Independ）、保护性行业（Protected）对企业绩效的影响存在差异:在非国有制企业中,如果高管同时担任总经理与董事长,将会显著提高企业绩效;企业董事会中独立董事占比越高,企业的每股收益越低;如果企业所属行业受国家保护,则也不利于提高每股收益。在国有企业中,不存在以上有关控制变量的结论。

表5.10　高管薪酬参照对每股收益的影响（产权性质分组）

A栏:国有企业组			
变量	被解释变量:EP		
	IND	REG	SAP
Reference	0.1799***	0.0536**	0.2203***
	(5.50)	(2.12)	(5.94)
lnCOMP	−0.0365	0.0783***	−0.0643*
	(−1.20)	(3.46)	(−1.95)
Lev	−0.3100***	−0.3067***	−0.3145***
	(−10.04)	(−9.87)	(−10.18)

变量	被解释变量:EP		
	IND	REG	SAP
Size	0.0796***	0.0800***	0.0801***
	(12.77)	(12.76)	(12.86)
Dual	0.0034	0.0039	0.0013
	(0.24)	(0.27)	(0.09)
Independ	−0.1687	−0.1977	−0.1801
	(−1.33)	(−1.56)	(−1.43)
Protected	0.0085	0.0658	0.0821
	(0.09)	(0.68)	(0.85)
_cons	−1.1468***	−2.4702***	−0.7613*
	(−3.11)	(−8.53)	(−1.88)
Year	控制	控制	控制
Industry	控制	控制	控制
Adj R-sq	0.2611	0.2543	0.2624
Prob>F	0.0000	0.0000	0.0000
N	2857	2857	2857

B栏:非国有企业组

变量	被解释变量:EP		
	IND	REG	SAP
Reference	0.0632**	0.0664***	0.1376***
	(2.22)	(3.05)	(3.53)
ln*COMP*	0.0471*	0.0485***	−0.0162
	(1.88)	(2.61)	(−0.48)
Lev	−0.2420***	−0.2423***	−0.2427***
	(−9.90)	(−9.91)	(−9.93)
Size	0.0618***	0.0605***	0.0611***
	(11.40)	(11.10)	(11.26)
Dual	0.0149*	0.0163**	0.0163**
	(1.94)	(2.11)	(2.12)
Independ	−0.1633*	−0.1633*	−0.1734**
	(−1.88)	(−1.88)	(−1.99)

变量	被解释变量:EP		
	IND	REG	SAP
Protected	−0.3203*	−0.3550**	−0.3253*
	(−1.79)	(−1.99)	(−1.82)
_cons	−1.5543***	−1.5303***	−0.7622*
	(−4.95)	(−6.06)	(−1.80)
Year	控制	控制	控制
Industry	控制	控制	控制
Adj R-sq	0.1608	0.1617	0.1623
Prob>F	0.0000	0.0000	0.0000
N	4485	4485	4485

注:***、**、*分别表示显著性水平为1%、5%、10%,括号内为t值。

2.薪酬管制程度对高管薪酬参照与每股收益间关系的调节作用

在模型4中,因变量为每股收益(EP);自变量为薪酬参照点(Reference),分为公司高管与同行业、同地区、同性质高管薪酬的平均水平作比得到的IND、REG、SAP等三种情况,调节变量为薪酬管制程度(RPay),交互项为RPay×Reference。在经济型组织中,薪酬管制制度对高管的薪酬进行了限制,高管往往先将自己的薪酬与参照基准进行对比,企业绩效是高管在不平等对待等心理感知之后的行动反应,具有一定的滞后性,故模型中的因变量每股收益(EP)取滞后一期数据。具体模型如下:

$$EP_{i,t}=\alpha+\beta_1 Reference_{i,t-1}+\beta_2 RPay_{i,t-1}+\beta_3 RPay_{i,t-1}\times Reference_{i,t-1}+$$
$$\beta_4 lnCOMP_{i,t-1}+\beta_5 Lev_{i,t-1}+\beta_6 Size_{i,t-1}+\beta_7 Dual_{i,t-1}+ \qquad (4)$$
$$\beta_8 Independ_{i,t-1}+\beta_9 Protected+Year+Industry+\varepsilon_{i,t-1}$$

结果如表5.11所示,国有企业与非国有企业组的薪酬参照与薪酬管制程度的乘积项(Reference×RPay)的系数均为正,国有企业组 IND×RPay、REG×RPay、SAP×RPay 的系数为0.0079、0.0158、0.0085,明显比非国有企业组 IND×RPay、REG×RPay、SAP×RPay 的系数0.0043、0.0049、0.0016大,说明国企组中的交互项对每股收益的作用也更明显,国企中的薪酬管制政策确实加深了高管的薪酬参照点效应,即当高管的薪酬低于同行业、同地区、同性质企业的高管薪酬的平均水平时,国企高级管理人员感受到的薪酬管制程度越高,企业的每股收益也就越低,该检验得到的结果强烈支持本研究的假设 H2。基于以上分析,证明高管薪酬管制程度会对高管薪酬参照与企业绩效间关系起调节作用,即国企中的高管的薪酬管制制度可能会作为信号,更高程度上触发参照点效应,使得高管产生严重的损失厌恶、不平等厌恶等消极心理感知,从而降低高管努力水平,企业绩效下降。

另外本研究还发现,不同性质企业的两职兼任(Dual)、董事会独立性(Independ)、保护性行业(Protected)对企业绩效的影响存在显著差异:在非国有制企业中,如果高管同时担任总经理与董事长,将会显著提高企业绩效;董事会的人员结构中,独立董事的占比对每股收益具有负向影响;如果企业所属行业受国家保护,则也不利于提高每股收益。在国有企业中,并不存在以上有关控制变量的结论。

表5.11 薪酬管制程度对高管薪酬参照与
每股收益间关系的调节作用(产权性质分组)

A栏:国有企业组			
变量	被解释变量:EP		
	IND	REG	SAP
Reference	0.1582***	0.0207	0.1795***
	(4.02)	(0.75)	(3.40)
RPay	−0.0070***	−0.0081***	−0.0073***
	(−2.91)	(−3.33)	(−3.08)
Reference×RPay	0.0079**	0.0158***	0.0085*
	(2.06)	(4.49)	(1.91)
ln*COMP*	0.0111	0.1292***	−0.0001
	(0.30)	(5.15)	(−0.00)
Lev	−0.3024***	−0.2974***	−0.3053***
	(−9.77)	(−9.58)	(−9.85)
Size	0.0777***	0.0778***	0.0778***
	(12.41)	(12.37)	(12.43)

变量	被解释变量:EP		
	IND	REG	SAP
Dual	0.0047	0.0018	0.0034
	(0.32)	(0.12)	(0.23)
Independ	−0.1860	−0.2006	−0.1900
	(−1.47)	(−1.59)	(−1.51)
Protected	−2.06e−06	0.0421	0.0448
	(−1.47)	(0.43)	(0.46)
_cons	−1.6433***	−2.9987***	−1.4509***
	(−3.79)	(−9.68)	(−2.64)
Year	控制	控制	控制
Industry	控制	控制	控制
Adj R−sq	0.2630	0.2596	0.2645
Prob>F	0.0000	0.0000	0.0000
N	2857	2857	2857

B栏:非国有企业组

变量	被解释变量:EP		
	IND	REG	SAP
Reference	0.0224	0.0346	0.1056*
	(0.62)	(1.32)	(1.85)
RPay	0.0029	0.0025	0.0029
	(1.58)	(1.35)	(1.51)
Reference×RPay	0.0043	0.0049*	0.0016
	(1.35)	(1.70)	(0.45)
ln*COMP*	0.0626**	0.0560**	−0.0054
	(2.01)	(2.51)	(−0.11)
Lev	−0.2441***	−0.2443***	−0.2449***
	(−9.97)	(−9.99)	(−10.01)
Size	0.0608***	0.0599***	0.0605***
	(11.19)	(11.00)	(11.13)
Dual	0.0152**	0.0164**	0.0160**
	(1.98)	(2.13)	(2.09)

变量	被解释变量：EP		
	IND	REG	SAP
Independ	−0.1674*	−0.1681*	−0.1734**
	(−1.93)	(−1.93)	(−1.99)
Protected	−0.3298*	−0.3465*	−0.3280*
	(−1.84)	(−1.94)	(−1.84)
_cons	−1.7056***	−1.6055***	−0.8795
	(−4.52)	(−5.50)	(−1.49)
Year	控制	控制	控制
Industry	控制	控制	控制
Adj R-sq	0.1616	0.1626	0.1626
Prob>F	0.0000	0.0000	0.0000
N	4485	4485	4485

注：***、**、*分别表示显著性水平为1%、5%、10%，括号内为t值。为避免数据存在共线性问题，已对乘积项采取中心化处理。

5.4.5　稳健性检验

为了提高本研究结论的可靠性，将采用以下方法做稳健性检验：一方面，选择"总资产收益率"（ROA）来替代先前的被解释变量"每股收益"（EP）；另一方面，考虑到重点研究高管薪酬低于参照基准时的情况，因此本研究将样本对象分为低于参照基准样本组和高于参照基准样本组，进而检验结论的一致性。

1.总资产收益率（ROA）作为被解释变量的稳健性检验

（1）高管薪酬参照对总资产收益率的影响。用"总资产收益率"（ROA）作为"每股收益"（EP）的替代变量进行稳健性检验。稳健性检验的结果如表5.12所示，替代变量的检验结果与之前检验无显著差异。在不同的参照基准下，薪酬参照点（Reference）的回归结果均为正，进一步证明了参照点效应确实存在，IND的回归系数为0.0076、SAP的回归系数为0.0155，显著性水平为0.01，说明薪酬参照点对企业的总资产收益率具有明显的正向影响，即当高管的薪酬比同行业、同产权性质企业的高管薪酬的均值低时,企业的绩效明显降低,与预期相符,该结果支持假设H1a、H1c。但该结论未在同地区高管薪酬作为参照点时得到证明,虽然REG的回归系数为正(0.0015),但并不显著。此外在控制变量中,企业规模(Size)的回归结果均为正,且显著性水平均为0.01,预示着企业规模越大,其内部治理与监管机制相对更加健全,总资产收益率也相对更高;董事会独立性(Independ)与企业的经营业绩有明显的负向关系;企业财务杠杆(Lev)即资产负债率的回归系数均显著为负,表明在企业的经营中借款越多,企业的绩效越低。

表5.12　高管薪酬参照对总资产收益率的影响

解释变量	被解释变量:ROA		
	IND	REG	SAP
Reference	0.0076***	0.0015	0.0155***
	(3.23)	(0.84)	(5.28)
lnCOMP	0.0054**	0.0107***	−0.0011
	(2.54)	(6.84)	(−0.44)
Lev	−0.0565***	−0.0564***	−0.0568***
	(−27.07)	(−26.98)	(−27.25)
Size	0.0017***	0.0017***	0.0017***
	(3.85)	(3.92)	(3.81)
Dual	0.0012	0.0012	0.0013*
	(1.63)	(1.64)	(1.69)
Independ	−0.0218***	−0.0221***	−0.0224***
	(−2.77)	(−2.81)	(−2.85)
State	−0.0058***	−0.0059***	−0.0045***
	(−7.56)	(−7.69)	(−5.52)
Protected	−0.0070	−0.0119	−0.0113
	(−0.84)	(−1.45)	(−1.38)
_cons	−0.0475*	−0.1094***	0.0328
	(−1.81)	(−5.28)	(1.03)
Adj R-sq	0.2467	0.2457	0.2485

解释变量	被解释变量：ROA		
	IND	REG	SAP
Prob>F	0.0000	0.0000	0.0000
N	7343	7343	7343

注：***、**、*分别表示显著性水平为1%、5%、10%，括号内为t值。

（2）高管薪酬管制程度对薪酬参照与总资产收益率关系的调节作用。在该模型中，因变量为总资产收益率（ROA），自变量为薪酬参照点（Reference，分为同行业、同地区、同产权性质薪酬参照点等3种情况），调节变量为薪酬管制程度（RPay），交互项为Reference×RPay。如表5.13所示，交互项Reference×RPay对因变量的影响均为正，IND×RPay的回归系数为0.0010、REG×RPay的回归系数为0.0013、SAP×RPay的回归系数为0.0010，与此同时，同行业、同地区、同产权性质的交互项Reference×RPay的系数的显著性水平均达到1%，该结果表明高管的薪酬管制程度越大（RPay取值越小），这时交互项Reference×RPay越小，交互项与总资产收益率具有显著的正相关关系，企业的绩效越低，该结果支持假设H2。另外需要说明的是同行业薪酬参照点IND的回归结果为0.0022、同产权性质薪酬参照点SAP的回归结果为0.0078，结果均为正，与预期相符，但不显著，其原因可能是在加入调节变量RPay和交互项Reference×RPay之后，解释变量之间的共线性程度可能较高，使得作为解释变量的主效应——参照点效应不显著。另外在控制变量中，高管的绝对薪酬（lnCOMP）的回归系数分别为0.0114、0.0154、0.0070，且显著性水平达到0.01或0.05，表明较高的高管薪酬激励力度，有利于提升高级管理人员的努力水平以及工作热情，从而使得企业的总资产收益率得到提高；三种参照基准（行业、地区、性质）下，财务杠杆（Lev）的回归系数均为负，分别为−0.0561、−0.0560、−0.0563，显著性水平均为1%，表明企业的负债比例越高，越不利于高管经营管理企业，企业的绩效越低；在同行业、同地区、同产权性质企业等三种参照情况下，企业规模（Size）的回归系数均在0.01的水平上显著与总资产收益率正相关，预示着企业规模越大，其内部治理与监管机制相对更加健全,企业绩效也就越高;在三组中,两职兼任(Dual)的回归系数均为正,而且显著性水平均在0.1以内,若高管能够同时兼任总经理、董事长,则能有效地提高高管的企业责任感与使命感,从而有利于企业实现其经济目标;董事会独立性(Independ)的回归系数均为负,显著性水平均为1%,表明在企业的人员结构中,独立董事占比越高,企业的绩效越低。

表5.13 薪酬管制程度的调节作用

解释变量	被解释变量:ROA		
	IND	REG	SAP
Reference	0.0022	−0.0031	0.0078*
	(0.76)	(−1.48)	(1.86)
RPay	−0.0005***	−0.0005***	−0.0005***
	(−2.95)	(−2.97)	(−3.27)
Reference×RPay	0.0010***	0.0013***	0.0010***
	(3.86)	(5.24)	(3.17)
lnCOMP	0.0114***	0.0154***	0.0070**
	(4.43)	(8.51)	(1.97)
Lev	−0.0561***	−0.0560***	−0.0563***
	(−26.84)	(−26.75)	(−26.95)
Size	0.0017***	0.0017***	0.0016***
	(3.72)	(3.84)	(3.66)
Dual	0.0013*	0.0013*	0.0014*
	(1.77)	(1.75)	(1.84)
Independ	−0.0226***	−0.0227***	−0.0228***
	(−2.87)	(−2.89)	(−2.90)
State	−0.0061***	−0.0060***	−0.0161***
	(−7.79)	(−7.70)	(−6.35)
Protected	−0.0106	−0.0128	−0.0128
	(−1.27)	(−1.57)	(−1.57)
_cons	−0.1156***	−0.1630***	−0.0609
	(−3.73)	(−7.06)	(−1.42)

解释变量	被解释变量:ROA		
	IND	REG	SAP
Year	控制	控制	控制
Industry	控制	控制	控制
Adj R-sq	0.2483	0.2485	0.2499
Prob>F	0.0000	0.0000	0.0000
N	7343	7343	7343

注:***、**、*分别表示显著性水平为1%、5%、10%,括号内为t值。为避免解释变量存在较高的共线性,已对乘积项采取中心化处理。

2.应用分组多元回归分析进行的稳健性检验

(1)高管薪酬参照对每股收益的影响。由于本研究的主要研究目的是探索当高管的薪酬低于参照对象的薪酬均值时,也就是在高管处于劣势不平等地位时,企业绩效是否受到参照点效应的影响,因此本研究按照样本公司排名前三位高管薪酬均值是否高于同行业、同地区以及同性质企业高管薪酬的平均水平,将2013—2016年的A股上市公司分为高IND和低IND组、高REG和低REG组、高SAP和低SAP组,并通过分组回归检验参照点效应对每股收益(EP)的影响。

如表5.14所示,将高管薪酬均值与作为参照基准的同行业、同地区以及同性质企业的高管薪酬均值进行对比之后发现,其参照点效应回归结果均为正,而且同行业和同产权性质Reference<1组的回归系数绝对值比Reference≥1组的回归系数绝对值大,IND<1、SAP<1组的回归系数分别为0.1070、0.3706,而IND≥1、SAP≥1组的回归系数分别为0.0957、0.2580,而且其系数均显著,表明如果高管的薪酬比同行业、同产权性质企业的高管薪酬水平低,高管会产生劣势不平等厌恶心理感知,从而降低自己的努力水平,企业的绩效越低,与预期相同,该结果强烈支持结论H1a、H1c。但是该结论并未在同地区企业分类下得到显著证明,其可能原因在于高管倾向于将与其同产权性质的企业作为重要的薪酬参照点,其次会选择同行业的企业进行比较,最后考虑选择同地区的企业进行薪酬比较。另外在控制变量中,企业规

模(Size)的回归结果均为正,且显著性水平均为0.01,预示着企业规模越大,每股收益也就越高;企业财务杠杆(Lev)的结果均显著为负,表明当企业的负债越多,越不利于高管经营企业,使得企业绩效越低。当Reference<1时,三组的两职兼任(Dual)的回归结果均为正,而且显著性水平达到了0.05,表明当高管的薪酬低于同行业、同地区、同性质企业的平均薪酬时,作为一定的职务激励,若高管能够既担任总经理又出任董事长,则能有效地提高高管的企业责任感与使命感,从而有利于企业实现其经济目标。同时在Reference<1的三组里,企业产权性质(State)的结果均为负,而Reference≥1的三组中,企业性质(State)的回归系数均为正,而且薪酬水平较低组的显著性大多优于较高组,表明当高管薪酬低于参照点时,国有企业的绩效明显降低。

表5.14 参照点效应对每股收益的影响(高、低薪酬组对比)

A栏:低薪酬组			
变量	被解释变量:EP		
	IND<1	REG<1	SAP<1
Reference	0.1070*	0.0150	0.3706***
	(1.89)	(0.44)	(3.75)
lnCOMP	0.0234	0.0798***	−0.1359**
	(0.70)	(4.29)	(−2.34)
Lev	−0.2416***	−0.2208***	−0.2358***
	(−11.31)	(−10.45)	(−11.18)
Size	0.0586***	0.0582***	0.0579***
	(12.50)	(12.41)	(12.50)
Dual	0.0178**	0.0271***	0.0180**
	(2.28)	(3.49)	(2.30)
Independ	−0.1529*	−0.1314	−0.1509*
	(−1.86)	(−1.60)	(−1.85)
State	−0.0454***	−0.0518***	−0.0240**
	(−5.51)	(−6.19)	(−2.37)
Protected	0.0198	0.0359	0.1238
	(0.20)	(0.22)	(1.03)

变量	被解释变量:EP		
	IND<1	REG<1	SAP<1
_cons	−1.2894***	−1.9614***	0.5736
	(−3.30)	(−8.23)	(0.84)
Year	控制	控制	控制
Industry	控制	控制	控制
Adj R−sq	0.1288	0.1285	0.1204
Prob>F	0.0000	0.0000	0.0000
N	4800	4931	4949

B栏:高薪酬组

变量	被解释变量:EP		
	IND≥1	REG≥1	SAP≥1
Reference	0.0957**	0.0439	0.2580***
	(2.22)	(1.47)	(2.81)
lnCOMP	0.0239	0.1481***	−0.1839
	(0.43)	(4.30)	(−1.43)
Lev	−0.3677***	−0.4622***	−0.4256***
	(−9.57)	(−11.68)	(−10.63)
Size	0.0873***	0.0982***	0.0972***
	(11.40)	(12.52)	(12.26)
Dual	0.0092	−0.0039	0.0085
	(0.71)	(−0.29)	(0.64)
Independ	−0.1652	−0.3279**	−0.2292
	(−1.20)	(−2.34)	(−1.62)
State	0.0027	0.0161	0.0360**
	(0.21)	(1.27)	(2.14)
Protected	−0.0871	−0.1197	−0.1428
	(−0.72)	(−0.93)	(−0.92)
_cons	−1.9345***	−3.5102***	0.6789
	(−2.78)	(−7.72)	(0.42)
Year	控制	控制	控制
Industry	控制	控制	控制

变量	被解释变量：EP		
	IND<1	REG<1	SAP<1
Adj R-sq	0.1899	0.2020	0.1817
Prob>F	0.0000	0.0000	0.0000
N	2542	2411	2393

注：***、**、*分别表示显著性水平为1%、5%、10%，括号内为t值。

数据来源：笔者运用Stata11统计。

（2）薪酬管制程度对高管薪酬参照与每股收益间关系的调节作用。按照样本公司排名前三位高管薪酬均值是否高于同行业、同地区以及同产权性质非名前三名高管薪酬均值，将2013—2016年的A股上市公司分为高IND和低IND组、高REG和低REG组、高SAP和低SAP组，并通过分组回归检验参照点效应对每股收益的影响。

如表5.15所示，交互项Reference×RPay的回归系数均为正，Reference<1的IND×RPay的回归系数为0.0135、REG×RPay的回归系数为0.0145、SAP×RPay的回归系数为0.0165，均高于Reference≥1组的交互项Reference×RPay的系数——IND×RPay的回归系数为0.0048、REG×RPay的回归系数为0.0141、SAP×RPay的回归系数为0.0128，并且同行业、同地区、同性质的分类下的交互项回归结果都显著。该结果表明当高管的薪酬均值低于同行业、同地区、同性质企业高管薪酬均值情况下（参照点Reference小于1），高管的薪酬管制程度越大（RPay取值越小），这时交互项（Reference×RPay）越小，交互项与每股收益具有显著的正相关关系，企业每股收益越低，该结果支持假设H2。同行业、同地区、同产权性质薪酬参照点效应的回归结果均为正，而且同行业和同性质Reference<1组的回归系数的绝对值比Reference≥1组的值大，IND<1、REG<1、SAP<1组的回归系数分别为0.1147、0.0319、0.3103，而IND≥1、REG≥1、SAP≥1组的回归系数分别为0.0730、-0.0025、0.2108，并且同行业、同产权性质企业中低于薪酬均值组的系数均显著，表明当高管的薪酬比同行业、同产权性质的企业高管薪酬均值越低，高管感知的不公平厌恶程度越高，进而影响每股收益，与预期相同。另外在控制变量

中，企业规模（Size）的回归结果均为正，且显著性水平均为0.01，预示着企业规模越大，其内部治理与监管机制相对更加健全，从而有利于提高企业的经营业绩；企业财务杠杆（Lev）即资产负债率的回归系数均显著为负，表明当企业的负债越多，高管越难管理企业，从而使得企业的绩效越低。在Reference<1的三组中，两职兼任（Dual）的回归系数均为正，而且显著性水平均在0.05以内，表明当高管的薪酬低于同行业、同地区、同产权性质企业的平均薪酬时，若高管能够同时兼任总经理、董事长，则能有效地提高高管的企业责任感与使命感，从而有利于企业实现其经济目标。同时在Reference<1的三组中，企业性质（State）的回归系数均为负，而在Reference≥1的三组中，企业性质（State）的回归系数均为正，表明当高管薪酬低于参照点时，国有企业的绩效较低。

表5.15　薪酬管制程度对参照点效应与每股收益间关系的
调节作用（高、低薪酬组对比）

A栏：低薪酬组			
变量	被解释变量：EP		
	IND<1	REG<1	SAP<1
Reference	0.1147**	0.0319	0.3103***
	（2.02）	（0.90）	（2.97）
RPay	0.0008	0.0032	0.0023
	（0.36）	（1.44）	（0.97）
Reference×RPay	0.0135*	0.0145*	0.0165*
	（1.73）	（1.87）	（1.85）
lnCOMP	0.0402	0.0824***	−0.0802
	（1.17）	（4.18）	（−1.23）
Lev	−0.2397***	−0.2212***	−0.2354***
	（−11.18）	（−10.42）	（−11.13）
Size	0.0584***	0.0583***	0.0578***
	（12.44）	（12.43）	（12.49）
Dual	0.0181**	0.0272***	0.0180**
	（2.31）	（3.50）	（2.31）

变量	被解释变量:EP		
	IND<1	REG<1	SAP<1
Independ	−0.1585*	−0.1315	−0.1533*
	(−1.93)	(−1.60)	(−1.87)
State	−0.0463***	−0.0513***	−0.0302***
	(−5.56)	(−6.06)	(−2.83)
Protected	0.0104	0.0421	0.1208
	(0.10)	(0.25)	(1.00)
_cons	−1.5077***	−2.0320***	−0.1141
	(−3.71)	(−8.07)	(−0.15)
Year	控制	控制	控制
Industry	控制	控制	控制
Adj R−sq	0.1291	0.1288	0.1207
Prob>F	0.0000	0.0000	0.0000
N	4800	4931	4949

E栏:高薪酬组

变量	被解释变量:EP		
	IND≥1	REG≥1	SAP≥1
Reference	0.0730	−0.0025	0.2108**
	(1.48)	(−0.07)	(2.19)
RPay	−0.0009	−0.0077*	−0.0069
	(−0.23)	(−1.88)	(−1.63)
Reference×RPay	0.0048	0.0141**	0.0128*
	(0.76)	(2.22)	(1.90)
ln*COMP*	0.0240	0.1534***	−0.1737
	(0.42)	(4.29)	(−1.35)
Lev	−0.3689***	−0.4602***	−0.4255***
	(−9.59)	(−11.63)	(−10.63)
Size	0.0872***	0.0971***	0.0966***
	(11.37)	(12.35)	(12.18)
Dual	0.0090	−0.0030	0.0102
	(0.69)	(−0.22)	(0.77)

变量	被解释变量:EP		
	IND<1	REG<1	SAP<1
Independ	−0.1665	−0.3199**	−0.2260
	(−1.21)	(−2.28)	(−1.60)
State	0.0042	0.0151	0.0337**
	(0.32)	(1.17)	(2.00)
Protected	−0.0875	−0.1236	−0.1330
	(−0.72)	(−0.96)	(−0.85)
_cons	−1.8996***	−3.4522***	0.6490
	(−2.71)	(−7.38)	(0.40)
Year	控制	控制	控制
Industry	控制	控制	控制
Adj R-sq	0.1897	0.2030	0.1822
Prob>F	0.0000	0.0000	0.0000
N	2542	2411	2393

注:***、**、*分别表示显著性水平为1%、5%、10%,括号内为t值。
为避免解释变量存在较高的共线性,已经对乘积项采取中心化处理。
数据来源:笔者运用Stata11统计。

5.5 研究结论与启示

5.5.1 研究结论

薪酬管制是美国次贷危机后西方政府,以及我国政府作为国有企业经营者特殊身份背景的现实选择,也引发了人们对经理人就此"消极怠工"担忧。本研究基于我国薪酬管制的背景,从高管薪酬横向参照视角考察了薪酬管制、高管薪酬参照与企业绩效之间的关系。基于2013—2016年我国A股上市公司数据的实证检验,结果表明:

(1)2014年改革方案出台之后,2015年国企组上市公司高管薪酬增幅放缓,与非国企组公司高管的薪酬差距缩小。

(2)高管薪酬的横向水平参照对企业绩效具有显著影响,并呈现了多重参照点特征。当高管薪酬水平与同行业、同地区、同产权性质企业高管薪酬的平均水平正向差距越大(负向差距越大)时,企业的每股收益越高(越低),其中同地区薪酬参照的假设检验在不同检验方法中部分成立。

(3)高管薪酬横向水平参照呈现了损失厌恶特征。高管薪酬"损失"相较于同等程度的薪酬"收益"将引致更大程度的企业绩效变动。本研究将高管薪酬均值与同行业、同地区以及同产权性质企业的高管薪酬均值参照基准进行对比之后发现,高、低组参照点效应回归结果均为正,而且高管薪酬水平低于同行业和同产权性质组的回归系数绝对值比高水平组的回归系数绝对值大,且均显著。表明在薪酬水平低于参照基准时,高管薪酬参照点效应将比高于参照基准时产生更加强烈地影响企业业绩,与我们的预期相同。

(4)薪酬管制程度对高管薪酬参照与企业绩效间的关系具有正向调节作用。薪酬管制程度越高,高管与行业薪酬参照对企业绩效影响越大;薪酬管制程度越高,高管同地区薪酬参照对企业绩效影响越大;薪酬管制程度越高,高管与同产权性质薪酬参照对企业绩效影响越大(部分成立)。

(5)国有企业的薪酬管制政策加深了高管薪酬的参照点效应。国有企业与非国有企业的分组回归结果表明,薪酬管制政策对高管薪酬参照与企业绩效间关系的调节作用在国企组更显著。即当高管的薪酬低于同行业、同地区、同产权性质企业的高管薪酬的平均水平时,国企高级管理人员感受的薪酬管制程度越高,企业的每股收益也就越低。原因在于:一方面,国有企业高管人员直接受薪酬管制政策约束,而非国有企业高管人员并不直接受限于此政策,只是受到政策传导效应影响,另一方面,薪酬管制政策作为政策触发,可能更广泛地诱导国企高管损失厌恶偏好,降低努力水平,波及企业绩效,实证研究数据与我们的预测相一致。

(6)国有企业高管薪酬参照对象更明确。在分组检验中,国有企业组样本回归检验发现,所有假设均成立。说明国有企业高管更清晰地将同行业、同地区及同产权性质企业高管薪酬作为参照基准,薪酬的参照点效应更稳定。

(7)为了排除其他因素对企业业绩的影响,本研究将高管薪酬、企业规模、财务杠杆、两职兼任、企业性质、保护性行业、董事的独立性等进行了控制。通过实证研究发现：高管薪酬绝对水平对企业绩效影响部分显著；企业绩效与企业规模正相关，表明能为高管提供较高薪酬以及较大规模的企业，其绩效也会越高；企业绩效与财务杠杆、董事的独立性显著负相关，表明企业负债越多、董事会中独立董事占比越高，经营业绩越低。

5.5.2 可能的创新之处

（1）提出薪酬参照点的测量方法。本研究的主要目的是研究参照点效应对企业绩效的影响，正确测量薪酬参照点的大小是研究的重中之重，也是研究的基础。根据对已有文献的检索以及分析，发现现有的参照基准往往是同行业、同地区、同产权性质的薪酬均值，而对薪酬参照点的测量大多是按照哑变量来处理，本研究认为对薪酬参照点做0、1的取值较为笼统，不能体现薪酬偏离参照点的程度，故创新性地提出了比值法来测量薪酬参照点的大小，克服上述不足。

（2）构建了高管薪酬参照对企业绩效影响的模型，并应用我国上市公司数据进行了实证检验。尝试选取同行业、同地区以及同产权性质企业高管薪酬的平均水平作为参照点，得到研究的主要解释变量，构建参照点效应对企业绩效影响的模型，并控制高管薪酬、两职兼任、财务杠杆、公司规模、企业产权性质、保护性行业等影响，采用2013—2016年的A股上市公司作为样本，检验上市公司的高管薪酬是否存在参照点效应以及参照点效应如何影响企业绩效。

（3）厘清了薪酬管制、高管薪酬参照对企业绩效的影响机理。高管薪酬管制如何影响企业绩效，以往研究多是从直接论证其作用效果角度展开的，缺少对其产生作用的内在机制研究。本研究通过理论分析，从相对薪酬的角度，构建了高管薪酬参照对企业绩效影响的模型，并提出了薪酬管制将调节高管薪酬参照点与企业绩效间关系的假设，并进行了验证，有助于厘清薪酬管制对企业绩效的作用机理，更为客观地进行政策预期及实际效果评价。

5.5.3 政策建议与启示

（1）调控薪酬管制程度不仅要关注委托人的公平偏好，还要考虑调控后高管薪酬在经理人市场中的相对水平,即代理人的横向公平偏好。设计与代理人的公平偏好相一致的薪酬政策,将促进代理人自动选择委托人希望的行动。

(2)薪酬与参照基准比较后的劣势不平等(嫉妒偏好)心理感知,是导致经理人产生降低努力水平等负向组织行为的主要原因,对此除健全监督机制、减少因信息不对称导致的效率损失之外,还须通过丰富企业文化建设等非物质激励形式提升经理人努力水平。

当然本研究还存在一定的局限性,例如,高管薪酬仅考虑了货币报酬,没有涉及经理人持股或股权激励等延期支付形式的影响,主要原因在于我国上市公司高管持股及实施股权激励的数量有限,另外高管持股比例较低,也并不普遍。此外我们发现了高管薪酬参照点的多元化,这些参照点之间如何同时发挥作用的交互机制有待进一步揭示。

第六章 薪酬管制、经理人薪酬参照对薪酬满意度的影响

薪酬满意度是组织行为领域一个重要的态度层面变量,研究薪酬满意度是否存在参照点效应对于预测个体行为具有更为普遍的意义。损失厌恶是指对心理效应的改变上,同等的损失比收益的作用大,即个体面对损失比收益更敏感。本研究通过情境实验和彩票问卷,检验薪酬满意度的参照点效应以及当实得薪酬低于参照点时,损失厌恶的调节作用,旨在对薪酬管制政策效应引发的经理人内在心理机制进行探索,从而有效地预测其行为。

6.1 相关研究综述

6.1.1 薪酬满意度及其影响因素

薪酬满意度(pay satisfaction)是人们对薪酬水平的主观评价,自20世纪六七十年代学者们开始研究以来,已经成为组织与人力资源管理研究领域中的一个非常重要的态度构念。主要原因在于其作为中介因素,连接了组织薪酬政策与组织中个体的态度及行为结果变量。低水平的薪酬满意度将导致离职、反生产行为、旷工、低努力水平等诸多负向组织行为,进一步引致低工作绩效。

关于薪酬满意度的影响因素,理论研究层面主要集中于公平理论(equity theory)(Adams,1965)和差异理论(discrepancy theory)(Lawler,1971,1981)。公平理论强调个人回报/投入比率与参照比较的结果将影响薪酬满意度,认

为员工对收入的满意程度能够影响其工作的积极性,而收入的满意程度取决于比较过程。个体不仅关心自己的绝对收入的多少,而且关心自己相对收入的多少。每个人会把自己付出的劳动和所得的报酬与他人付出的劳动和所得的报酬进行社会比较,也会把自己现在付出劳动和所得报酬与自己过去所付出的劳动和所得的报酬进行历史比较,如果发现自己的收入、付出比例与他人的收入、付出比例相等,或现在的收入、付出比例与过去的收入、付出比例相等时,他就会认为公平合理,从而心情愉悦,努力工作;反之,就会产生不公平感,工作积极性随之降低。

差异理论考察了个体的期望报酬与实得报酬之间的知觉差异对薪酬满意度的影响。劳勒(Lawler,1971)认为薪酬满意度是"应该获得的薪酬数量的知觉"与"实际获得的薪酬数量的知觉"之间差异的函数。个人工作投入的知觉,职务水平、责任水平、工作难度等工作特征的知觉,他人投入及产出的知觉以及地位、保障等非货币回报的知觉,共同影响个体对期望报酬的感知。历史工资、实际工资率以及参照他人工资共同影响实得报酬知觉。戴尔和德里约(Dyer & Theriault,1976)修正了Lawler(1971)的模型,认为除"个体的期望报酬与实得报酬之间的知觉差异"外,"薪酬体系管理的知觉充分性"也将影响薪酬满意度。薪酬要素的知觉适合度、薪酬要素的知觉理解程度、绩效评价的知觉准确性、薪酬政策或契约的知觉遵守程度决定了"薪酬体系管理的知觉充分性"。此外他们还指出组织内部、外部的他人参照、生活成本、财务需要及雇主的财务状况也会影响"应该获得的薪酬数量的知觉"。

威廉姆斯、迈克丹尼尔和阮(Williams,McDaniel & Nguyen,2006)结合了公平理论和差异理论,提出"应该获得的薪酬数量的知觉"与"实际获得的薪酬数量的知觉"是薪酬满意度的主要决定因素,工作投入知觉、工作特征知觉以及参照他人的工作投入与付出知觉是"应该获得的薪酬数量的知觉"前置影响因素,而实得报酬和报酬涨幅决定了"实际获得的薪酬数量的知觉"。此后一些学者在劳勒(Lawler,1971)的基础上补充了新的应得报酬知觉或实得报酬知觉的影响因素,丰富了差异理论内容,但其核心依旧是研究两者之间的差异对薪酬满意度的影响。

公平理论和差异理论存在许多不同之处,但无论是公平理论强调的个人回报/投入比率与参照标准的比较将影响薪酬满意度,还是差异理论主张的个体的期望报酬与实得报酬之间的知觉差异决定薪酬满意度,都反映了一个共同的核心思想:薪酬满意度在很大程度上受到相对薪酬水平影响。因此实证检验相对薪酬水平对薪酬满意度的影响是必要而迫切的。相对薪酬水平取决于参照点的选择。参照点的选择内隐性、动态性和复杂性的特征,给学者们的研究造成了一定的困难。预测或决定个体选择"谁"或者"什么"作为其比较标准存在较大的难度,这是参照点研究的一个核心问题(Kulik & Ambrose,1992)。公平理论和差异理论提示了可能的参照点选择的方向。

实证研究层面,学者们主要基于差异理论和公平理论假设,验证个体的期望报酬与实得报酬之间的知觉差异对薪酬满意度的影响。当两者相等时,个体对其薪酬是满意的。当个体期望报酬知觉大于个体实得报酬知觉时,个体则会对其薪酬产生不满意的感受。但当后者大于前者时,学者们的研究结论却不尽相同。劳勒(Lawler,1971)研究指出个体会因"愧疚"而产生不满,而米塞利和莱恩(Miceli & Lane,1991)则认为个体依旧会感到满意,但会认为薪酬是不公平的。威廉姆斯、迈克丹尼尔和阮(Williams,McDaniel & Nguyen,2006)利用过去35年203项研究的240份样本对薪酬满意度的28个相关变量进行了元分析,发现个体的期望报酬与实得报酬之间的知觉差异与薪酬满意度显著负相关。但是这种差异作为中介变量在个人工作投入、实际报酬水平等其他前因变量与薪酬满意度之间发生作用的假设并不成立。

6.1.2　社会比较与薪酬满意度的关系研究

"参照点"这一概念的提出是基于行为决策中的风险决策情境的,因此关于心理认知结果变量方面的研究较少使用"参照点"这一概念。但社会比较反映了个体将自己的情况与一定的参照标准进行比较的规律,比较对象、参照对象、参照标准、参照体是与参照点非常相近的概念,特别是参照体和参照点这两个概念,在一些研究中出现了相互替代的情况。故此部分将论述社会比较与薪酬满意度的关系。社会比较理论认为,员工对薪酬是否满意取决于薪酬相对水平的高低,但是关于薪酬参照体即比较对象尚未形成一致性的观点。常见的参照体诸如自我参照体(历史薪酬、生活成本、预期等)、内部参照体(与组织内的相似职位)、外部参照体(其他组织中相似教育背景、同行业或相似工作特征的个体)、社会参照体(家庭成员、朋友、邻居等)、系统参照体(组织承诺、契约等)。在方向性上也表现为上行比较、下行比较和平行比较等多种形式。从时间维度上,可将参照体的比较分为过去、现在以及可预期的将来等3类(Kulik & Ambrose,1992)。由此可见参照体呈现了复杂性与多元性,导致这种结果的可能原因是参照体选择具有一定的规律性,同时还具有高度的情境依赖性。此外个体选择多元参照体,引申的一个问题是不同参照体的相对重要性。目前研究对薪酬参照体的相对重要性存在争议,观点如"个体>内部>外部>自我"(Tremblay et al.,1997),"程序>个体>外部>内部"(Terpstra et al.,2003),等等。

研究发现薪酬比较是薪酬满意度的重要预测变量:薪酬比较与薪酬满意度显著正相关(于海波、郑晓明,2013);当薪酬社会比较结果非常有利时,薪酬满意度才会显著提高(周浩、龙立荣,2010);部门内的工资比较对工资满意度有正向影响(贺伟、龙立荣,2011);薪酬比较(公平比较、多少比较、内部和外部比较)标准越高员工薪酬水平的满意度越高(Sweeney et al.,2004);威廉姆斯等人(Williams et al.,2006)元分析研究结果表明,组织内比较、组织外比较、一般比较与薪酬满意度显著正相关;自我评价的投入/回报比率与薪酬水平、薪酬管理过程满意度之间呈正相关(Brown et al.,1992);薪酬比较与福利满意度呈正相关(Williams,1995);等等。

6.1.3 个体差异对薪酬满意度的影响研究

不同历史时期人们的需求不同,因此实现福利增进的途径是存在差异的,这导致了经济学主流取向的演变,而对于"人性"的假设正是经济学研究与脉络演化的逻辑起点。斯密在《国富论》中把追求利润最大化的个人确立为经济分析的出发点,为新古典经济学和现代主流经济学奠定了分析生产者行为的基本范式(Smith,1776)。19世纪50—70年代的边际革命把追求效用最大化的个人确立为经济分析的另一个出发点,为新古典经济学和现代主流经济学奠定了分析消费者行为的基本范式(Gossen,1854;Jevons,1871;Menger,1871;Walras,1874)。这两个范式内在地统一于追求自身利益最大化,因此帕累托把具有这种行为倾向的人概括为"经济人",并将其视为经济分析的前提假设(Pareto,1896)。但随着研究的不断深入,最后通牒博弈(ultimatum game)(Güth,Schmittbergerz & Schwarze,1982)、公共物品博弈(public goods game)(Fehr & Gächter,2000)等个体行为博弈实验的结果不断对"经济人"假设形成了巨大的挑战。经济学家开始注意到个体偏好的异质性,逐渐开始对公平、利他等一系列以往被排除在"经济人"假设之外的个体异质性偏好进行研究。管理学对人性的认识也经历了"经济人—社会人"的递延。泰勒继承了斯密的思想,以"经济人"为基础,开创了科学管理的新时代。梅奥(Mayo)教授等人通过著名的霍桑实验发现了人在满足自身物质需求外还有社交、被尊重等社会心理需要,是一个"社会人",开创了行为科学研究的先河。而在心理学领域,气质、人格等个体差异变量已有一定研究和积累,但研究其对薪酬满意度的影响较少,尚无明晰的结论。

在为数不多的关于个体差异对于薪酬满意度影响的研究中,学者们关注的焦点是公平敏感性(equity sensitivity)和风险偏好(risk preference)。亚当斯(Adams)的公平理论最初假定了个体对于公平的一般性偏好。然而在对不公平的反应中的个体差异尚无理论可以解释,为此胡斯曼(Huseman)等人(1987)提出公平敏感性架构,并划分了大公无私(benevolent)、自私自利(entitled)和公平交易(equity sensitive)等3种公平敏感类型。上述学者指出个体对不公平的水平具有不同的"容忍度",即公平敏感性,这将影响个体对公平或不公平的感知。Smola(2003)通过问卷调查检验了公平敏感性对薪酬满意度的影响,研究发现公平敏感性与薪酬满意度显著正相关($\beta=0.301$,$p<0.05$)。Shore(2004)研究指出,相对于公平交易型和自私自利型员工,大公无私的员工拥有更高的薪酬满意度,在报酬相同的条件下,他们愿意付出更多的努力。

德克波等人(Deckop et al.,2004)认为风险偏好是在薪酬研究与设计中需要考虑的一个重要因素,个体风险偏好与薪酬激励之间不匹配将影响"权变性"薪酬的满意度。通过问卷调查结果发现,风险厌恶将调节薪酬激励对权变性薪酬满意度的作用,即员工的风险厌恶程度越低,薪酬激励对员工权变性薪酬满意度影响越大。因此风险爱好者偏好与绩效相关联的薪酬,而风险厌恶者则偏好稳定的薪酬。

综上所述,薪酬满意度已经成为组织与人力资源管理领域态度层面的一个核心研究变量,对预测薪酬政策效果具有重要意义。学者们通过理论思辨和实证研究已经发现相对薪酬对薪酬满意度的重要影响,然而对于个体如何定义参照对象尚未形成定论。具体到薪酬管制背景下,政策可能引发的预期参照、水平参照和现状参照等3个参照点对薪酬满意度的影响有待验证。此外,前景理论还提出了由参照点引申的两个核心思想:损失厌恶(loss aversion)与灵敏度递减(diminishing sensitivity)。损失厌恶是指对心理效应的改变上,同等的损失比收益的作用大,即个体面对损失比收益更敏感。薪酬满意度属于个体主观心理认知结果变量,在风险决策中对行为决策产生影响的损失厌恶偏好是否也会影响个体的心理认知呢?有待进一步地检验和证明。厘清这些问题,对于评价薪酬调控政策效果、进一步制定与激励对象偏好相匹配的激励政策具有重要的意义。

6.2　理论分析与研究假设

卡尼曼(Kahneman)和特沃斯基(Tversky)在"前景理论"(prospect theory)中首次提出了"参照点"概念,认为它是决策者在判断和选择过程中依据的标准。参照点依存偏好是人们面临不确定决策时最具稳健性的假设之一(Rabin,2002)。基于参照依赖偏好和损失厌恶假设的前景理论,构建了风险条件下行为决策研究的新范式,解释了经济学期望效用理论无法解释的悖论与异象。参照点效应也被广泛应用于劳动经济学、消费者行为学、金融投资的研究。在对个体努力水平的研究中,学者们研究了"可预测的期望"参照点、"公平工资"参照点及"渴望"参照点的影响。科塞吉和拉宾(Köszegi & Rabin，2006）提出参照点是建立在出租车司机预期的基础上的，他们给出了劳动力供给的模型，其中出租车司机的效用函数包括真实收入水平和工作时间的绝对效用，以及真实收入与预期收入（参照点）比较的相对效用。礼物交换博弈（gift exchange game）的研究发现，雇员往往以更多的努力来回报雇主给予的更高工资水平（Fehr et al.，1996）；马斯（Mas，2006）实证检验了参照点效应对新泽西州警察执法效率的影响，发现低于渴望的薪酬导致警察不愿意投入更多的精力努力办案。努力水平选择属于个体行为决策变量，薪酬满意度是否存在参照点效应有待验证。

差异理论（discrepancy theory）（Lawler，1981）和公平理论（equity theory）（Adams，1965）是薪酬满意度研究的两类基础理论，它们共同的核心思想是薪酬满意度在很大程度上受到相对薪酬水平影响。公平理论强调个体与他人及自我历史比较的作用。差异理论研究个体的期望工资与实际工资之间的知觉差异对薪酬满意度的影响。因此基于差异理论、公平理论和薪酬管制的现实背景，我们研究预期参照点、现状参照点和水平参照点对薪酬满意度的影响。威廉姆斯（Williams，1995）研究发现薪酬比较与福利满意度正相关。斯维尼（Sweeney，2004）进行了12个国家的国际比较研究，得出了"与本国平均薪酬""与自己类似教育水平的他人""与自己工作类似的他人"等3类比较是薪酬满意度的重要预测变量。威廉姆斯（Williams，2006）元分析发现，组织内部比较、组织外部比较和一般比较与薪酬满意度正相关。综上，本研究认为与预期参照点、现状参照点和水平参照点的比较将影响个体的薪酬满意度，因此提出假设1：

假设H1：有参照点时个体的薪酬满意度与无参照点时存在显著差异；

H1-1：有预期参照点时，个体的薪酬满意度与无参照点时存在显著差异；

H1-2：有现状参照点时，个体的薪酬满意度与无参照点时存在显著差异；

H1-3：有水平参照点时，个体的薪酬满意度与无参照点时存在显著差异。

参照点潜在决定了个体将某特定结果编码为收益或损失，进而影响其随后的决策过程（Kahneman & Tversky，1979），被称为参照点效应（the effect of reference point），即盈与亏是一个与参照点比较的相对概念而非绝对概念。个体在进行决策时,如果决策的可能结果高于参照点就感受到收益,反之个体则认为受到了损失。

薪酬比较是薪酬满意度的重要预测变量,但学者们对薪酬他人比较的作用方向研究结论并不一致:一类观点认为薪酬他人比较对薪酬满意度的影响是一致的,即在获得相等报酬的情况下最为满意(De Dreu et al.,1994;De Dreu,1996)。另一类观点认为,个体偏好获得比他人高的报酬,即使这样看来似乎有些不公平。例如薪酬比较(政府部门与非政府部门的比较)与薪酬满意度正相关(Micelli,1991);薪酬比较(公平比较、多少比较、内部和外部比较)标准越高,员工薪酬水平的满意度越高(Sweeney,2004);等等。不一致的研究结论也证明了我们通过进一步研究发现其中客观规律的必要性。因此提出假设2与假设3:

假设H2:参照点(预期、现状、水平参照点)之上,个体的薪酬满意度表现为"收益",反之为"损失";

H2-1:薪酬水平高于参照点时,薪酬满意度显著高于与参照点相等时的情况;

H2-2:薪酬水平低于参照点时,薪酬满意度显著低于与参照点相等时的情况。

假设H3:参照点(水平参照点)之上,个体的薪酬满意度表现为"有利损失";参照点(水平参照点)之下,个体的薪酬满意度表现为"不利损失";

H3-1:薪酬水平高于参照点时,薪酬满意度显著低于与参照点相等时的情况;

H3-2:薪酬水平低于参照点时,薪酬满意度显著低于与参照点相等时的情况。

前景理论还提出了由参照点引申的两个核心思想:损失厌恶(loss aversion)与灵敏度递减(diminishing sensitivity)。损失厌恶是指对心理效应的改变上,同等损失比收益的作用大,即个体面对损失比收益更敏感。这种相对于参照点,损失比等额收益作用更大的心理倾向可以发生在无风险和风险的选择中(Kahneman & Tversky,1979;Tversky & Kahneman,1991)。利用纽约出租车司机的数据,塞勒等人(Camerer et al.,1997)发现出租车司机一天的工作时间与他当天的平均小时工资率显著负相关。虽然Camerer等人没有建立一个正式的模型,但是他们提出的数据与前景理论框架研究结果一致,即出租车司机将他每天的收入与某一参照点的收入水平进行比较得出预期效用。如果高于参照点收入水平,则感受为收益,反之则理解为蒙受损失。根据损失厌恶,低于参照点20美金带来的效用损失痛苦程度大于超出参照点20美金带来的效用收益的愉悦程度。因此有着损失厌恶特征的出租车司机在达到他的目标收入后将停止工作。

在消费者行为研究方面,泰勒(Thaler,1980)最早研究指出,人们在出售某产品时可接受的最低价格(willingness to accept,WTA)明显高于他们为得到产品愿意支付的最高价格(willingness to pay,WTP)。他首次提出禀赋效应(endowment effect)这一概念,并将其定义为与得到某物品所愿意支付的金钱相比,个体出让该物品所要求得到的金钱通常更多,认为禀赋效应导致了最低价格与最高价格的差异。诺文斯基和卡尼曼(Novemsky & Kahneman,2005)进一步研究发现,最低价格大概是最高价格的两倍,正是这种差异体现了消费者存在损失厌恶,原因在于卖方将失去商品视作损失,为弥补损失而提高可接受的最低价格,以至于最低价格高于产品本身的价值;但买方将失去金钱看作损失,为减少损失而压低愿意支付的最高价格,甚至于最高价格低于产品本身的价值(Kahneman et al.,1991)。

汤姆等人(Tom et al.,2007)对人们在决策时关于损失更敏感的损失厌恶特征提供了神经学上的基础。周浩、龙立荣(2010)以122名MBA学员为被试,研究薪酬社会比较对薪酬满意度的影响。研究发现,较之有利的社会比较结果,人们对不利的薪酬社会比较结果更敏感。在我国,经理人面临两种可能存在的损失厌恶:①经营环境不确定性导致产出水平下降而招致的损失厌恶;②薪酬管制政策不确定性引起的损失厌恶。那么在薪酬管制可能引致的三种参照点比较情境下,薪酬满意度是否都呈现损失厌恶特征有待验证。因此我们提出假设4,此外针对水平参照点,我们还设置了假设5:

假设H4:相较于"收益",个体的薪酬满意度对"损失"更敏感,即相较于

"收益","损失"对个体的薪酬满意度影响更大；

H4-1：相较于预期参照点，同等程度的"损失"比同等程度的"收益"对个体的薪酬满意度影响更大；

H4-2：相较于现状参照点，同等程度的"损失"比同等程度的"收益"对个体的薪酬满意度影响更大；

H4-3：相较于水平参照点，同等程度的"损失"比同等程度的"收益"对个体的薪酬满意度影响更大。

假设H5：相较于"有利损失"，个体的薪酬满意度对"不利损失"更敏感，即相较于"有利损失"，"不利损失"对个体的薪酬满意度影响更大。

学者们已经注意到个体差异对薪酬满意度的影响，但相关研究并不多见。斯莫拉（Smola，2003）研究发现公平敏感性与薪酬满意度显著正相关（β=0.301，p<0.05）。肖尔（Shore，2004）证明相对于公平交易型和自私自利型员工，大公无私的员工拥有更高的薪酬满意度，在报酬相同的条件下，他们愿意付出更多的努力。约翰等人（John et al.，2004）研究指出，个体风险偏好与薪酬激励之间不匹配将影响"权变性"薪酬的满意度。景琳（2012）通过实验研究发现，损失框架下被试的公共物品贡献显著低于收益框架，当损失厌恶程度得到控制之后该结果会更加显著。巴特扎克等人（Bartczak et al.，2017）研究发现，人们对金钱的损失厌恶程度越高，他们需要更多的补偿才能接受可再生能源生产的负外部性。豪德洛茨基等人（Hadlaczky et al.，2018）对7个欧洲国家的30所学校中的青少年损失厌恶与自杀行为关系进行了纵向研究，发现损失厌恶是自杀未遂的重要预测变量。那么在"损失"框架下，具有强损失厌恶特征个体，薪酬满意度是否会低于弱损失厌恶者呢？因此我们提出以下假设：

假设H6：损失厌恶特征越强，"损失"对薪酬满意度的影响越大；

H6-1：薪酬水平低于预期参照点时，损失厌恶特征强者的薪酬满意度显著低于损失厌恶特征弱者；

H6-2：薪酬水平低于现状参照点时，损失厌恶特征强者的薪酬满意度显著低于损失厌恶特征弱者；

H6-3：薪酬水平低于水平参照点时，损失厌恶特征强者的薪酬满意度显著低于损失厌恶特征弱者。

6.3　实验设计与假设检验

6.3.1　研究Ⅰ

1.研究设计

针对假设1，本研究采用情境实验方法进行检验，即在模拟的实验情境中对自变量进行操纵，从而考察被试反应变化。实验假设被试为一名企业经理人，分别给出不存在参照点及存在预期参照点、现状参照点和水平参照点等4种实验情境，请被试分别在四种情境下就自己的薪酬满意度进行自我报告。实验采取被试内设计的方法，即每名被试参加本部分的所有情境实验。

2.被试

采用随机抽样法，选取天津市某高校110名本科生作为被试。学生具有相对不容易受实验室外部信息的影响、学习能力较强、比较容易招募等优点，在多数著名的实验经济学文献研究中，学生是最常用的实验被试者。此外由于本研究需要，被试需要有较少的社会烙印，不因较多的个人社会认知形成对经理人市场薪酬的潜在参照。因此本科生被试可以较好地满足实验要求。

3.实验流程

首先，实验主持人简要说明指导语，请被试在安静的环境下独立完成判断任务。实验在课堂上进行，为了确保被试的态度认真和数据的准确性，主持人强调研究内容仅供学术研究用途，采取无记名形式，个人信息部分将全程保密。接下来，告知被试感受的真实性将决定研究结果的科学性，要求被试认真阅读思考后作答。在实验结束后，每个参与者答卷经初步审核属于认真填写者将获得相应的礼品以示感谢。

其次，被试根据实验流程首先填写年龄、性别、学历、生源地、月生活费等个人基本信息部分问卷。之后分别在不存在参照点及存在预期参照点、现状参照点和水平参照点等4种实验情境下,报告自己的薪酬满意度。

最后,在实验结束后,主持人和实验助手对问卷进行初步审核,经认定属于认真填写者将获得相应的礼品以示感谢。实验大致持续15分钟。

4.变量测量

自变量:参照点〔无参照点/有参照点(预期参照点/水平参照点/现状参照点)〕。

因变量:薪酬满意度。

实验情境模拟为被试工作中获取报酬的情境,假定被试为经理人,给定某一经理人薪酬水平(15万/年),在无参照点及存在参照点(参照点水平同样为15万/年,与实得薪酬相等)的情境下,要求被试对薪酬满意度进行打分。薪酬满意度用题项"您对自己获取的薪酬水平满意吗?(1至11,11点量打分)"测量。对于满意度,单项目与多项目测量结果无显著差异(Witt,1992)。

5.研究结果

本研究共发放问卷110份,回收问卷110份,问卷回收率100%。回收问卷全部有效。将所有问卷整理编号,用SPSS23统计分析软件进行数据录入与分析。

(1)操作检验。在对假设1进行验证以前,首先检验对自变量的操作是否成功。方差齐性检验p=0.829>0.05,说明差异不显著,接受零假设,方差齐性,可以进行方差分析。进一步对薪酬满意度进行单因素方差分析,检验表明在被试对薪酬满意度的评价上,自变量的主效应显著(F值=14.103,p值=0.000<0.05,拒绝零假设),达到了实验控制的目的。

(2)假设检验。被试在无参照点以及存在预期参照点、现状参照点和水平参照点等4种情境下的薪酬满意度描述性统计结果见表6.1,薪酬满意度的均值水平见图6.1。

表6.1 有无参照点情境下薪酬满意度描述性统计结果

参照点	样本数	均值	标准差	标准误差	平均值的95%置信区间		最小值	最大值
					下限	上限		
无参照点	110	6.718	2.095	0.200	6.322	7.114	1	11
存在预期参照点	110	7.464	1.966	0.188	7.092	7.835	2	11
存在现状参照点	110	5.718	2.138	0.204	5.314	6.122	1	11
存在水平参照点	110	6.964	1.995	0.190	6.587	7.341	1	11
总计	—	6.716	2.140	0.102	6.515	6.916	1	11

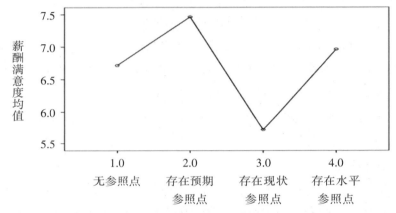

图6.1 有无参照点情境下薪酬满意度均值图

在四种情境下,薪酬满意度评分差异显著(p值=0.000<0.05),说明假设1成立:有参照点时个体的薪酬满意度与无参照点时存在显著差异。为了更好地检验不同类型参照情境下薪酬满意度差异,我们采用LSD方法进行事后检验,结果见表6.2。

表6.2 有无参照点情境下薪酬满意度多重比较

因变量:薪酬满意度

(I)参照点	(J)参照点	平均值差值(I-J)	标准误差	显著性	95% 置信区间	
					下限	上限
无参照点	存在预期参照点	−0.746*	0.276	0.007	−1.289	−0.202
	存在现状参照点	1.000*	0.276	0.000	0.457	1.543
	存在水平参照点	−0.246	0.276	0.375	−0.789	0.298

（I)参照点	（J)参照点	平均值差值(I–J)	标准误差	显著性	95% 置信区间 下限	上限
存在预期参照点	无参照点	0.746*	0.276	0.007	0.202	1.289
	存在现状参照点	1.746*	0.276	0.000	1.202	2.289
	存在水平参照点	0.500	0.276	0.071	−0.043	1.043
存在现状参照点	无参照点	−1.000*	0.276	0.000	−1.543	−0.457
	存在预期参照点	−1.746*	0.276	0.000	−2.289	−1.202
	存在水平参照点	−1.246*	0.276	0.000	−1.789	−0.702
存在水平参照点	无参照点	0.246	0.276	0.375	−0.298	0.789
	存在预期参照点	−0.500	0.276	0.071	−1.043	0.043
	存在现状参照点	1.246*	0.276	0.000	0.702	1.789

注:*表示平均值差值的显著性水平为0.05。

从表6.2可以看出:①存在预期参照点时,个体的薪酬满意度与无参照点时存在显著差异,假设1-1成立。存在预期参照点时被试薪酬满意度均值水平(M=7.464)显著高于不存在参照点时薪酬满意度均值水平(M=6.718)(p<0.05)。②存在现状参照点时,个体的薪酬满意度与无参照点时存在显著差异,假设1-2成立。存在现状参照点时被试薪酬满意度均值水平(M=5.718)显著低于不存在参照点时薪酬满意度均值水平(M=6.718)(p<0.05)。③存在水平参照点时,个体的薪酬满意度与无参照点时不存在显著差异,假设1-3不成立。存在水平参照点时被试薪酬满意度均值水平(M=6.964)高于不存在参照点时薪酬满意度均值水平(M=6.718),但是不显著。

(3)结果讨论。本实验采用情境模拟的方式,检验了在有无参照点的情况下,被试的薪酬满意度是否存在差异。检验结果表明,有参照点时个体的薪酬满意度与无参照点时存在显著差异。具体而言:①存在预期参照点时被试薪酬满意度均值水平显著高于不存在参照点时。说明如果实得薪酬水平符合预期时,相较于没有参照点的情况,个体更容易获得满足。②存在现状参照点时被试薪酬满意度均值水平显著低于不存在参照点时。"由俭入奢易,由奢入俭难",当个体薪酬水平与去年相等时,个体满足感显著低于不存在薪酬参照点。在现实生活中,工资往往表现为弹性不足,具有确定之后不易变动(特别是不易下降)的特征,即工资刚性。在许多组织中,工资待遇能上不能下、能增不能减,限制了工资在经济运行中发挥分配机制的动态功能。其中一个主要的原因是,雇主对于降低工资将导致员工的满意度下降,从而引发员工减少努力水平、甚至跳槽等负向组织行为的担忧。在此情境中,虽然我们假定的现状参照点水平与实得报酬水平相等,但是考虑到通货膨胀,被试得到的实际报酬下降了,因此此时薪酬满意度均值水平显著低于不存在参照点时的均值水平。③存在水平参照点时被试薪酬满意度均值水平高于不存在参照点时薪酬满意度均值水平,但结果不显著。说明相较于被试的自我预期和自我历史报酬,被试对市场报酬的横向比较相对不敏感。

6.3.2 研究Ⅱ

1.研究设计

针对假设2、假设3、假设4、假设5、假设6,依旧采用在模拟的实验情境中对自变量进行操纵,从而考察被试反应变化的情境实验方法进行检验。实验假设被试为一名企业经理人,共给出(高于、等于、低于)×(预期参照点、现状参照点、水平参照点)9种实验情境,请被试分别在不同情境下就自己的薪酬满意度进行自我报告。应用彩票问卷测量被试的损失厌恶偏好。实验采取被试内设计的方法,即每名被试参加本部分的所有情境实验。9种实验情境见图6.2。

图6.2 实验情境

2. 被试

采用随机抽样法,选取天津市某高校104名本科在校生作为被试。

3. 实验流程

首先,实验主持人简要说明指导语,具体内容同研究I。其次,被试根据实验流程填写个人基本信息部分问卷。接下来,被试分别在各种实验情境下,报告自己的薪酬满意度。之后接受彩票选择任务,根据自己的喜好从6项彩票方案中选择。实验结束后,主持人和实验助手对问卷进行初步审核,经认定属于认真填写者将获得相应的礼品以示感谢。实验大致持续30分钟。

4 变量测量

自变量:分别与三个参照点比较的相对薪酬水平(高于预期参照点、等于预期参照点、低于预期参照点等9个情境)。

调节变量:损失厌恶。

因变量:薪酬满意度。

实验情境模拟为被试工作中获取报酬的情境,假定被试为经理人,给定某一经理人薪酬水平(15万/年),在三种参照点水平不同(15万、20万、10万)的情境下,要求被试对薪酬满意度进行打分。薪酬满意度用题项"您对自己获取的薪酬水平满意吗?(1至11,11点量打分)"测量。我们应用累积前景理论确定风险选择任务的损失厌恶系数(Gächter et al., 2007)。被试将进行6项彩票方案选择。L表示给定的彩票的损失,G表示给定的彩票的收益;$v(x)$表示结果$x \in \{G,L\}$的效用,λ^{risky}表示有风险选择下的损失厌恶系数;$W^+(0.5)$和$W^-(0.5)$表示概率。如果$W^+(0.5)v(G)=W^-(0.5)v(L)$,决策者认为接受和拒绝没区别。我们假设$W^+(0.5)=W^-(0.5)$,那么比率$\dfrac{v(G)}{v(L)}=\lambda^{risky}$定义了个体在彩票选择中的损失厌恶。对于x较小时,常假设$v(x)$是线性的:$v(x)=x$。这就给了我们一个简单的损失厌恶的测量:$\lambda^{risky}=G/L$。

5. 研究结果

本研究共发放问卷份104份,回收问卷104份,问卷回收率100%。剔除漏项等无效问卷13份,得到有效问卷91份,问卷有效率87.5%。将所有问卷整理编号,用SPSS23统计分析软件进行数据录入与分析。

（1）操作检验。在对假设2、假设3、假设4、假设5、假设6进行验证以前,首先检验对自变量的操作是否成功。方差齐性检验$p=0.002<0.05$,说明差异显著,拒绝零假设,方差没有齐性。但从表6.3可以看出,方差最大值/方差最小值$=2.23^2/1.61^2≈1.92<3$,因此依旧可以进行单因素方差分析。对薪酬满意度的单因素方差分析结果表明,在被试对薪酬满意度的评价上,自变量的主效应显著(F值$=130.545$,p值$=0.000<0.05$,拒绝零假设),达到了实验控制的目的。

表6.3　薪酬满意度描述性统计

情境	样本数	平均值	标准差	标准误差	平均值的95%置信区间		最小值	最大值
					下限	上限		
1	91	3.967	2.233	0.234	3.502	4.432	1	11
2	91	7.011	2.183	0.229	6.556	7.466	2	11
3	91	9.033	1.877	0.197	8.642	9.424	1	11
4	91	3.044	1.757	0.184	2.678	3.410	1	9
5	91	5.473	1.963	0.206	5.064	5.881	1	11
6	91	8.319	1.612	0.169	7.983	8.654	3	11
7	91	3.275	2.023	0.212	2.854	3.696	1	9
8	91	6.670	2.155	0.226	6.221	7.119	1	11
9	91	8.736	1.686	0.177	8.385	9.087	5	11
总计	—	6.170	2.943	0.103	5.968	6.372	1	11

（2）假设检验。对被试在"实得薪酬小于预期参照点""实得薪酬等于预期参照点""实得薪酬大于预期参照点"等9种情境下的薪酬满意度进行配对样本T检验,配对样本统计及配对样本检验结果见表6.4、表6.5。

表6.4　薪酬满意度配对样本统计

	配对	平均值	样本数	标准差	标准误差平均值
配对1	小于预期满意度	3.967	91	2.233	0.234
	等于预期满意度	7.011	91	2.183	0.229
配对2	大于预期满意度	9.033	91	1.877	0.197
	等于预期满意度	7.011	91	2.183	0.229
配对3	小于现状满意度	3.044	91	1.757	0.184
	等于现状满意度	5.473	91	1.963	0.206
配对4	大于现状满意度	8.319	91	1.612	0.169
	等于现状满意度	5.473	91	1.963	0.206
配对5	小于水平满意度	3.275	91	2.023	0.212
	等于水平满意度	6.670	91	2.155	0.226
配对5	大于水平满意度	8.736	91	1.686	0.177
	等于水平满意度	6.670	91	2.155	0.226

表6.5　薪酬满意度配对样本统计

配对		配对差值					T值	显著性（双尾）
		平均值	标准差	标准误差平均值	差值95%置信区间			
					下限	上限		
配对1	小于预期满意度－等于预期满意度	−3.044*	2.543	0.267	−3.574	−2.514	−11.420	0.000
配对2	大于预期满意度－等于预期满意度	2.022*	2.201	0.231	1.564	2.480	8.764	0.000
配对3	小于现状满意度－等于现状满意度	−2.429*	1.979	0.207	−2.841	−2.017	−11.710	0.000
配对4	大于现状满意度－等于现状满意度	2.846*	2.241	0.235	2.380	3.313	12.117	0.000
配对5	小于水平满意度－等于水平满意度	−3.396*	2.290	0.240	−3.872	−2.919	−14.148	0.000
配对6	大于水平满意度－等于水平满意度	2.066*	2.027	0.212	1.644	2.488	9.725	0.000

注：*表示平均值差值的显著性水平为0.05。

从表6.4、表6.5可以看出，当薪酬水平高于预期、现状和水平参照点时，薪酬满意度显著高于与参照点相等时的情况（大于参照点时薪酬满意度与等于参照点时薪酬满意度之差为正，且均显著不为0，p=0.000<0.05）；当薪酬水平低于预期、现状和水平参照点时，薪酬满意度显著低于与参照点相等时的情况（小于参照点时薪酬满意度与等于参照点时薪酬满意度之差为负，且均显著不为0，p=0.000<0.05）。因此参照点（预期、现状、水平参照点）之上，个体的薪酬满意度表现为"收益"，反之为"损失"，假设2成立。由于大于水平参照点时薪酬满意度显著高于等于水平参照点时薪酬满意度（两者满意度之差为正，且显著不为0，p=0.000<0.05），即在水平参照点之上，个体的薪酬满意度仍旧表现为"收益"，故假设3、假设5不成立。

由表6.5可知，配对1差值绝对值大于配对2（3.044>2.022），配对5差值绝对值大于配对6（3.3956>2.066），即相较于"收益"，同等程度的"损失"对个体的薪酬满意度影响更大。假设4-1、4-3成立。但配对3差值绝对值小于配对4差值绝对值（2.429<2.846），假设4-2不成立。不同情境下，薪酬满意度均值折线图见图6.3，虚线上段代表高于参照点水平时薪酬满意度变动程度，虚线下段代表低于参照点水平时薪酬满意度变动情况，更大的斜率意味着更敏感。

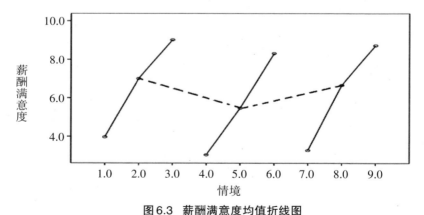

图6.3　薪酬满意度均值折线图

根据损失厌恶系数对被试分组，损失厌恶系数≤1.5为弱损失厌恶特征组，损失厌恶系数>1.5为强损失厌恶特征组。具体分组情况见表6.6。

表6.6 损失厌恶偏好分组

分组	损失厌恶系数
弱损失厌恶组	≤0.87
	1
	1.2
	1.5
强损失厌恶组	2
	3
	>3

当薪酬水平低于预期参照点时,对薪酬满意度进行损失厌恶偏好的单因素方差分析,描述性统计结果见表6.7。

表6.7 低于预期参照点情境下薪酬满意度描述性统计

损失厌恶	样本数	平均值	标准差	标准误差	平均值的95%置信区间		最小值	最大值
					下限	上限		
弱组	54	4.296	2.295	0.312	3.670	4.923	1	9
强组	37	3.486	2.077	0.341	2.794	4.179	1	11
总计	91	3.967	2.233	0.234	3.502	4.432	1	11

方差齐性检验p=0.08>0.05,说明差异不显著,接受零假设,方差齐性,可以进行方差分析。单因素方差分析检验表明,当薪酬水平低于预期参照点时,在被试对薪酬满意度的评价上,损失厌恶的调节效应显著(F值=2.949,p值=0.089<0.1),即薪酬水平低于预期参照点时,损失厌恶特征强者的薪酬满意度(M强组=3.486)显著低于损失厌恶特征弱者(M弱组=4.296),假设6-1成立。

由于假设4-2不成立,即被试在现状参照情况下,损失厌恶特征不明显,故假设6-2不成立。

当薪酬水平低于水平参照点时,对薪酬满意度进行损失厌恶特征的单因素方差分析,描述性统计结果见表6.8。

表6.8 低于水平参照点情境下薪酬满意度描述性统计

损失厌恶	样本数	平均值	标准差	标准误差	平均值的95%置信区间		最小值	最大值
					下限	上限		
弱组	54	3.574	2.1333	0.290	2.992	4.156	1	9
强组	37	2.838	1.7875	0.294	2.242	3.434	1	7
总计	91	3.275	2.0225	0.212	2.854	3.696	1	9

方差齐性检验 p=0.104>0.05，说明差异不显著，接受零假设，方差齐性，可以进行方差分析。单因素方差分析检验表明，当薪酬水平低于水平参照点时，在被试对薪酬满意度的评价上，损失厌恶的调节效应显著（F值=2.973，p值=0.088<0.1），即薪酬水平低于水平参照点时，损失厌恶特征强者的薪酬满意度（M强组=2.838）显著低于损失厌恶特征弱者（M弱组=3.574），假设6-3成立。薪酬水平低于预期参照、水平参照情境时，损失厌恶强组、弱组薪酬满意度均值差异见图6.4。

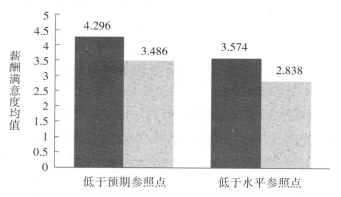

图6.4 低于参照点情境下损失厌恶强组、弱组薪酬满意度均值对比图

（3）结果讨论。本实验采用情境模拟的方式，检验了（高于、等于、低于）×（预期参照点、现状参照点、水平参照点）9种实验情境下，被试的薪酬满意度是否存在损失厌恶特征。检验结果表明：①当薪酬水平低于预期、现状和水平参照点时，薪酬满意度显著低于与参照点相等时的水平，即表现为"损失"。②当薪酬水平高于预期、现状和水平参照点时，薪酬满意度显著高

于与参照点相等时的水平，即表现为"收益"。在高于水平参照的情境下，薪酬满意度没有因为"愧疚"而下降，不具有"有利损失"特征，研究结果与前景理论的假设吻合，但是与公平理论的主张不一致。薪酬满意度与薪酬公平感知是两个既有联系又存在区别的变量，在水平参照点之上，个体的薪酬公平感知是否表现了"有利损失"特征有待验证。③相较于预期、水平参照点，同等程度的"损失"比同等程度的"收益"对个体的薪酬满意度影响更大，即具有损失厌恶特征。

但是相较于现状参照点，同等程度的"收益"比同等程度的"损失"对个体的薪酬满意度影响略大。导致这种结果的可能原因是，低于现状参照假设情境为去年获得报酬为20万元，而今年获得报酬为15万元，那么以去年报酬为基期计算的报酬增长率为-25%；高于现状参照的假设情境为去年获得报酬为10万元，而今年获得报酬为15万元，那么以去年报酬为基期计算的报酬增长率为50%。虽然从薪酬的绝对水平上看是同等数量的增减，但是如果从薪酬的相对变动角度考虑，配对4的增幅水平高于配对3的降幅水平，这在一定程度上缓解了个体薪酬满意度对现状"损失"的敏感性。④针对呈现损失厌恶特征的预期参照点比较、水平参照点比较情境，在参照点水平之下，损失厌恶对薪酬满意度参照点效应具有调节作用。

研究发现：薪酬水平低于预期参照点时，损失厌恶特征强者的薪酬满意度显著低于损失厌恶特征弱者；薪酬水平低于水平参照点时，损失厌恶特征强者的薪酬满意度显著低于损失厌恶特征弱者，即参照点水平之下，个体损失厌恶特征越强，"损失"对薪酬满意度的影响越大。

6.4 研究结论与启示

6.4.1 研究结论与理论贡献

本研究基于我国薪酬管制的背景，从经理人薪酬预期参照、现状参照和横向水平参照三个维度考察了薪酬满意度的参照点效应，并分析了个体损失厌恶偏好对薪酬满意度参照点效应的影响。通过2个情境实验和1个彩

票问卷,验证了研究假设,主要研究结论如下:

1. 有参照点时个体的薪酬满意度与无参照点时存在显著差异,即薪酬满意度存在参照点效应

以往多数实证研究认为薪酬比较与薪酬满意度相关,但是对于不存在薪酬比较和存在薪酬比较时薪酬满意度的差异几乎没有涉及。本研究发现,存在预期参照点时,被试薪酬满意度均值水平显著高于没有预期参照时,即如果薪酬水平符合预期,相较于没有预期,个体更容易获得满足。存在现状参照点时,被试薪酬满意度均值水平显著低于不存在现状参照时,即如果薪酬水平与去年相等,个体满足感显著低于不进行历史比较的情况,工资刚性特征突出。存在水平参照点时,被试薪酬满意度均值水平高于不存在参照点时薪酬满意度均值水平,但结果不显著。根据海德的归因理论(F. Heider, 1958),人们日常生活中的因果概念并不是来自逻辑推理,而是来自对复杂现象简单化、笼统化的常识理解。人们往往将成功归因于自己的努力或能力等内部因素,而将失败归因于工作的难度或运气等外部因素。导致水平参照点结果不显著的可能原因在于,个体将自己的薪酬水平进行横向比较并发现与市场平均水平相符之后,更多地将原因归结于自己的内因发挥作用,因此薪酬满意度没有出现明显的上升。这与米切利(Micelli, 1991)、斯维尼(Sweeney, 2004)的研究发现一致,即个体偏好获得比他人高的报酬,即使这样看起来似乎有些不公平。薪酬满意度在横向比较结果相等的情况下,与不进行横向比较没有明显变化。

2. 参照点之上,个体的薪酬满意度表现为"收益",反之为"损失"

关于薪酬比较与薪酬满意度的关系,学者们存在两类观点:一是认为薪酬比较结果相等时,薪酬满意度最高;另一类认为,薪酬比较与薪酬满意度正相关,薪酬比较结果越有利,薪酬满意度越高。我们研究发现,当薪酬水平高于预期、现状和水平参照点时,薪酬满意度显著高于与参照点相等时的情况,支持第二类观点,这可能与被试群体的公平敏感性有关。

3. 个体的薪酬满意度呈现损失厌恶特征

相较于预期参照点,同等程度的"损失"比同等程度的"收益"对个体薪

酬满意度的影响更大;相较于水平参照点,同等程度的"损失"比同等程度的"收益"对个体的薪酬满意度影响更大。但是针对现状参照点,同等程度的"损失"对个体薪酬满意度影响小于同等程度的"收益"。原因在于,两者以去年报酬为基期计算的报酬增长率不同,虽然从薪酬的绝对水平上看是同等数量的增减,但是从薪酬的相对变动角度考虑,薪酬增幅水平高于降幅水平,因此降低了个体薪酬满意度对现状"损失"的敏感性。此外通过研究Ⅰ(图6.1)和研究Ⅱ(图6.3),我们可以发现,在实得薪酬与各类参照点相等时,与现状参照点比较时的薪酬满意度最低,说明了虽然我们假定实得报酬水平与现状参照点水平相等,但是如果剔除通货膨胀因素,被试的实际报酬水平下降了,因此此时薪酬满意度均值水平低于与预期参照和水平参照相符时的满意度水平。

4. 薪酬水平低于参照点时,损失厌恶调节薪酬满意度的参照点效应

实得薪酬低于预期参照点时,损失厌恶特征强者的薪酬满意度显著低于损失厌恶偏好弱者;实得薪酬低于水平参照点时,损失厌恶特征强者的薪酬满意度显著低于损失厌恶偏好弱者。本研究不仅证明了薪酬满意度的参照点效应及损失厌恶特征,而且证明了损失厌恶特征对薪酬参照与薪酬满意度间关系起到调节作用,这一发现在一定程度上揭示了薪酬参照影响薪酬满意度的内在机理。

6.4.2　可能的创新之处

1. 揭示了参照点对薪酬满意度作用的一般规律,充实了行为决策理论的参照点效应研究

本研究探索了包括预期、水平和现状参照点在内的多重参照点对薪酬满意度的影响。研究发现薪酬满意度存在参照点效应:有参照点时个体的薪酬满意度与无参照点时存在显著差异;参照点之上,个体的薪酬满意度表现为"收益",反之为"损失"。从前述文献综述可以看出,参照点效应多应用于个体的行为决策及行为效果研究,如努力水平决策、在职消费、主动离职、企业绩效,罕有针对行为的预测变量——个体心理的研究,本研究通过实验研究验证了薪酬满意度的参照点效应,成果将进一步充实行为决策的参照点效应理论研究。

2.厘清了损失厌恶特征对薪酬满意度参照点效应的作用机理

前景理论创立以来,学者们的研究注意到了个体在风险决策时呈现了损失厌恶特征。行为经济学家在消费决策、生产/供给决策、投资决策等多个领域应用损失厌恶,考察其对个体行为决策的影响,但多数研究缺乏对其产生影响的内在机理的揭示。前景理论指出,损失厌恶特征是基于参照点的。由此我们判断,损失厌恶对个体行为决策产生影响的内在机理也是参照依赖的。故本研究一则突破了行为决策结果的传统研究视角,从个体心理认知层面研究了损失厌恶对薪酬满意度的影响;二则在证明了薪酬满意度存在参照点效应及损失厌恶特征的基础上,将损失厌恶作为调节变量,验证了其对薪酬参照与薪酬满意度间关系的调节作用,揭示了损失厌恶对薪酬满意度发生作用的内在机理。

3.应用行为实验彩票问卷测度了损失厌恶系数,拓展了损失厌恶特征在实证研究中的运用

欲研究损失厌恶的作用机理,其测量成为研究的基础。实验中我们应用彩票问卷以及累积前景理论确定风险选择任务的损失厌恶系数(Gächter et al.,2007),计算了被试的损失厌恶程度,进一步应用其进行了调节效应的实证检验。研究发现,样本中只有极少数被试(4人,占比4.6%)损失厌恶系数<=0.87,说明被试的损失厌恶特征普遍存在。

6.4.3 管理启示和政策建议

薪酬满意度是组织行为和人力资源管理领域一个重要的态度层面研究变量,研究薪酬满意度是否存在参照点效应对于预测个体行为具有更为普遍的意义。

1.引导组织成员建立合理的薪酬预期,避免实得薪酬低于预期导致薪酬满意度显著下降

研究结果显示,当存在预期参照点时,被试薪酬满意度均值水平显著高于不存在预期参照点时水平。同时当薪酬水平高于预期参照点时,薪酬满意度显著高于与参照点相等时的情况。组织可以通过内部舆论宣传,向组织成员介绍经济增速放缓、甚至存在下行压力等宏观环境情况以及企业各项经济指标等微观层面数据,引导组织成员建立合理的薪酬预期值。特别是当薪酬水平低于市场平均水平时,可以借助合理的薪酬预期干预减少薪酬满意度下降。

2.可通过调整薪酬构成、限薪等形式进行薪酬管制

由于工资缺乏弹性,即使是与去年相持平的工资水平,也会导致员工薪酬满意度下降。因此可通过调整薪酬构成、限薪等形式进行薪酬管制,规避直接减薪对薪酬满意度的冲击。此外可以通过丰富企业文化建设等非物质激励形式提升员工工作满意度,降低因薪酬满意度下降引发负向组织行为的概率。

3 在薪酬管制背景下,需要加强对经理人的监管,避免薪酬满意度下降可能导致的在职消费等行为

实得薪酬低于水平参照点时,损失厌恶特征强者的薪酬满意度显著低于损矢厌恶特征弱者。调控后经理人薪酬低于经理人市场的平均水平时,高损失厌恶特征的个体薪酬满意度显著低于损失厌恶特征弱者,因此需要重点加强薪酬低于市场平均水平企业中强损失厌恶偏好经理人的思想引导与监管。

6.4.4 研究局限和未来研究方向

1.研究发现损失厌恶在薪酬参照与薪酬满意度间起调节作用,但是没有检验其他可能的调节变量

已有研究发现公平敏感性与薪酬满意度之间存在相关性,那么个体的不平等厌恶偏好是否也起到调节薪酬参照与薪酬满意度之间关系的作用呢?此外个体现有财富水平是否也影响两者之间的关系呢?这些有待后续研究证明。

2.薪酬参照是实得薪酬与参照点比较后的数值。本研究应用实得薪酬与薪酬参照点的差值来检验薪酬满意度的参照点效应

但研究发现,这种测量方式在衡量偏离参照点的程度上存在一些局限性,今后的研究可以考虑引入增长幅度等相对数来刻画实得薪酬的偏离

程度。

3.基于薪酬管制背景,研究了预期参照点、现状参照点和水平参照点对薪酬满意度的影响

参照点的选择是个体的一个心理活动,具有内隐性、动态性和复杂性的特征,给学者们的研究造成了一定的困难。除了本研究涉及的三类参照点之外,是否还存在对个体薪酬满意度产生影响的其他参照点? 未来研究可以进一步检验。

第七章 薪酬管制、经理人薪酬 参照对薪酬公平感知的影响

薪酬公平感知是影响个体组织行为的另一个态度层面重要变量。将参照点对心理认知的影响及产生影响的内在作用机制作为研究逻辑，不仅能够理解薪酬管制对在职消费或者努力水平的影响，而且可以解释、预测薪酬管制与离职、盈余管理等其他效果变量的关系，具有更广泛的理论与现实意义。大量行为博弈实验说明，单独个人经济利益的追逐动机不能完全解释参与者的行为，对"公平"的追求也是其行为的重要解释因素，即个体具有公平偏好。本研究通过情境模拟实验和行为博弈实验，对薪酬公平感知的参照点效应及不平等厌恶偏好的调节作用进行了验证。

7.1 相关研究综述

7.1.1 薪酬公平感知及其维度

薪酬公平感知(perception of pay fairness)是组织成员对自己获得的薪酬是否公平的一种主观感受。自20世纪50年代学者们开始研究以来，薪酬公平感知已经成为组织行为与人力资源管理领域中的一个重要的态度构念。主要原因在于其作为中介因素，连接了组织薪酬激励政策与个体的态度及行为结果变量，是影响员工工作动机的主要动因。低水平的薪酬公平感知将导致员工工作满意度下降、减少努力水平、发生逃避责任、违反组织规章制度等诸多负向组织行为出现，进一步导致低工作绩效。

关于薪酬公平感知的影响因素研究,多集中于组织公平,公平理论是其主要的理论基础。公平理论运用社会交换理论的框架分析公平问题,指出个体将产出/投入比率与参照标准进行比较,比较结果决定其公平感知。个体不仅关心自己的绝对收入的多少,而且关心自己相对收入的多少。每个人会把自己付出的劳动和所得的报酬与他人付出的劳动和所得的报酬进行社会比较,也会把自己现在付出劳动和所得报酬与自己过去所付出的劳动和所得的报酬进行历史比较,如果当他发现自己的收入、付出比例与他人的收入、付出比例相等,或现在的收入、付出比例与过去的收入、付出比例相等时,他就会认为公平合理,从而心情愉悦、努力工作,反之就会产生不公平的感受,工作积极性随之降低。亚当斯(Adams)提出的公平理论主要关注分配问题,并用"产出"一词进行了指代,后来被称为"分配公正(distributive justice)。分配公正是个人对所获报酬的公正知觉,即依据一定的标准对分配最终结果的评价。

随着研究的深入,20世纪70年代中期到90年代中期,学者们关注分配程序的公正和组织中人际交往、对待的公正对公平感知的影响。帝博和沃克(Thibaut & Walker, 1975)发现,当人们得到了不理想的结果时,如果他们认为过程是公正的,也可以接受这个结果。因此对决策是否公正的认知不单单取决于结果本身,造成这一结果的过程也具有重要影响,这引起了组织学家对程序公平(procedural justice)的关注。程序公平理论强调分配程序在公平感知中的作用,主张个体对公平的认知不仅仅来源于分配的结果,而且取决于实现这种结果的过程。比斯和马格(Bies & Moag, 1986)提出了"互动公正"(interactional justice)的概念,指出沟通分配结果时,人际处理特别是上级对下级的方式对个体公平感知的影响。格林伯格(Greenberg)指出互动公正又可以分为人际公正(interpersonal justice)和信息公正(informational justice)两种具体的人际对待类型。人际公正是指在人际交往过程中,领导是否尊重下属、对待下属有礼貌等。信息公正则是上级对下属应知晓的信息给予必要的传达与充分的解释。

综上,关于薪酬公平感知维度主要存在四种主要的观点:①单因素论。

认为分配公平和程序公平之间的联系紧密,难以在实证上进行区分,因此主张公平的结构是单维的。②双因素论。公平分为分配公平和程序公平两个维度。③三因素论。公平由分配公平、程序公平和互动公平等三部分组成;④四因素论。公平由分配公平、程序公平、人际公平和信息公平等四部分组成。

7.1.2 薪酬比较与薪酬公平感知的关系

"参照点"这一概念的提出是基于行为决策中的风险决策情境的,为此关于心理认知结果变量方面的研究较少使用"参照点"这一概念。但社会比较反映了个体将自己的情况与一定的参照标准进行比较的规律,比较对象、参照对象、参照标准、参照体是与参照点非常相近的概念,特别是参照体和参照点这两个概念在一些研究中出现了互相替代的情况。故此部分将论述薪酬比较与薪酬公平感知的关系。

关于薪酬公平感知的研究多集中于组织公平,上述已回顾现有研究认为组织公平的形式包括分配公平、程序公平、互动公平(人际公平和信息公平)。其中分配公平强调分配结果的公平性,而程序公平、人际公平、信息公平则是关注过程的公平性。以往的研究发现薪酬的社会比较是组织公平感的重要预测变量,认为个体的公平感来自比较,比较结果有利或不利时都将带来个体的不公平感知。个体参与相同的任务,多数个体认为获得相等的报酬是最为公平的。一项以加拿大样本为对象的研究发现,个体通过与需要、内部参照标准和外部参照标准比较来评价分配公平,分配公平解释了薪酬水平满意度差异的26%(Tremblay et al, 2000)。当人们发现自己的所得低于参照对象平均水平时,分配公平感迅速降低;而当所得与参照对象平均水平相等时,分配公平感有所提高;当所得高于参照对象平均水平时,其分配公平感得到进一步提高(Zhou & Long, 2007)。薪酬的自我比较、外单位和家庭比较与程序公平和分配公平显著正相关(于海波、郑晓明,2013)。赵海霞等人(2013)的研究发现团队薪酬比较与团队薪酬公平感相关,团队薪酬按贡献分配的程度越强,就越能够促进团队薪酬公平感的提升。韦志林、芮明杰(2016)根据比较对象差异,将薪酬公平分为个人公平、内部公平和外部公平。他们认为如果员工与自己、组织内相似他人及组织外部相似他人比较后觉得公平，就会产生较高的工作满意度，提升工作绩效；反之，若比较后知觉不公平则会产生不满，降低工作积极性，甚至出现消极工作行为。

7.1.3　个体差异对薪酬公平感知的影响

在为数不多的关于个体差异对于薪酬感知的影响研究中，学者们关注的一个焦点在于公平敏感性（equity sensitivity）。亚当斯（Adams）的公平理论最初假定了个体对于公平的一般性偏好。然而在对不公平的反应中的个体差异尚无理论可以解释，因此，Huseman 等（1987）提出公平敏感性架构，并划分出大公无私（benevolent）、自私自利（entitled）和公平交易（equity sensitive）三种公平敏感类型。他们指出个体对于不公平的水平具有不同的"容忍度"，即公平敏感性，这将影响个体对公平或不公平的感知。应用公平敏感性这一个体差异变量，能够提高公平理论对组织中差异行为的解释力。艾伦和怀特（Allen & White，2002）研究发现相较于大公无私型员工，自私自利型员工对薪酬不公平感知反应更为强烈，当他们感受到不公平的待遇，将减少努力水平甚至于离职。基克尔等（Kickul et al.，2005）研究表明，公平敏感性通过组织信任的中介作用，对程序公平感、互动公平感有显著的积极影响。基恩和纽曼（Jeon & Newman，2016）研究发现，公平敏感性对组织公平感有显著影响。组织信任感调节了公平敏感性与程序公平或公平之间的关系。

7.1.4　不平等厌恶

传统经济学建立在理性经济人假设之上，但实验经济学的心理博弈（psychological game）实验结论却对这一假设提出了质疑。最后通牒博弈实验（ultimatum game）、礼物交换博弈（gift exchange game）、信任博弈（trust game）及公共物品博弈（public goods game）等实验说明单独个人经济利益的追逐动机不能完全解释参与者的行为，对"公平"的追求也是其行为的重要解释因素，即个体具有公平偏好。现有对公平偏好的研究包括动机公平和分配公平两大类。动机公平研究强调行为背后的动机和意图是否公平，以拉宾(Rabin,1993)的互惠意图(intention based reciprocity)理论为代表。分配公平研究分配结果公平问题,认为人们在关心自己收入的同时,也关心他人的收入,自己与他人收入的比较结果将影响个人的效用水平。关于分配结果的公平偏好包括利他主义(altriusm)、嫉妒心理(envious)、同情心理(compassionate)和不平等厌恶(inequity aversion)等。其中只有不平等厌恶能够解释全部博弈实验,因此经典的关注分配结果公平模型研究都是建立在不平等厌恶假设基础之上的,包括F&S模型(1999)和ERC模型(2000)(也有学者称之为BO模型)。不平等厌恶认为,在自己收益低于他人时会因嫉妒心理产生劣势不平等负效用,而高于他人时会由同情心理产生优势不平等负效用,并且收益低于他人时的劣势不平等负效用大于收益高于他人时的优势不平等负效用。

综上所述,薪酬公平感知已经成为组织与人力资源管理领域态度层面的一个核心研究变量,对于预测薪酬政策效果具有重要意义。公平理论已经发现薪酬比较对公平感知的重要影响,然而对于个体将如何定义参照对象尚未形成定论。具体到薪酬管制背景下,政策可能引发的预期参照、水平参照和现状参照等三个参照点对薪酬公平感知的影响有待验证。此外前景理论还提出了由参照点引申的两个核心思想:损失厌恶(loss aversion)与灵敏度递减(diminishing sensitivity)。损失厌恶是指对心理效应的改变上,同等的损失比收益的作用大,即个体面对损失比收益更敏感。薪酬公平感知属于个体主观心理认知结果变量,在风险决策中对行为决策产生影响的损失厌恶特征是否也会影响个体的心理认知呢?有待进一步的检验和证明。厘清这些问题,对于评价薪酬调控政策效果、进一步制定与激励对象偏好相匹配的激励政策具有重要的意义。

7.2 理论分析与研究假设

参照点依存偏好是人们面临不确定决策时最具稳健性的假设之一(Rabin, 2002)。基于参照依赖偏好和损失厌恶假设的前景理论构建了风险条件下行为决策研究的新范式,解释了经济学期望效用理论无法解释的悖论与异象。参照点效应也被广泛应用于劳动经济学、消费者行为学、金融投资的研究。在对个体努力水平的研究中,学者们研究了"可预测的期望"参照点、"公平"工资参照点及"渴望"参照点的影响。科塞吉和拉宾(Köszegi & Rabin,2006)提出的参照点是建立在出租车司机预期的基础上的,他们给出了劳动力供给的模型,其中出租车司机的效用函数包括真实收入水平和工作时间的绝对效用及真实收入与预期收入(参照点)比较的相对效用。礼物交换博弈(gift exchange game)的研究发现,雇员往往以更多的努力来回报雇主给予的更高工资水平(Fehr et al,1996)。马斯(Mas,2006)实证检验了参照点效应对新泽西州警察执法效率的影响,发现低于渴望的薪酬导致警察不愿意投入更多的精力努力办案。努力水平选择属于个体行为决策变量,理解导致行为的动机将能够更具一般性地预测个体的行为规律。薪酬公平感知这一态度变量是否存在参照点效应,有待验证。

公平理论是薪酬公平感知研究的基础理论,公平理论强调与他人及历史比较的结果将决定个体的分配公平感知。班杜拉(Bandura,1997)运用社会认知理论研究,认为员工观察与自己相似的人,并与之进行比较,评价自己在组织中的状态,包括公平感。关于分配公正问题的研究,多将他人作为社会参照并与之比较,进而对公平进行主观评价。于海波、郑晓明(2013)研究发现薪酬的自我比较、外单位和家庭比较与程序公平和分配公平显著正相关。此外一些研究发现薪酬比较是满意度的重要预测变量(Sweeney & McFarlin,2004;Williams et al.,2006),而公平感知与薪酬满意度正相关,那么薪酬比较是否因公平感知而与薪酬满意度发生了联系? 乌姆布里斯等(Umphress et al.,2003)研究发现,同事的意见将影响个体的公平感知,特别是公平边界模糊不清时。王宇清、周浩(2012)指出员工整体公平感形成的可能路径是员工对先前公正相关事件的直接经验判断和积累或其他间接替代性经验,如对同事相关经历的观察以及对领导、组织的某些刻板印象,即经验或对环境和历史的印象形成了个体的公平感知预期。综上,本研究认为与预期参照点、现状参照点和水平参照点的比较将影响个体的薪酬公平

感知,因此提出假设1:

假设 H1:有参照点时个体的薪酬公平感知与无参照点时存在显著差异;

H1-1:有预期参照点时,个体的薪酬公平感知与无参照点时存在显著差异;

H1-2:有现状参照点时,个体的薪酬公平感知与无参照点时存在显著差异;

H1-3:有水平参照点时,个体的薪酬公平感知与无参照点时存在显著差异。

根据参照点效应,盈与亏是一个与参照点比较的相对概念而非绝对概念。个体在进行决策时,如果决策的可能结果高于参照点就认为是收益,反之个体则认为受到了损失。

而亚当斯(Adams,1966)认为,人们判断分配公平与否不仅仅是看收入的绝对值,更重要的是与参照对象比较的相对值的大小。当比较结果有利或不利时都将带来个体的不公平感知(Messick & Sentis,1979、1983、1985)。但也有学者研究指出,人们将自己的所得与参照对象平均水平进行比较,低于该水平时,个体的分配公平感迅速降低;与该水平相等时,分配公平感有所提高;而高于该水平时,其分配公平感进一步提高(Zhou & Long,2007)。

关于社会偏好中公平偏好(fairness preference)的研究,费尔(Fehr)和施密特(Schmidt)开创性地用数学模型建构了公平偏好者的效用函数,他们认为人们会将自己的收益与他人逐一比较从而判断分配是否公平。高于或者低于参照标准的比较结果都将减少个体的效用,即当自己的收益高于他人时产生同情负效用(优势不平等负效用),低于他人时产生嫉妒负效用(劣势不平等负效用)。查尼斯和拉宾(Charness & Rabin,2002)假设物质利益在A和B两人之间分配,并据此构建了包含个人公平偏好的简单线性效用函数模型。他们假设当A的收益小于B时,B的不平等厌恶偏好可能为"仁慈"或"贪婪"。当不平等厌恶系数为正时,表现为"仁慈",系数越大说明B越不愿意接受与A之间的优势不平等，即使这样的分配结果有利于B；反之，如果不平等厌恶系数为负，则表现为"贪婪"，预示着B希望自己的收益大于A，并且越多越好。不一致的研究结论，也突显了我们通过进一步研究发现其中客观规律的必要性。因此提出假设2与假设3：

假设H2：参照点（预期、现状、水平参照点）之上，个体的薪酬公平感知表现为"收益"，反之为"损失"；

H2-1：薪酬水平高于参照点时，薪酬公平感知显著高于与参照点相等时的情况；

H2-2：薪酬水平低于参照点时，薪酬公平感知显著低于与参照点相等时的情况。

假设H3：参照点（水平参照点）之上，个体的薪酬公平感知表现为"有利损失"；参照点（水平参照点）之下，个体的薪酬公平感知表现为"不利损失"；

H3-1：薪酬水平高于参照点时，薪酬公平感知显著低于与参照点相等时的情况；

H3-2：薪酬水平低于参照点时，薪酬公平感知显著低于与参照点相等时的情况。

损失厌恶（loss aversion）与灵敏度递减（diminishing sensitivity）是由参照点引申的两个核心思想。损失厌恶是指对心理效应的改变上，同等损失比收益的作用大，即个体面对损失比收益更敏感。这种相对于参照点，损失比等额收益作用更大的心理倾向可以发生在无风险和风险选择中。

汤姆等（Tom et al., 2007）对人们在做决策时对损失更敏感的损失厌恶特征提供了神经学上的基础。周浩、龙立荣（2010）以122名MBA学员为被试，研究薪酬社会比较对薪酬满意度的影响。研究发现，较之有利的社会比较结果，人们对不利的薪酬社会比较结果更敏感。在我国，经理人面临两种可能存在的损失厌恶：一、经营环境不确定性导致产出水平下降而招致的损失厌恶；二、薪酬管制政策不确定性引起的损失厌恶。那么在薪酬管制可能引致的三种参照点比较情境下，薪酬公平感知是否都存在损失厌恶特征有待验证。因此，我们提出假设4，此外，针对水平参照点学者们不一致的研究

结果,我们还设置了假设5:

假设H4:相较于"收益",个体薪酬公平感知对"损失"更敏感,即相较于"收益","损失"对个体薪酬公平感知的影响更大;

H4-1:相较于预期参照点,同等程度的"损失"比同等程度的"收益"对个体薪酬公平感知的影响更大;

H4-2:相较于现状参照点,同等程度的"损失"比同等程度的"收益"对个体薪酬公平感知的影响更大;

H4-3:相较于水平参照点,同等程度的"损失"比同等程度的"收益"对个体薪酬公平感知的影响更大。

假设H5:相较于"有利损失",个体的公平感知对"不利损失"更敏感,即相较于"有利损失","不利损失"对个体公平感知的影响更大。

F&S模型认为,人们会将自己的收益与他人收益一一比较从而判断收益分配是否公平,个体总效用等于物质收益直接效用、嫉妒负效用和同情负效用之和。而不同个体的嫉妒心理强度和同情心理强度存在差异,有的人嫉妒心理强度较大,有的人同情心理强度较大。ERC模型则认为人们为了判断收益分配是否公平,只会把自己的收益与参考群体(reference group)的平均收益进行比较,即行为人既不愿意自己的收益高于平均收益,也不愿意低于平均收益。李训、曹国华(2008)构建了包括代理人纵向(代理人与委托人间)嫉妒偏好和自豪偏好的委托—代理模型,证明了在非对称信息条件下,最优努力水平随代理人的公平偏好程度、努力成本系数的增大而下降。蒲勇健、郭心毅、陈斌(2010)基于委托人、代理人博弈的F&S模型,证明了在代理人收入低于委托人的情况下,无论信息对称与否,获得纵向"公平"收入的代理人都将提高努力水平,且代理人的努力水平随其公平偏好程度的增加而提高。袁茂、雷勇、蒲勇健(2011)构建了包括横向公平偏好(代理人间)因素在内的委托—代理模型,得出结论:在对称信息条件下,横向公平偏好因子不会对代理人努力水平产生影响;而在非对称信息条件下,代理人对横向公平偏好的重视程度越高,其努力水平越大,当代理人具有无限大的横向公平偏好程度时,接近于对称信息条件下的努力水平。

关于公平敏感性对薪酬公平感知的影响前面已经提及,豪斯曼等(Huseman et al.,1987)提出公平敏感性架构并指出个体对于不公平程度具有不同的"容忍度",即公平敏感性,将影响个体对公平或不公平的感知。相较于大公无私型员工,自私自利型员工对薪酬不公平感知反应更为强烈(Allen & White,2002)。因此我们提出以下假设:

假设 H6:不平等厌恶偏好越强,水平参照点对薪酬公平感知的影响越大;

H6-1:薪酬水平低于水平参照点时,劣势不平等厌恶偏好强者的薪酬公平感知显著低于劣势不平等厌恶偏好弱者;

H6-2:薪酬水平高于水平参照点时,优势不平等厌恶偏好强者的薪酬公平感知显著低于优势不平等厌恶偏好弱者。

7.3 实验设计与假设检验

7.3.1 研究 I

1.研究设计

针对假设1,本研究采用在模拟的实验情境中对自变量进行操纵,从而考察被试反应变化的情境实验方法进行检验。实验假设被试为一名企业经理人,分别给出不存在参照点及存在预期参照点、现状参照点和水平参照点等4种实验情境,请被试分别在各种情境下就自己的薪酬公平感知进行自我报告。实验采取被试内设计的方法,即每名被试参加本部分的所有情境实验。

2.被试

采用随机抽样法,选取天津市某高校110名本科生作为被试。学生具有相对不容易受实验室外部信息的影响、学习能力较强、比较容易招募等优点,在多数著名的实验经济学文献研究中,学生是最常见的实验被试者。此外由于本研究需要,被试需要有较少的社会烙印,不因较多的个人社会认知形成对经理人市场薪酬的潜在参照。因此本科生被试可以较好地满足实验要求。

3.实验流程

首先,实验主持人简要说明指导语,请被试在安静的环境下独立完成判断任务。实验在课堂上进行,为了确保被试的态度认真和数据的准确性,主持人强调研究内容仅供学术研究用途,采取无记名形式,个人信息部分内容将全程保密。接下来告知被试感受的真实性将决定研究结果的科学性,要求被试认真阅读思考后作答。在实验结束后,每个参与者答卷经初步审核属于认真填写者将获得相应的礼品以示感谢。

其次,被试根据实验流程首先填写年龄、性别、学历、生源地、月生活费等个人基本信息部分问卷。之后分别在不存在参照点及存在预期参照点、现状参照点和水平参照点等4种实验情境下,报告自己的薪酬公平感知。

最后,在实验结束后,主持人和实验助手对问卷进行初步审核,经认定属于认真填写者将获得相应的礼品以示感谢。实验大致持续15分钟。

4.变量测量

自变量:参照点〔无参照点/有参照点(预期参照点/水平参照点/现状参照点)〕。

因变量:薪酬公平感知。

实验情境模拟为被试工作中获取报酬的情境,假定被试为经理人,给定某一经理人薪酬水平(15万/年),在无参照点及存在参照点(参照点水平同样为15万/年,与实得薪酬相等)的情境下,要求被试对薪酬公平感知进行打分。本研究关注分配公平问题,根据组织公平的单因素结构论,薪酬公平感知用题项"您觉得自己实际获取的报酬公平吗?(1至11,11点量打分)"测量。

5.研究结果

本研究共发放问卷110份,回收问卷110份,问卷回收率100%。回收问卷全部有效。将所有问卷整理编号,用SPSS23统计分析软件进行数据录入与分析。

(1)操作检验。在对假设1进行验证以前,首先检验对自变量的操作是否成功。方差齐性检验 p=0.573>0.05，说明差异不显著，接受零假设，方差齐性，可以进行方差分析。进一步对薪酬公平感知进行单因素方差分析，检验表明在被试对公平感知的评价上，自变量的主效应显著（F值=13.779，p值=0.000<0.05，拒绝零假设），达到了实验控制的目的。

（2）假设检验。被试在无参照点以及存在预期参照点、现状参照点和水平参照点等4种情境下的公平感知描述性统计结果见表7.1，薪酬公平感知的均值水平见图7.1。

表7.1　有无参照点情境下薪酬公平感知描述性统计结果

参照点	样本数	平均值	标准差	标准误差	平均值的95%置信区间		最小值	最大值
					下限	上限		
无参照点	110	6.364	1.8411	0.1755	6.016	6.712	1	11
存在预期参照点	110	7.636	1.8999	0.1811	7.277	7.995	3	11
存在现状参照点	110	6.200	2.0174	0.1923	5.819	6.581	2	11
存在水平参照点	110	7.245	2.0462	0.1951	6.859	7.632	1	11
总计	–	6.861	2.0364	0.0971	6.671	7.052	1	11

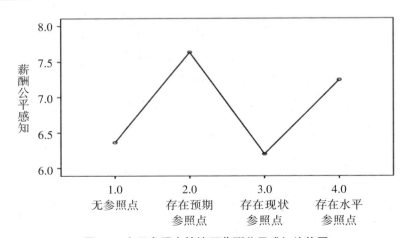

图7.1　有无参照点情境下薪酬公平感知均值图

在4种情境下,薪酬公平感知评分差异显著(p值=0.000<0.05),说明假设1成立:参照点时个体的公平感知与无参照点时存在显著差异。为了更好地检验不同类型参照情境下公平感知差异,我们采用LSD方法进行事后检验,结果见表7.2。

表7.2 有无参照点情境下公平感知多重比较

(I)参照点	(J)参照点	平均值差值(I-J)	标准误差	显著性	95%置信区间	
					下限	上限
无参照点	存在预期参照点	−1.2727*	0.2633	0.000	−1.790	−0.755
	存在现状参照点	0.1636	0.2633	0.535	−0.354	0.681
	存在水平参照点	−0.8818*	0.2633	0.001	−1.399	−0.364
存在预期参照点	无参照点	1.2727*	0.2633	0.000	0.755	1.790
	存在现状参照点	1.4364*	0.2633	0.000	0.919	1.954
	存在水平参照点	0.3909	0.2633	0.138	−0.127	0.908
存在现状参照点	无参照点	−0.1636	0.2633	0.535	−0.681	0.354
	存在预期参照点	−1.4364*	0.2633	0.000	−1.954	−0.919
	存在水平参照点	−1.0455*	0.2633	0.000	−1.563	−0.528
存在水平参照点	无参照点	0.8818*	0.2633	0.001	0.364	1.399
	存在预期参照点	−0.3909	0.2633	0.138	−0.908	0.127
	存在现状参照点	1.0455*	0.2633	0.000	0.528	1.563

注:*表示平均值差值的显著性水平为0.05。

从表7.2可以看出:①存在预期参照点时,个体的薪酬公平感知与无参照点时存在显著差异,假设1-1成立。存在预期参照点时被试薪酬公平感知均值水平(M=7.636)显著高于不存在参照点时薪酬公平感知均值水平(M=6.364)(p=0.000<0.05)。②存在现状参照点时,个体薪酬公平感知低于不存在参照点时,但是差异不显著(p=0.535),假设1-2不成立。③存在水平参照点时,个体薪酬公平感知与无参照点时存在显著差异,假设1-3成立。存在水平参照点时被试薪酬公平感知均值水平(M=7.245)显著高于不存在参照点时薪酬公平感知均值水平(M=6.364)(p=0.001<0.05)。

（3）结果讨论。本实验采用情境模拟的方式，检验了在有无参照点的情况下，被试的薪酬公平感知是否存在差异。检验结果表明，有参照点时个体薪酬公平感知与无参照点时存在显著差异。具体而言：①存在预期参照点时被试薪酬公平感知均值水平显著高于不存在参照点时。说明如果实得薪酬水平符合预期，相较于没有参照点的情况，个体更容易感受到被公平对待。②存在现状参照点时被试薪酬公平感知均值水平低于不存在参照点时，但是不显著。个体薪酬水平与去年相等时，个体薪酬公平感知低于不存在薪酬参照点时。在此情境中，虽然我们假定现状参照点水平与实得报酬水平相等，但是考虑到通货膨胀因素，被试得到的实际报酬下降了。因此此时薪酬公平感知均值水平低于不存在参照点时，但是相较于有无现状参照点时薪酬满意度变化（-1.0000），公平感知变动较小（-0.1636），不显著。现实生活中，工资往往表现为弹性不足，具有确定之后不易变动（特别是不易下降）的特征，即工资刚性。在许多组织中，工资待遇能上不能下、能增不能减，限制了工资在经济运行中发挥分配机制的动态功能，其中一个主要的原因是雇主对于降低工资将导致员工的满意度下降，从而引发员工减少努力水平、甚至跳槽等负向组织行为的担忧。由此我们也可以看出薪酬公平感知和薪酬满意度存在差异，公平感知并不能全部解释薪酬满意度。③存在水平参照点时，被试薪酬公平感知均值水平高于不存在参照点时薪酬公平感知均值水平。说明如果实得薪酬水平符合市场平均水平，相较于没有参照点的情况，个体更容易感受到被公平对待。但是从图7.1中我们可以看出，其变动程度低于有无预期参照点时薪酬公平感知变动程度，可能的原因是，相较于薪酬的社会比较，个体更看重薪酬的自我比较。

7.3.2　研究Ⅱ

1.研究设计

针对假设2、假设3、假设4、假设5，依旧采用在模拟的实验情境中对自变量进行操纵，从而考察被试反应变化的情境实验方法进行检验。实验假设被试为一名企业经理人，分别给出（高于、等于、低于）×（预期参照点、现状参照点、水平参照点)共9种实验情境,请被试分别在各种情境下就自己的薪酬公平感知进行自我报告。实验采取被试内设计的方法,即每名被试参加本部分的所有情境实验。9种实验情境见图7.2。

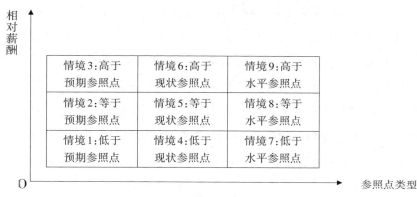

图7.2　实验情境

2.被试

采用随机抽样法,选取天津市某高校104名本科在校生作为被试。

3.实验流程

首先,实验主持人简要说明指导语,具体内容同研究Ⅰ。其次,被试根据实验流程填写个人基本信息部分问卷。接下来被试分别在9种实验情境下,报告自己的薪酬公平感知。实验结束后,主持人和实验助手对问卷进行初步审核,经认定属于认真填写者将获得相应的礼品以示感谢。实验大致持续30分钟。

4.变量测量

自变量:与参照点比较的相对薪酬水平(高于预期参照点、等于预期参照点、低于预期参照点等9个情境)。

因变量:薪酬公平感知。

实验情境模拟为被试工作中获取报酬的情境,假定被试为经理人,给定某一经理人薪酬水平(15万/年),在3种参照点水平不同(15万、20万、10万)的情境下,要求被试对薪酬公平感知进行打分。薪酬公平感知用题项"您觉得自己实际获取的报酬公平吗?(1至11,11点量打分)"测量。

5.研究结果

本研究共发放问卷104份,回收问卷104份,问卷回收率100%。剔除漏项等无效问卷13份,得到有效问卷91份,问卷有效率87.5%。将所有问卷整理编号,用SPSS23统计分析软件进行数据录入与分析。

（1）操作检验。在对假设2、假设3、假设4、假设5进行验证以前,首先检验对自变量的操作是否成功。方差齐性检验p=0.000<0.05,说明差异显著,拒绝零假设,方差没有齐性。但从表7.3可以看出,方差最大值/方差最小值=2.36²/1.67²≈1.997<3,因此依旧可以进行单因素方差分析。对公平感知的单因素方差分析结果表明,在被试对公平感知的评价上,自变量的主效应显著（F值=95.372,p值=0000<0.05,拒绝零假设）,达到了实验控制的目的。

表7.3 薪酬公平感知描述性统计

情境	样本数	平均值	标准差	标准误差	平均值的95%置信区间		最小值	最大值
					下限	上限		
1	91	3.725	1.9210	0.2014	3.325	4.125	1	9
2	91	7.549	2.1096	0.2211	7.110	7.989	3	11
3	91	7.516	2.3634	0.2478	7.024	8.009	1	11
4	91	3.505	1.8158	0.1903	3.127	3.884	1	8
5	91	5.912	1.6710	0.1752	5.564	6.260	2	11
6	91	7.868	1.7076	0.1790	7.513	8.224	3	11
7	91	3.242	1.9852	0.2081	2.828	3.655	1	8
8	91	7.033	1.9858	0.2082	6.619	7.447	1	11
9	91	8.011	2.0138	0.2111	7.592	8.430	1	11
总计	–	6.04	2.7217	0.0951	5.854	6.227	1	11

（2）假设检验。对被试在"实得薪酬小于预期参照点""实得薪酬等于预期参照点""实得薪酬大于预期参照点"等9种情境下的薪酬公平感知进行配对样本T检验,配对样本描述性统计及配对样本检验结果见表7.4、表7.5。

表7.4　薪酬公平感知配对样本描述性统计

	配对	平均值	样本数	标准差	标准误差平均值
配对 1	小于预期公平感知	3.725	91	1.9210	0.2014
	等于预期公平感知	7.549	91	2.1096	0.2211
配对 2	大于预期公平感知	7.516	91	2.3634	0.2478
	等于预期公平感知	7.549	91	2.1096	0.2211
配对 3	小于现状公平感知	3.505	91	1.8158	0.1903
	等于现状公平感知	5.912	91	1.6710	0.1752
配对 4	大于现状公平感知	7.868	91	1.7076	0.1790
	等于现状公平感知	5.912	91	1.6710	0.1752
配对 5	小于水平公平感知	3.242	91	1.9852	0.2081
	等于水平公平感知	7.033	91	1.9858	0.2082
配对 6	大于水平公平感知	8.011	91	2.0138	0.2111
	等于水平公平感知	7.033	91	1.9858	0.2082

表7.5　薪酬公平感知配对样本统计

配对	配对差值			差值95%置信区间		T值	显著性（双尾）
	平均值	标准差	标准误差平均值	下限	上限		
配对 1　小于预期公平感知−等于预期公平感知	−3.8242*	2.9005	0.3041	−4.4282	−3.2201	−12.5770	0.0000
配对 2　大于预期公平感知−等于预期公平感知	−0.0330	2.7907	0.2925	−0.6142	0.5482	−0.1130	0.9110
配对 3　小于现状公平感知−等于现状公平感知	−2.4066*	1.8618	0.1952	−2.7943	−2.0189	−12.3310	0.0000
配对 4　大于现状公平感知−等于现状公平感知	1.9560*	2.1391	0.2242	1.5106	2.4015	8.7230	0.0000

配对		配对差值					T值	显著性（双尾）
		平均值	标准差	标准误差平均值	差值95%置信区间			
					下限	上限		
配对5	小于水平公平感知−等于水平公平感知	−3.7912*	2.4834	0.2603	−4.3084	−3.2740	−14.5630	0.0000
配对6	大于水平公平感知−等于水平公平感知	0.9780*	2.4765	0.2596	0.4623	1.4938	3.7670	0.0000

注：*表示平均值差值的显著性水平为0.05。

从表7.4、表7.5可以看出，当薪酬水平低于预期、现状和水平参照点时，薪酬公平感知显著低于与参照点相等时的情况（小于参照点时薪酬公平感知与等于参照点时薪酬公平感知之差为负，且均显著不为0），假设2-2成立。当薪酬水平高于现状和水平参照点时，薪酬公平感知显著高于与参照点相等时的情况（大于参照点时薪酬公平感知与等于参照点时薪酬公平感知之差为正，且均显著不为0）；但是当薪酬水平高于预期参照点时，薪酬公平感知与参照点相等时薪酬公平感知差异不大，且不显著，因此假设2-1得到部分验证。故，参照点（预期、现状、水平参照点）之下，个体的薪酬公平感知表现为"损失"，参照点（现状、水平参照点）之上，个体的薪酬公平感知表现为"收益"。由于大于水平参照点时薪酬公平感知显著高于等于参照点时（两者之差为正，且显著不为0），即在水平参照点之上，个体的薪酬公平感知仍旧表现为"收益"，故假设3-1不成立、假设5不成立。小于水平参照点时薪酬公平感知显著低于等于参照点时（两者之差为负，且显著不为0），假设3-2成立。

由表7.5可知，配对3差值绝对值大于配对4（2.4066＞1.9560），配对5差值绝对值大于配对6（3.7912＞0.9780），即相较于"收益"，同等程度的"损失"对个体的薪酬公平感知影响更大。假设4-2、4-3成立。配对1差值绝对值大于配对2（3.8242＞0.0330），但是由于大于预期参照点时个体公平感知略有下降(与等于预期参照点时薪酬公平感知的差值为负,但不显著),即略有"有利损失特征",故将假设4-1修正为"假设4-1:相较于预期参照点,同等程度的"不利损失"比同等程度的"有利损失"对个体的薪酬公平感知影响更大",成立。

在不同情境下,薪酬公平感知均值折线见图7.3,虚线上段代表高于参照点水平时薪酬公平感知变动程度,虚线下段代表低于参照点水平时薪酬公平感知变动情况,更大的斜率意味着更敏感。

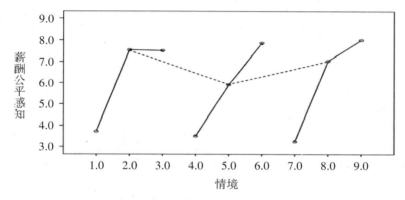

图7.3　情境1-9薪酬公平感知均值折线图

(3)结果讨论。本实验采用情境模拟的方式,检验了(高于、等于、低于)×(预期参照点、现状参照点、水平参照点)共9种实验情境下,被试的薪酬公平感知是否存在损失厌恶特征。检验结果表明:①当薪酬水平低于预期、现状和水平参照点时,薪酬公平感知显著低于与参照点相等时的情况,即表现为"损失"。②当薪酬水平高于现状和水平参照点时,薪酬公平感知显著高于与参照点相等时的情况,表现为"收益"。即在高于现状参照和水平参照的情境下,薪酬公平感知不降反升,而在等于现状和水平参照点时,个体的薪酬公平感知并非最大。这与公平理论的主张不一致,但是符合前景理论的假设。但是当薪酬水平高于预期参照点时,薪酬公平感知与等于预期参照点时变化不大,略微呈"有利损失"特征。导致其变化不显著的可能原因是,预期参照点往往建立在个体判断基础之上,较之现状参照和水平参照点的客观存在,卷入了较多的个体主观意识。根据海德的归因理论,人们往往将成功归因于自己的努力或能力等内部因素,而将失败归因于工作的难度或运气等外部因素。因此当实得薪酬高于预期时,个体可能将其归因于自己努力的结果,进而对薪酬公平感知影响不大。③相较于"收益",个体公平感知对"损失"更敏感,即相较于"收益","损失"对个体公平感知的影响更大。相较于现状和水平参照点,同等程度的"损失"比同等程度的"收益"对个体的公平感知影响更大。此外虽然相较于实得薪酬符合预期的情境,个体薪酬高于预期时公平感知变化不明显,但是其变动的绝对值水平远小于同等程度低于预期参照的情境,也体现了损失厌恶特征。

7.3.3 研究Ⅲ

1.研究设计

针对假设6,依旧采用在模拟的实验情境中对自变量进行操纵,从而考察被试反应变化的情境实验方法进行检验。实验假设被试为一名企业经理人,分别给出(高于、等于、低于)×水平参照点共3种实验情境,请被试分别在3种情境下就自己的薪酬公平感知进行自我报告。实验采取被试内设计的方法,即每名被试参加本部分的所有情境实验。随后为测度个体优势和劣势不平等厌恶系数,进行修正型最后通牒博弈和修正型独裁者博弈实验。

2.被试

采用随机抽样法,选取天津市某高校172名本科在校生作为被试。

3.实验流程

首先,实验主持人简要说明指导语,具体内容同研究Ⅰ。其次,被试根据实验流程填写个人基本信息部分问卷。接下来被试分别在3种实验情境下,报告自己的公平感知。随后测量不平等厌恶偏好。博弈由修正型的最后通牒博弈(博弈A)和修正型独裁者博弈(博弈B)构成。博弈A测度个体劣势不平等厌恶偏好:博弈由22轮分配方案Ⅰ和分配方案Ⅱ的选择组成,在22轮中分配方案Ⅰ分配总额10元,被试的收益从5.00递减至0.10,对方的收益从5.00递增至9.90,分配方案Ⅱ在22轮中被试和对方的收益均为2。博弈B测度个体优势不平等厌恶偏好:博弈由22轮分配方案Ⅰ和分配方案

Ⅱ的选择组成,在22轮中分配方案Ⅰ分配总额10元,被试的收益均为10元,对方的收益均为0;分配方案Ⅱ中被试和对方的收益相等,从0.00元递增至10.50元。实验结束后,主持人和实验助手对问卷进行初步审核,经认定属于认真填写者将获得相应的礼品以示感谢。实验大致持续30分钟。

4.变量测量

自变量:与参照点比较的相对薪酬水平(高于水平参照点、等于水平参照点、低于水平参照点等3种情境)。

因变量:薪酬公平感知。

实验情境模拟为被试工作中获取报酬的情境,假定被试为经理人,给定某一经理人薪酬水平(15万/年),在3种参照点水平不同(15万、20万、10万)的情境下,要求被试对公平感知进行打分。薪酬公平感知用题项"您觉得自己实际获取的报酬公平吗?(1至11,11点量打分)"测量。

我们根据两个参与人的F&S模型(模型1)导出劣势不平等厌恶系数 α 和优势不平等厌恶系数 β(Blanco et al.,2011;Dannenberg et al.,2010)。

$$U_i(x_i, x_j) = \begin{cases} x_i - \alpha_i(x_j - x_i), if\, x_i \leq x_j \\ x_i - \beta_i(x_i - x_j), if\, x_i > x_j \end{cases} \qquad 模型1$$

5.研究结果

本研究共发放问卷172份,回收问卷172份,问卷回收率100%。剔除漏项等无效问卷43份,得到有效问卷129份,问卷有效率75%。将所有问卷整理编号,用SPSS23统计分析软件进行数据录入与分析。

(1)操作检验。在对假设6进行验证以前,首先检验对自变量的操作是否成功。方差齐性检验p=0.288>0.05,说明差异不显著,接受零假设,方差齐性,可以进行方差分析。进一步对公平感知进行单因素方差分析,检验表明在被试对公平感知的评价上,自变量的主效应显著(F值=157.899,p值=0.000<0.05,拒绝零假设),达到了实验控制的目的。

(2)假设检验。通过表7.6、7.7及图7.4、7.3对比可以看出,在低于水平参照点、等于水平参照点和高于水平参照点等3种情境之下,不同被试组测量的薪酬公平感知均值变动情况基本一致,进一步验证了假设2和假设4-3。

表7.6 薪酬公平感知的描述性统计

情境	样本数	平均值	标准差	标准误差	平均值的95%置信区间		最小值	最大值
					下限	上限		
7	129	3.643	1.8106	0.1594	3.328	3.959	1	9
8	129	6.984	2.0348	0.1792	6.630	7.339	1	11
9	129	7.527	1.8502	0.1629	7.205	7.849	3	11
总计	–	6.052	2.5596	0.1301	5.796	6.307	1	11

表7.7 低于、等于、高于水平参照点情境下薪酬公平感知多重比较

水平参照点	（J）参照点	平均值差值(I-J)	标准误差	显著性	95%置信区间	
					下限	上限
低于水平参照点	等于水平参照点	−3.3411*	0.2367	0.000	−3.806	−2.876
	高于水平参照点	−3.8837*	0.2367	0.000	−4.349	−3.418
等于水平参照点	低于水平参照点	3.3411*	0.2367	0.000	2.876	3.806
	高于水平参照点	−0.5426*	0.2367	0.022	−1.008	−0.077
高于水平参照点	低于水平参照点	3.8837*	0.2367	0.000	3.418	4.349
	等于水平参照点	0.5426*	0.2367	0.022	0.077	1.008

注:*表示平均值差值的显著性水平为 0.05。

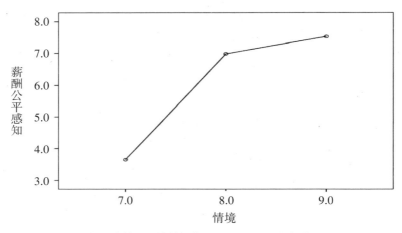

图7.4 情境7至情境9薪酬公平感知均值变动折线图

184

根据不平等厌恶系数对被试分组,劣势不平等厌恶系数<0.3为低劣势不平等厌恶组,劣势不平等厌恶系数>=0.3为高劣势不平等厌恶组。优势不平等厌恶系数<0.5为低优势不平等厌恶组,优势不平等厌恶系数>=0.5为高优势不平等厌恶组,具体分组情况见表7.8。

表7.8 不平等厌恶偏好分组

分组	博弈 A 转向题目	劣势不平等厌恶系数 α	分组	博弈 B 转向题目	优势不平等厌恶系数 β
无效	1	–	高优势不平等厌恶	1	1.00
高劣势不平等厌恶	2	2.18		2	0.98
	3	2.13		3	0.93
	4	2.02		4	0.88
	5	1.90		5	0.83
	6	1.77		6	0.78
	7	1.66		7	0.73
	8	1.54		8	0.68
	9	1.41		9	0.63
	10	1.30		10	0.58
	11	1.18		11	0.53
	12	1.00	低优势不平等厌恶	12	0.48
	13	0.85		13	0.43
	14	0.79		14	0.38
	15	0.70		15	0.33
	16	0.58		16	0.28
	17	0.46		17	0.23
	18	0.30		18	0.18
低劣势不平等厌恶	19	0.18		19	0.13
	20	0.10		20	0.08
	21	0.00		21	0.03
	22	−0.14		22	0.00

当薪酬水平低于水平参照点时,对薪酬公平感知进行劣势不平等厌恶偏好的单因素方差分析,描述性统计结果见表7.9。

表7.9 低于水平参照点情境下劣势不平等厌恶偏好高低分组的公平感知描述性统计

组别	样本数	平均值	标准差	标准误差	平均值的95%置信区间		最小值	最大值
					下限	上限		
低组	78	3.526	1.7262	0.1955	3.136	3.915	1	9
高组	47	3.872	1.8252	0.2662	3.336	4.408	1	7
总计	–	3.656	1.7648	0.1579	3.344	3.968	1	9

方差齐性检验 $p = 0.463 > 0.05$,说明差异不显著,接受零假设,方差齐性,可以进行方差分析。单因素方差分析检验表明,在被试对薪酬公平感知的评价上,劣势不平等厌恶的调节效应不显著(F 值 $= 1.133$, p 值 $= 0.289 > 0.1$),假设6-1不成立。同时从表7.9我们可以看出,低劣势不平等厌恶组公平感知均值($M_低 = 3.526$),低于高劣势不平等厌恶组公平感知均值($M_高 = 3.872$),但不显著。即当实得薪酬低于薪酬水平参照点时,劣势不平等厌恶偏好越强者(被试越偏好公平)具有公平感知程度越高的倾向。这与假设6-1的方向不吻合。

进一步检验在低于水平参照时,优势不平等厌恶系数与公平感知是否存在联系。方差齐性检验 $p = 0.632 > 0.05$,说明差异不显著,接受零假设,方差齐性,可以进行方差分析。单因素方差分析检验表明,在被试对公平感知的评价上,优势不平等厌恶的调节效应显著(F 值 $= 9.596$, p 值 $= 0.002 < 0.05$)。Dannenberg 等(2010)的研究将优势不平等厌恶系数 β 小于0.3的被试视为自利型个体。我们放宽 β 的取值范围至0.5,依旧发现了这一特征。检验结果表明,在实得薪酬低于水平参照点的情况下,低优势不平等厌恶组薪酬公平感知($M_低 = 3.276$)显著低于高优势不平等厌恶组薪酬公平感知($M_高 = 4.245$)。这意味着被试相对越自利,在薪酬水平低于水平参照点时,薪酬公平感知越低;反之被试相对越偏好公平,在薪酬水平低于水平参照点时,薪酬公平感知越高(见表7.10)。

表 7.10　低于水平参照点情境下, 优势不平等厌恶偏好

高低分组的公平感知描述性统计

组别	样本数	平均值	标准差	标准误差	平均值的 95% 置信区间		最小值	最大值
					下限	上限		
低组	76	3.276	1.6860	0.1934	2.891	3.662	1	8
高组	49	4.245	1.7384	0.2483	3.746	4.744	1	9
总计	–	3.656	1.7648	0.1579	3.344	3.968	1	9

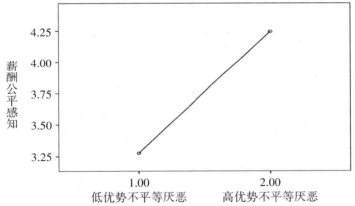

图 7.5　低于水平参照点情境下薪酬公平感知均值比较

当薪酬水平高于水平参照点时, 对薪酬公平感知进行优势不平等厌恶偏好的单因素方差分析, 描述性统计结果见表 7.11。

表 7.11　高于水平参照点情境下优势不平等厌恶偏好

高低分组的公平感知描述性统计

组别	样本数	平均值	标准差	标准误差	平均值的 95% 置信区间		最小值	最大值
					下限	上限		
低组	77	7.299	1.7701	0.2017	6.897	7.700	4	11
高组	52	7.865	1.9304	0.2677	7.328	8.403	3	11
总计	–	7.527	1.8502	0.1629	7.205	7.849	3	11

方差齐性检验 p=0.843>0.05, 说明差异不显著, 接受零假设, 方差齐性, 可以进行方差分析。单因素方差分析检验表明, 在被试对薪酬公平感知的

评价上,优势不平等厌恶的调节效应显著(F值=2.956,p值=0.088<0.1)。同时从表7.11我们可以看出,低优势不平等厌恶组公平感知均值(M低=7.299)显著低于高优势不平等厌恶组公平感知均值(M高=7.865),即当实得薪酬高于薪酬水平参照点时,优势不平等厌恶偏好越强者(被试越偏好公平),薪酬公平感知程度越高。这说明虽然优势不平等厌恶系数在水平参照点与薪酬公平感知之间的调节作用成立,但是与假设6-2的方向相反,优势不平等厌恶偏好越强(被试越偏好公平),薪酬公平感知程度越高,假设6-2不成立。

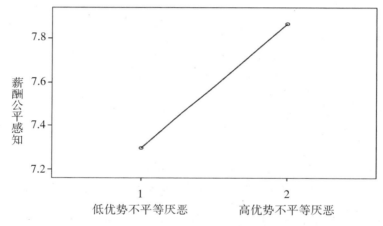

图7.6 高于水平参照点情境下薪酬公平感知均值比较

随后我们检验了在实得薪酬与水平参照点相等的情况下,低优势不平等厌恶组公平感知均值(M低=6.584)显著低于高优势不平等厌恶组公平感知均值(M高=7.577)(p值=0.006<0.05)。实得薪酬高于、等于和低于水平参照点等三种情境下,高、低优势不平等厌恶偏好组薪酬公平感知均值差异见图7.6。由此可以看出,被试越偏好公平(优势不平等厌恶偏好越强),个体的薪酬公平感知越高;被试越偏好自利(经济人,优势不平等厌恶偏好越弱),个体的薪酬公平感知越低。

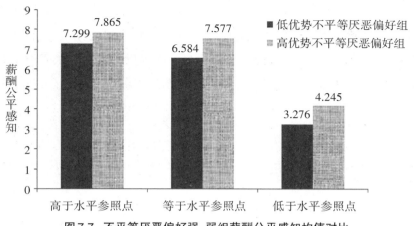

图7.7　不平等厌恶偏好强、弱组薪酬公平感知均值对比

（3）结果讨论。本实验采用情境模拟的方式,检验了存在水平参照点情况下,被试不平等厌恶系数对个体薪酬公平感知参照点效应的调节作用。检验结果表明:①当实得薪酬低于水平参照点时,在被试对薪酬公平感知的评价上,劣势不平等厌恶偏好的调节效应不显著。劣势不平等厌恶偏好越强者(被试越偏好公平)具有薪酬公平感知程度越高的倾向,但是不明显。②当实得薪酬与水平参照点横向比较时,个体优势不平等厌恶偏好越强,其薪酬公平感知越高。无论比较结果高于、等于或低于横向水平参照点,被试越偏好公平(优势不平等厌恶偏好越强);个体的薪酬公平感知越高,被试越偏好自利(经济人,优势不平等厌恶偏好越弱),个体的薪酬公平感知越低。③相较于劣势不平等厌恶偏好,根据优势不平等厌恶偏好异质性区分个体"自利"倾向或"公平"倾向,拥有更多的经验证据。相较于劣势不平等厌恶偏好调节效应不显著,我们的研究显示,在与水平参照点比较的3种情境下,被试优势不平等厌恶偏好越强(越偏好公平),个体的薪酬公平感知越高,优势不平等厌恶偏好越弱(被试越偏好自利经济人),个体的薪酬公平感知越低。在已有公共物品实验研究中,虽然根据F&S模型的理论模型预测,个体优势不平等厌恶会正向影响个体参与合作的程度,劣势不平等厌恶会负向影响个体参与合作程度。但是无论是从总体层面还是微观个体偏好层面的证据均表明,优势不平等厌恶程度会正向影响公共品自愿供给合作水

平(优势不平等厌恶程度越高,即被试越偏好公平,公共品自愿供给合作水平越高),劣势不平等厌恶则明显缺乏显著的经验证据(连洪泉、周业安、陈叶烽、叶航,2016)。已有研究对个体优势不平等厌恶程度提供了明确的分类依据(Dannenberg et al.,2010),但依据劣势不平等厌恶程度区分被试偏好类型并不多见。

7.4 研究结论与启示

7.4.1 研究结论与理论贡献

本研究基于我国薪酬管制的背景,从经理人薪酬预期参照、现状参照和横向水平参照等3个维度考察了薪酬公平感知的参照点效应和损失厌恶特征,并分析了个体不平等厌恶偏好对薪酬公平感知参照点效应的影响。通过9个情境实验和2个行为博弈实验,检验了研究假设,主要研究结论如下:

(1)在预期比较和横向水平比较情况下,薪酬公平感知存在参照点效应。存在预期参照点时,被试薪酬公平感知均值水平显著高于不存在参照点时。说明如果实得薪酬水平符合预期,相较于没有参照点的情况,个体更容易感到被公平对待。存在水平参照点时,被试薪酬公平感知均值水平高于不存在参照点时薪酬公平感知均值水平,即如果个体将实得薪酬水平与市场平均水平比较后得到相符的结果,相较于没有参照点的情况,个体更容易感到被公平对待。同时我们发现,有无水平参照点时薪酬公平感知变动程度低于有无预期参照点时变动程度,可能的原因是与薪酬的社会比较相比,个体更看重薪酬的自我比较。

(2)预期、现状、水平参照点之下,个体的薪酬公平感知表现为"损失";现状、水平参照点之上,个体的薪酬公平感知表现为"收益";预期参照点之上,薪酬公平感知相较于等于预期参照点时变化不大,略呈"有利损失"表象。导致其变化不显著的可能原因是相较于现状和水平参照点,预期参照点包含了更多主观判断,缺乏客观性。研究结果表明,相对于"公平"偏好,研究Ⅱ被试群体更多倾向于"自利",即实得薪酬越多,薪酬公平感知程度越高,而非实得薪酬与参照点相等时薪酬公平感知程度越高。

（3）个体的薪酬公平感知呈现损失厌恶特征。相较于"收益",个体公平感知对"损失"更敏感,即相较于"收益","损失"对个体的公平感知影响更大。相较于现状和水平参照点,同等程度的"损失"比同等程度的"收益"对个体的公平感知影响更大。此外虽然相较于实得薪酬符合预期的情境,个体薪酬高于预期时公平感知变化不明显,但是其变动的绝对值水平远小于同等程度低于预期参照的情境,也表现了损失厌恶特征。

（4）存在水平参照点情况下,优势不平等厌恶偏好调节个体薪酬公平感知的参照点效应。当个体将实得薪酬与水平参照点进行横向比较时,个体的优势不平等厌恶偏好越强,其薪酬公平感知越高。即被试越偏好公平（优势不平等厌恶偏好越强）,个体的公平感知越高;被试越偏好自利（优势不平等厌恶偏好越弱,经济人）,个体的公平感知越低。本研究不仅证明了薪酬公平感知的参照点效应及损失厌恶特征,而且证明了优势不平等厌恶偏好在水平参照与薪酬公平感知间的调节作用,这一发现在一定程度上揭示了薪酬参照影响薪酬公平感知的内在机理。

（5）相对于劣势不平等厌恶系数,利用优势不平等厌恶系数区分被试偏好的异质性具有更多的经验数据支持。

7.4.2　可能的创新之处

1. 揭示了参照点对薪酬公平感知作用的一般规律,充实了行为决策理论的参照点效应研究

本研究探索了包括预期、水平和现状参照点在内的多重参照点对薪酬公平感知的影响。研究发现在预期比较和横向水平比较情况下,薪酬公平感知存在参照点效应,即个体的薪酬公平感知与无参照点时存在显著差异。从前述文献综述可以看出,参照点效应多应用于个体的行为决策及行为效果研究,如努力水平决策、在职消费、主动离职、企业绩效,罕有针对行为的预测变量——个体心理的研究。本研究通过实验研究验证了薪酬公平感知的参照点效应,成果将进一步充实行为决策的参照点效应理论研究。

2.厘清了不平等厌恶偏好对薪酬公平感知参照点效应的作用机理

大量行为博弈实验说明,单独个人经济利益的追逐动机不能完全解释参与者的行为,对"公平"的追求也是其行为的重要解释因素,即个体具有公平偏好。现有对公平偏好的研究包括动机公平和分配公平两大类。分配公平研究分配结果公平问题,经典的关注分配结果公平模型研究都是建立在不平等厌恶假设之上的,包括F&S模型(1999)和ERC模型(2000)。现有对不平等厌恶的研究,多集中于对人性假设的拓展,证明或探索其对个体的行为结果的影响,如不平等厌恶偏好对公共物品供给的影响,缺乏对其产生影响的内在机理的揭示。不平等厌恶认为,在自己收益低于他人时会因嫉妒心理产生劣势不平等负效用,而高于他人时会由同情心理产生优势不平等负效用,并且劣势不平等负效用大于优势不平等负效用。由此可以看出,不平等厌恶具有参照依赖的特征。在对假设1-2现状参照点的薪酬公平感知参照点效应检验过程中,我们发现存在现状参照点时被试薪酬公平感知均值水平低于不存在参照点时,但是不显著。然而第六章的研究发现,有无现状参照点时薪酬满意度变化显著。为了追溯不显著的原因,我们对被试进行了个别访谈,"和自己历史薪酬相比的结果影响薪酬满意度,不影响薪酬公平感知"是主流答案。说明历史薪酬更多地影响薪酬满意度而非薪酬公平感知。也说明公平偏好虽然广泛存在,但是受条件触发,我们的研究支持与他人水平横向比较及预期参照的触发条件,相反,现状参照的触发作用并不成立,印证了我们对不平等厌恶偏好具有参照依赖特征的判断。故本研究一则突破了行为决策结果的传统研究视角,从个体心理认知层面研究了不平等厌恶对薪酬公平感知的影响;二则在证明了薪酬公平感知在水平参照时存在参照点效应及损失厌恶特征的基础上,将不平等厌恶作为调节变量,验证了存在水平参照点情况下,优势不平等厌恶偏好调节个体薪酬公平感知的参照点效应,揭示了其对薪酬公平感知发生作用的内在机理。

3.应用行为博弈实验测度了不平等厌恶系数,拓展了不平等厌恶偏好在实证研究中的运用范围

欲研究不平等厌恶的作用机理,对其测量成为研究的基础。实验中我们应用由修正型的最后通牒博弈(博弈 A)和修正型独裁者博弈(博弈 B)构成的行为博弈实验,计算了被试的不平等厌恶系数,进一步应用其进行了调节效应的实证检验。同时我们发现在低于水平参照的情境下,被试无论是优势不平等厌恶程度越高或劣势不平等厌恶程度越高(即被试越偏好公平),其薪酬公平感知水平越高。但是相较于劣势不平等厌恶偏好强者,优势不平等厌恶偏好强者的薪酬公平感知变化更显著。优势不平等厌恶偏好强者的薪酬公平感知在 3 种情境下稳定地高于优势不平等厌恶偏好弱者,说明应用优势不平等厌恶系数表征个体的公平偏好程度减少了情境依赖特征,更稳健。

7.4.3 管理启示和政策建议

薪酬公平感知是组织行为和人力资源管理领域一个重要的态度层面研究变量,研究其是否存在参照点效应对于预测个体行为具有更为普遍的意义。

(1)引导组织成员建立合理的薪酬预期,避免实得薪酬低于预期导致的薪酬公平感知显著下降。研究结果显示,当存在预期参照点时,被试薪酬公平感知均值水平显著高于不存在预期参照点时水平。同时当薪酬水平低于预期参照点时,薪酬公平感知显著低于与参照点相等时的情况。组织可以通过内部舆论宣传,向组织成员介绍经济增速放缓、甚至存在下行压力等宏观环境情况,以及企业各项经济指标等微观层面数据,引导组织成员建立合理的薪酬预期值。特别是当薪酬水平低于市场平均水平时,可以借助合理的薪酬预期干预缓和薪酬低于水平参照引致的薪酬公平感知下降。

(2)可通过调整薪酬构成、限薪等形式进行薪酬管制,避免采取直接下调固定工资的降薪形式。由于工资缺乏弹性,即使是与去年相持平的工资水平,也会导致员工薪酬满意度与公平感知下降。因此可通过调整薪酬构成、限薪等形式进行薪酬管制,规避直接减少固定工资对薪酬公平感知的冲击。此外可以通过丰富企业文化建设等非物质激励形式,提升员工工作满意度,降低因薪酬公平感下降导致负向组织行为的概率。

(3)采取直接加薪的形式,提升员工薪酬公平感知。由于现状参照点的客观性与易得性,组织成员往往首先将即期薪酬与往期薪酬进行自觉比较。研究结果显示,在同等程度高于预期、现状和水平参照点情境下,高于现状的薪酬增长将带来更大幅度的薪酬公平感知提升(见图7.3)。因此直接加薪使组织成员薪酬高于历史水平,将促进其薪酬公平感知明显提升。

(4)薪酬策略与企业发展战略相匹配。根据组织薪酬水平高于、等于或低于市场薪酬水平或竞争对手,组织采取的薪酬策略可划分为领先型薪酬策略、跟随型薪酬策略、滞后型薪酬策略。由于存在薪酬水平参照点时,个体薪酬公平感知呈现了损失厌恶特征,所以当企业处于发展期大量需要人才时,可以通过采取领先型薪酬策略吸引优秀人才加盟;而当企业处于稳定期或收缩期,可以采用跟随型策略留住人才,或在收缩期,采用滞后型策略控制成本。

(5)薪酬管制背景下,需要加强对经理人的监管,避免薪酬公平感知下降可能导致的在职消费等行为。当实得薪酬低于水平参照点时,优势不平等厌恶偏好弱者的薪酬公平感知显著低于优势不平等厌恶偏好强者。如果调控后高管薪酬水平低于经理人市场均值,偏好"公平"的经理人薪酬公平感知显著高于偏好"自利"的经理人,因此需要重点对管制后薪酬低于市场平均水平企业中"自利"偏好(优势不平等厌恶偏好弱)的经理人群体进行思想引导与监管。

7.4.4 研究局限和未来研究方向

(1)研究发现优势不平等厌恶偏好在水平参照与薪酬公平感知间起调节作用,但是没有检验其他可能的调节变量。存在水平参照点时,个体薪酬公平感知呈现了损失厌恶特征,那么个体的损失厌恶特征是否也在水平参照与薪酬公平感知之间发挥调节作用呢?此外个体现有财富水平是否也影响两者之间的关系呢?这些有待后续证明。

(2)本研究应用实得薪酬与薪酬参照点的差值来检验薪酬公平感知的参照点效应,但研究发现,这种测量方式在衡量偏离参照点的程度上存在一些局限性,今后的研究可以考虑引入增长幅度等相对数来刻画实得薪酬的偏离程度。

（3）基于薪酬管制背景，我们研究了预期参照点、现状参照点和水平参照点对薪酬公平感知的影响。参照点选择内隐性、动态性和复杂性的特征，给学者们的研究造成了一定的困难。预测个体选择"谁"或者"什么"作为其比较标准存在较大的难度，这是参照点研究的一个核心问题，除了本研究涉及的3类参照点之外，是否还存在对个体薪酬公平感知产生影响的其他参照点？会对薪酬公平感知产生什么影响？未来研究可以进一步检验。

（4）研究发现了相同情境及情境变化下，薪酬公平感知与薪酬满意度的差异，导致的原因是什么？两者的脑神经决策机制存在什么差别？有待进一步探索。

第八章 公平偏好、高管团队内部薪酬差距与企业绩效的关系

　　锦标赛理论是一种基于相对表现评估的薪酬制度,多用于解释公司高级管理人员职位提高后薪酬巨额提升的现象。该理论的一个潜在假设是,代理人是纯粹自利的,其效用的多寡取决于个人所得的薪酬与相应付出的成本,而与其他参与者的比较无关。由于传统经济学"经济人"自利模型的局限性,个体行为博弈实验中发现的大量亲社会性行为用主流经济学理论通常无法进行解释。行为经济学对超越"经济人"假设的偏好进行研究,促使了社会偏好理论的应运而生。偏好假设的扩展将会对锦标赛理论产生什么影响? 本研究基于我国上市公司背景,将公平偏好理论中的F&S模型加入传统的锦标赛模型,探讨了高管团队内部薪酬差距与企业绩效之间的关系、公平偏好对二者关系的调节以及公平偏好对最优薪酬差距的影响。

8.1　相关研究综述

1.锦标赛理论

　　锦标赛理论(rank-order tournaments or tournament theory)是一种基于相对表现评估的薪酬制度,由拉泽尔(Lazear)和罗森(Rosen)于1981年首先提出。在该制度中,将所有参与者的产出进行依次排位,并给予产出相对较多的参与者一笔晋升奖金,以此来达到激励参与者通过付出努力赢得竞赛,进而提高企业绩效的目的。晋升奖金亦即不同职位层级之间的薪酬差距。锦

标赛理论成功地解释了标准经济学中按边际产出决定薪酬的边际生产力学说的理论不足:员工产出水平往往连续变化而其升职后薪酬却非连续提高。

首席执行官实质上是公司的"第一打工者",是公司最高代理人,也是董事会决策的执行人。西方国家为了将其与传统的经理人员区分开来,以首席执行官作为经理人员的名称。锦标赛理论最初研究所涉及的激励对象即公司的最高代理人,无论其被称为董事长、总经理还是首席执行官。锦标赛理论认为:加大首席执行官同其他高层管理成员之间的薪酬数额的差距,将会降低委托人对代理人的监控成本,给委托人与代理人之间的利益一致性提供强激励,最终提高公司绩效。

锦标赛理论解释了公司高级管理人员职位提高后薪酬巨额提升的现象,由于高管的业绩难以衡量、努力水平难以监控,而层级间的薪酬差距设置可以激发高管人员的有效努力,因而能够促进委托人与代理人的利益一致,降低代理成本。之后相当一部分学者也将该理论应用于企业内部其他职位间薪酬差距的研究,亦获得了很多成果。

锦标赛理论的基本假设:第一,竞赛的结果取决于参与者相对业绩的比较;第二,管理层的整体薪酬水平越高、内部薪酬差距越大,该制度的激励效果越好;第三,管理层内部薪酬差距应随参与竞赛的人数以及职位层级的增加而增大。这些假设均得到了相关研究支持(Bull, Schotter & Weigelt, 1987; Eriksson, 1999; Conyon, 2001)。同时锦标赛理论的一个潜在假设是,代理人是纯粹自利的,其效用的多寡取决于个人所得的薪酬与相应付出的成本,而与其他参与者的比较无关。

锦标赛制度的贡献:第一,在参与者的风险偏好为风险中立时,该制度能够取得与边际产出制度相同的资源配置效率;第二,观测相对边际产出顺序要比直接度量各参与者的边际产出更为容易,特别是在监控成本较高的情况下尤为便利,不仅能够大幅降低企业监控成本,同时能够达到激发参与者努力的理想结果(Lazear & Rosen, 1981; Rosen, 1986)。另外晋升奖金即薪酬差距是对管理者参与排序竞赛的吸引与鼓励,能够使竞争者自觉付出更大的努力,也就降低了企业监控的必要性。

根据锦标赛理论,企业应加大职位层级间薪酬差距的设置,以降低委托代理成本、提升企业绩效。伦纳德(Leonard,1990),兰伯特、拉克尔和韦格尔特(Lambert,Larcker & Weigelt,1993),以及埃尔克森(Eriksson,1999)研究发现,在高级管理层内部薪酬差距不变时,单纯提高高管的薪酬水平无助于其努力水平的提升,支持了激励经理人提升业绩的关键在于高管层内部的薪酬差距这一理论主张。苏和刘(Tsou & Liu,2005)的研究认为,企业中薪酬差距较小时,员工的离职率却较高,这同样支持了加大薪酬差距的设计。

2.公平偏好理论

20世纪80年代,许多经典实验如最后通牒博弈实验(Güth,Schmittberger & Schwarze,1982)、独裁博弈实验(Andreoni & Miller,1993;Forsythe et.al,1994)、信任博弈实验(Berg,Dickaut & McCabe,1995)、礼物交换博弈实验(Akerlof,1982)以及公共品博弈实验(Marwell & Ames,1979;Fehr & Gächter,2000)有力地论证了公平偏好、互惠偏好、利他偏好等社会偏好的存在。社会偏好理论具有相对完备成熟的经济学模型(陈叶烽、叶航、汪丁丁,2012),如公平偏好模型(结果导向)、互惠偏好模型(动机导向)、社会福利偏好模型(利他导向)等,使得该理论拥有广泛的影响力和旺盛的学术生命力,其中公平偏好理论尤为引人关注。

公平偏好(fairness preference or inequity aversion),又称不平等厌恶偏好,是一种以收益分配结果为导向的社会偏好,其假设参与者只关注结果的公平,而不论对手是否具有善意。在这种偏好下,参与者具有缩小与他人收益差异的动机。在公平偏好模型发展方面,洛文斯坦、巴泽曼和汤普森(Loewenstein,Bazerman & Thompson,1989)以及博尔顿(Bolton,1991)等早期研究者做出了先导性的贡献;而20世纪末21世纪初两个经典模型F&S模型和BO模型的提出,则标志着公平偏好理论的成熟。

F&S模型由费尔和施密特(Fehr & Schmidt,1999)提出,该模型认为不均等的收入会妨害个体的效用水平,当人们通过比较发现自己的收益低于他人时,便会产生由劣势不平等(或称嫉妒情绪)带来的效用损失;当发现收益高于他人时,则会产生由优势不平等(或称同情情绪)带来的效用损失;模型结果显示,当参与者与其他人的收入差距为零时,其效用达到最大化,即个体会努力地追求收益的无差异。

BO模型由博尔顿和奥肯费尔斯(Bolton & Ockenfels,2000)提出,又称ERC(equity,reciprocity,competition)模型,该模型与F&S模型类似,但刻画了不完全信息的环境背景,并使用了非线性的形式,认为个体的效用不单单受绝对收益的影响,也是相对收益的函数。模型结果显示,参与者将会严格偏好于1/n的平均收益值,也就是说,其将通过实际行动使自己的收益份额趋向于平均水平。

F&S模型与BO模型都认为,存在公平偏好的情况下,参与者收益均等是最优解,二者的不同之处在于,F&S模型测度的是个体间的绝对收益差距,而BO模型研究的是个体收益占总体收益的相对份额。F&S模型因能够更合理地解释各种博弈实验中出现的行为结果,且模型结构具有简洁和易操作的特点,而得到诸多学者的认可与广泛应用。

3.高管团队内部薪酬差距与企业绩效

国内外学者针对高管团队内部薪酬差距究竟能否产生积极的作用,开展了大量关于薪酬差距与企业绩效的关系研究,结果却莫衷一是:

首先,相当一部分研究发现高管团队内部薪酬差距正向影响企业绩效,这与锦标赛理论的观点相一致。埃尔克森(Eriksson,1999)对丹麦210家企业的实证研究指出,首席执行官与次级经理之间薪酬差距的扩大有助于销售利润率的提高,且其贡献度约为4%~5%。李、列弗和杨(Lee,Lev & Yeo,2008)使用了美国上市公司10年的数据研究发现,高管团队内的薪酬差异能够正向预测企业绩效,这种关系在有效的治理结构中更显著。徐、刘和洛伯(Xu,Liu & Lobo,2016)基于中国的研究认为,只有在非国企当中两者正相关才存在。海曼(Heyman,2005)对10000位管理者数据的研究显示,高管薪酬分散度正向影响利润,桑切斯和白沙利(Sanchez-Marin & Baixauli-Soler,2015)使用西班牙数据研究的结果支持这一观点。伯恩斯、明尼克和斯塔克斯(Burns,Minnick & Starks,2017)使用了跨国样本的研究显示:锦标结构即首席执行官与其他高管的薪酬差距会随着国家文化特征而变化,同时与企业绩效正相关。林浚清、黄祖辉和孙永祥(2003)实证发现首席执行官与其他高管间的薪酬差距越大,公司未来绩效越高。卢锐(2007),鲁海帆(2007、2009),刘子君、刘智强和廖建桥(2011)均得出了一致的结论。张春强和李波(2018)的研究显示高管团队薪酬差距能够向市场投资者传递公司绩效的积极信号,降低债券发行价差。

其次,部分理论与实证研究认为,薪酬差距的扩大会有害于组织绩效。拉泽尔(Lazear,1989)在锦标赛模型的基础上进一步指出,拆台是锦标赛制度的一个基本特征,当员工行为能够相互影响时,便有可能为了胜出而对对手进行拆台,这种行为由于同时损害了他人产出和自身产出,而对企业绩效存在双重负面影响,并随着晋升奖金的提高而更为激烈(Harbing & Irlen-busch,2008)。奥赖利、梅因和克里斯托(O'Reilly,Main & Crystal,1988)对高管薪酬水平的研究结果不符合锦标赛理论,而是有力地支持了社会比较理论。弗雷德里克森、戴维斯和桑德斯(Fredrickson,Davis-Blake & Sanders,2010)同样从社会比较理论的视角支持高管薪酬离散度与企业业绩的反向关系。卡彭特和桑德斯(Carpenter & Sanders,2004)发现首席执行官与高管团队间的薪酬差距对于未来年度的绩效有着消极作用。西格尔和汉布里克(Siegel & Hambrick,2005)进一步认为,由于对高管团队成员相互依赖的要求,高技术企业中这种状况会更严重。我国学者张正堂(2007、2008)、张正堂和李欣(2007)关注了上市公司高管团队核心成员薪酬差距,研究结果显示其对企业绩效的影响有限。梅春、赵晓菊(2016)指出,高管垂直与平行薪酬差异均会提高副总离职率,从而降低企业绩效。

再次,随着研究的进一步发展,另有学者认为薪酬差距与企业绩效之间存在着非线性的倒"U形"关系。事实上,在锦标赛模型的分析中,拉泽尔和罗森(Lazear & Rosen,1981)、格林德和希利夫卡(Grund & Sliwka,2005)已提出最优薪酬差距的理论值。林浚清、黄祖辉和孙永祥(2003)证明了首席执行官薪酬差距与企业绩效间是线性关系,但认为这只是因为考察期间的薪酬差距与最优值相去甚远,其负面效应还未出现,薪酬差距与未来绩效之间很可能是二次曲线关系。覃予(2009)通过多代理报酬契约模型的重新建立,推导出高管团队内部薪酬差距与企业预期收益呈先正后负的关系,且实证发现薪酬不公平程度尚未接近倒"U形"拐点。陈丁、张顺(2010)将破坏行为置入锦标赛模型,黄邦根(2012)对高管锦标竞赛模型进行推导,均得出薪酬差距与企业绩效之间的理论关系为倒"U形",前者还通过实证方法考察了二者间的区间效应,符合宾利和埃里克森(Bingley & Eriksson,2001)基于丹麦的研究结果。

最后,少数学者得出了一些其他结论。格伦德和韦斯特加德(Grund & Westergaard-Nielsen,2008)、里奇、艾梅和怀特(Ridge, Aime & White,2015)的实证研究支持薪酬分散对企业绩效发生着正"U形"的作用。类似地,胡奕明和傅韬(2018)使用了OLS和2SLS法,得出企业内部(包括高管团队和高管—员工)薪酬差距与企业会计绩效和市场绩效呈"U形"关系,且受经营风险等因素的调节。而康奈利等人(Connelly et al., 2016)的长期研究显示薪酬分散对公司短期绩效与长期绩效的影响截然相反。鲁海帆(2011)、何奇学和张昊民(2017)则分别认为高管团队内部薪酬差距与企业绩效之间的正负关系由风险程度、负债水平的高低决定。

4.公平偏好、高管团队内部薪酬差距与企业绩效

近些年来,有关学者开始将公平偏好引入锦标赛理论,对激励理论进行了开拓性的研究。克拉克尔(Kräkel,2000)基于相对剥削理论分析了锦标赛模型中代理人的努力程度,指出代理人与同事之间进行的收益比较是促使代理人付出努力的更大动力。德穆金和弗洛特(Demougin & Fluet,2003)认为代理人的嫉妒心理对委托人来说可能是有利的,这种可能性依赖业绩评价成本。格伦德和斯里弗卡(Grund & Sliwka,2005)在锦标赛模型中融合了F&S模型,讨论了公平偏好对员工努力水平和企业利润的影响,分析认为当奖金给定时,公平偏好代理人竞争下的利润更高,而奖金结构可以调整时,激励效应会全部消失,参与效应为主导。吉尔和斯通(Gill & Stone,2010)综合了锦标赛理论、公平理论与损失厌恶理论,对基于自我价值评价的代理人竞争行为进行了建模,通过对公平偏好与自我价值关系的讨论,发

现锦标竞赛被广泛接受的一个原因是自我价值内在参考点的形成。埃森科普夫和泰斯（Eisenkopf & Teyssier，2013）使用了博弈实验方法，证实了嫉妒与损失厌恶会导致代理人为避免失望和较低回报而付出额外的努力，一些损失厌恶代理人会极大地降低努力，综合来看，偏好会导致总效用的降低和锦标竞赛激励效率的下降。

我国学者魏光兴和蒲勇健（2006）将F&S模型引入了具有拆台行为的锦标赛模型进行分析，结论是公平偏好会降低努力水平和拆台行为，与纯粹自利相比，公平偏好下的委托人期望收益更低，因此企业最好在纯自利或公平偏好弱的代理人中实行锦标竞赛制度。与之结论类似，刘新民、刘晨曦和纪大琳（2014）构建了更为复杂的引入公平偏好理论的三阶段锦标赛模型，发现努力和拆台的变化方向是一致的，而公平偏好与工资差距对二者的影响却截然相反，前者使之降低而后者使之提高。魏光兴和唐瑶（2017）研究了异质偏好下的锦标竞赛效果，提倡委托人要仔细甄别参与者的偏好类型，因其实施基于异质偏好的分组竞赛比混同竞赛的期望利润更大。

5.文献评述

从薪酬差距与企业绩效的关系来看，中外学者均做了大量研究，虽然结论不一，但从总体来看，对高管团队内部薪酬差距与企业绩效间关系的讨论有从单纯线性转向非线性、考虑其他调节因素影响的研究趋势。

从公平偏好和高管团队内部薪酬差距与企业绩效间关系的结合来看，国内外学者已经逐渐开始重视代理人非纯粹自利偏好下的激励效果，但将公平偏好应用于锦标赛理论的研究总量并不多，其中绝大多数研究为纯模型构建与理论分析，运用上市公司数据实证检验现实经济运行中公平偏好调节作用的很少。

8.2　理论分析与研究假设

8.2.1　基于锦标赛模型的薪酬差距与企业绩效间关系

作为推导的基础模型与对照，本研究将未加入公平偏好的锦标赛模型

（Lazear & Rosen,1981;Grund & Sliwka,2005;魏光兴和蒲勇健,2006）称为传统锦标赛模型,列出其推导过程与结论。基于拆台行为出现的潜在原因很可能是公平偏好的存在,故本研究讨论的传统锦标赛模型并未将拆台纳入其中。

考虑两人竞赛的简单传统锦标赛模型,在这个模型中有两个同质代理人 A 和 B,他们的产出函数 Q(e)和成本函数 C(e)完全相同,都是关于努力水平 e 的函数。其中产出函数 $Q(e_i)=F(e_i)+\varepsilon_i$,$F(e_i)$是凹函数,有 $F'>0$,$F''<0$,ε_i 独立同分布;成本函数 $C(e_i)$是凸函数,有 $C'>0$,$C''>0$,同时 $F(0)=C(0)=0$。在代理人 A 与 B 的锦标竞赛中,设置了数额为 WD 的晋升奖金,锦标赛中的胜利者将获得货币薪酬 W_H,失败者则获得货币薪酬 W_L,即 $WD=W_H-W_L$。此外代理人 i 的胜利概率为 P_i^H。

在纯自利假设下,代理人的效用大小只与自己所获得的报酬相关,取得竞赛胜利时,其效用为 $U^H=W_H-C(e)$,而竞赛失败时,其效用为 $U^L=W_L-C(e)$。因此代理人 i 的期望效用可以表述为:

$EU_i=P_i^H U^H+(1-P_i^H)U^L=P_i^H WD+W_L-C(e_i)$

其中胜利概率 $P_i^H=p(Q_i>Q_j)=p(F(e_i)+\varepsilon_i>F(e_j)+\varepsilon_j)=p(\varepsilon_j-\varepsilon_i<F(e_i)-F(e_j))$

随机变量 $\xi=\varepsilon_j-\varepsilon_i$ 服从概率密度为 $g(\cdot)$ 的概率分布函数 $G(\cdot)$,$E\zeta=0$,$g(-x)=g(x)$,因此 $P_i^H=G(F(e_i)-F(e_j))$,$EU_i=G(F(e_i)-F(e_j))WD+W_L-C(e_i)$。

在给定的薪酬结构下,代理人会通过选择付出的努力水平来最大化自己的期望效用,即令 $\dfrac{\partial EU_i}{\partial e_i}=0$,得到:

$g(F(e_i)-F(e_j))F'(e_i)WD-C'(e_i)=0$

$g(F(e_j)-F(e_i))F'(e_j)WD-C'(e_j)=0$

由纯策略纳什均衡的对称性,得到 $e_i=e_j$,则代理人期望效用的最大化条件可表述为:

$$\frac{C'}{F'}=g(0)WD \tag{8.1}$$

此时胜利概率 $P_i^H=G(0)=1/2$,$EU_i=\dfrac{1}{2}WD+W_L-C(e_i)$。

（8.1）式被称为激励相容约束效应（魏光兴和蒲勇健，2006），等号左边进一步对 e 求导可得 $\left(\dfrac{C'}{F'}\right)' = \dfrac{C''F' - C'F''}{F'^2} > 0$，当等号右边的薪酬差距 WD 扩大时，$\dfrac{C'}{F'}$ 增大，努力水平 e 也增大，这表明代理人的努力投入取决于设定的薪酬差距，薪酬差距越大，努力投入越多。

与此同时，代理人的期望效用还必须不低于自身的保留效用，否则其将从竞赛中退出，即 $EU_i \geqslant U_0$，均衡时有 $W_L + \dfrac{1}{2}WD - C(e) \geqslant U_0$ （8.2）

（8.2）式被称为参与约束效应（魏光兴和蒲勇健，2006），可知当失败薪金不变而薪酬差距提高时，努力投入水平也会提高。

在代理人自主选择付出努力的同时，委托人的收益为 $Per = Q_i + Q_j - (W_H + W_L)$，其期望收益为 $EPer = 2F(e) - 2W_L - WD$ （8.3）

委托人应设法设置一个最优的薪酬差距以使期望收益最大化。根据格伦德和希利夫（Grund & Sliwka，2005）的研究，均衡状态下参与约束条件即（8.2）式应取等号，若非如此，委托人将会降低失败薪金 W_L，最终使得该式取等。因此得到：

$$W_L + \frac{1}{2}WD - C(e) = U_0 \tag{8.4}$$

（8.4）式两边对 WD 求导得：$\dfrac{1}{2} - C'\dfrac{\partial e}{\partial WD} = 0$ （8.5）

由（8.1）式，$C' = g(0)WDF'$，代入（8.5）式中得到：$\dfrac{\partial e}{\partial WD} = \dfrac{1}{2g(0)WDF'}$，则

$$\frac{\partial EPer}{\partial WD} = 2F'\frac{\partial e}{\partial WD} - 1 = \frac{1}{g(0)WD} - 1 \tag{8.6}$$

当期望收益最大化时，$\dfrac{\partial EPer}{\partial WD} = 0$，从而无公平偏好时的最优薪酬差距为 $WD = \dfrac{1}{g(0)}$。这说明，即使在纯自利假设下，薪酬差距对企业绩效也是存在着区间效应的，当薪酬差距小于 $\dfrac{1}{g(0)}$ 时，薪酬差距越大，企业绩效越高，而

当其大于 $\frac{1}{g(0)}$ 时,薪酬差距越大,企业绩效越低,也就是说,薪酬差距与企业绩效之间是一种先正后负的倒"U形"非线性关系。

8.2.2 考虑公平偏好的锦标赛模型

1.F&S模型

本研究选用了公平偏好理论模型中的F&S模型,该模型的具体内容:

$$U_i = x_i - \frac{\alpha_i}{n-1} \sum_{j \neq i} \max(x_j - x_i, 0) - \frac{\beta_i}{n-1} \sum_{j \neq i} \max(x_i - x_j, 0)$$

其中U_i为参与者i的效用函数,x_j为参与者i获得的收益。α、β均为公平偏好强度,α为劣势不平等厌恶系数,或称嫉妒心理强度,等号右侧第二项 $\frac{\alpha_i}{n-1} \sum_{j \neq i} \max(x_j - x_i, 0)$ 代表参与者i受其他(n-1)个参与者影响的嫉妒负效用;β为优势不平等厌恶系数,或称同情心理强度,等号右侧第三项 $\frac{\beta_i}{n-1} \sum_{j \neq i} \max(x_i - x_j, 0)$ 代表参与者i受其他(n-1)个参与者影响的同情负效用。且有假设$\alpha \geq \beta$,表示嫉妒心理往往比同情心理更加强烈,同时$0 \leq \beta < 1$,表示参与者虽同情然而也喜欢自己的高收益。特别地,当参与者人数为两人时,模型具体表示:

$$U_i = x_i - \alpha_i \max(x_j - x_i, 0) - \beta_i \max(x_i - x_j, 0)$$

此时,对于单个参与者来说,等号右侧第二、第三项之中只能有一项存在。

2.考虑公平偏好的锦标赛模型

将F&S模型带入传统锦标赛模型,在简单二人模型之中,假设两个代理人之间的嫉妒心理强度和同情心理强度分别相同。则此时代理人将不仅仅关注自身所得,还会通过与其他人所得的比较产生效用的变化,具体表现为:

竞赛胜利时 $U^H = W_H - \beta WD - C(e)$

竞赛失败时 $U^L = W_L - \alpha WD - C(e)$

其期望效用则是 $EU_i = (1 + \alpha - \beta) P_i^H WD + W_L - \alpha WD - C(e_i)$

纳吉、格鲁尼沃尔德和穆勒(Dato, Grunewald & Müller, 2018)证明了即使参与者具有基于期望的损失厌恶,行为对称均衡也是合理的。因此仍有:

当期望效用最大化时 $:\dfrac{C'}{F'}=g(0)(1+\alpha-\beta)WD$ （8.7）

(8.7)式表示,当WD既定时,嫉妒心理强度α的增大会提高努力水平,而同情心理强度β的增大会降低努力水平,由于一般情况下$\alpha>\beta$,因此激励相容约束下公平偏好会提高努力水平。

同时参与约束效应下有 $:W_L+\dfrac{1}{2}(1-\alpha-\beta)WD-C(e)\geqslant U_0$ （8.8）

其中$(\alpha+\beta)$一般小于1(Grund和Sliwka,2005),因此未改变努力水平e与薪酬差距WD之间的正向关系。同时(8.8)式也表明,在给定的薪酬差距WD下,嫉妒心理强度α或同情心理强度β越大,代理人越会倾向于降低自己的努力水平e以满足保留效用,即参与约束效应下公平偏好会降低努力水平;而对委托人来说,则有必要提高薪酬差距WD或失败薪金W_L,以保证代理人能够参与竞赛。

8.2.3 研究假设提出

1.高管团队内部薪酬差距与企业绩效间的关系

首先将考虑公平偏好的锦标赛模型进行与8.1中相同步骤的分析:

(8.8)式取等得到 $W_L+\dfrac{1}{2}(1-\alpha-\beta)WD-C(e)=U_0$ （8.9）

(8.9)式两边对WD求导得 $:\dfrac{1}{2}(1-\alpha-\beta)-C'\dfrac{\partial e}{\partial WD}=0$ （8.10）

由(8.7)式知$C'=g(0)(1+\alpha-\beta)WDF'$,代入(8.10)式得:

$$\frac{1}{2}(1-\alpha-\beta)-g(0)(1+\alpha-\beta)WDF'\frac{\partial e}{\partial WD}=0$$

因此 $\dfrac{\partial e}{\partial WD}=\dfrac{1-\alpha-\beta}{2g(0)(1+\alpha-\beta)WDF'}$ （8.11）

则委托人期望收益$EPer=2F(e)-2W_L-WD$

对WD求导为 $:\dfrac{\partial EPer}{\partial WD}=2F'\dfrac{\partial e}{\partial WD}-1=\dfrac{1-\alpha-\beta}{g(0)(1+\alpha-\beta)WD}-1$ （8.12）

可知,期望收益最大时,最优薪酬差距的取值为 $WD=\dfrac{1-\alpha-\beta}{g(0)(1+\alpha-\beta)}$。

这说明,公平偏好下,仍然存在最优薪酬差距,即薪酬差距对企业绩效仍然有区间效应,这一点与前述传统锦标赛模型中的分析相一致。基于此,提出假设1:

H1:高管团队内部薪酬差距与企业绩效之间存在倒"U形"关系;

H1a:在最优值以内,高管团队内部薪酬差距与企业绩效正相关,薪酬差距越大,企业绩效越好;

H1b:超过最优值时,高管团队内部薪酬差距与企业绩效负相关,薪酬差距越大,企业绩效越差。

2.公平偏好的作用

接下来探讨公平偏好对于高管团队内部薪酬差距与企业绩效之间关系的作用,这种作用包括对二者间倒"U形"关系强弱的调节和对最优薪酬差距的决定。

第一,考察公平偏好对二者间倒"U形"关系强弱的调节。

由(8.6)式,无公平偏好时期望收益对薪酬差距的导数为 $\dfrac{1}{g(0)WD}-1$,而由(8.12)式,公平偏好存在时期望收益对薪酬差距的导数为 $\dfrac{1-\alpha-\beta}{g(0)(1+\alpha-\beta)WD}-1$,分析可知 $\dfrac{1-\alpha-\beta}{g(0)(1+\alpha-\beta)WD}-1<\dfrac{1}{g(0)WD}-1$,这说明对于同一水平的薪酬差距来说,由于公平偏好的存在,其对企业绩效的边际贡献变小了。

考察公平偏好下心理强度的影响,将(8.12)式继续对公平偏好强度求导,得到:

$$\frac{\partial^2 EPer}{\partial WD \partial \alpha}=\frac{-2+2\beta}{g(0)(1+\alpha-\beta)^2 WD}<0$$

$$\frac{\partial^2 EPer}{\partial WD \partial \beta}=\frac{-2\alpha}{g(0)(1+\alpha-\beta)^2 WD}<0$$

这表示对于每一水平的薪酬差距WD,嫉妒心理强度 α 或者同情心理强度β越大,委托人期望收益对薪酬差距的导数亦即薪酬差距的边际贡献越低。

综上,公平偏好的存在使得薪酬差距的边际贡献相比于纯自利时降低,并且公平偏好强度的增大亦会使这种边际贡献进一步减小。但这种变化之中无法确定是否包含了因极值点改变而带来的影响,因此暂提出假设2:

H2:公平偏好调节高管团队内部薪酬差距与企业绩效之间的相关关系;

H2a:在最优薪酬差距以内,公平偏好会削弱二者之间的正向关系;

H2b:超过最优薪酬差距时,公平偏好会加强二者之间的负向关系。

第二,考察公平偏好对最优薪酬差距的影响。

由上述推导可知,无公平偏好时的最优薪酬差距为 $\frac{1}{g(0)}$,公平偏好存在时的最优薪酬差距为 $\frac{1-\alpha-\beta}{g(0)(1+\alpha-\beta)}$,由于 $(1-\alpha-\beta)<1$,因此 $\frac{1-\alpha-\beta}{g(0)(1+\alpha-\beta)}<\frac{1}{g(0)}$,即由于公平偏好的存在,最优薪酬差距变小了。

同时对于公平偏好存在时的最优薪酬差距 $WD=\frac{1-\alpha-\beta}{g(0)(1+\alpha-\beta)}$,继续对公平偏好强度求导得到:

$$\frac{\partial WD}{\partial \alpha}=\frac{-2+2\beta}{g(0)(1+\alpha-\beta)^2}<0$$

$$\frac{\partial WD}{\partial \beta}=\frac{-2\alpha}{g(0)(1+\alpha-\beta)^2}<0$$

这表示,嫉妒心理强度α或同情心理强度β越大,最优薪酬差距越小,即最优薪酬差距受公平偏好的负向影响。

综上,公平偏好的存在会降低最优薪酬差距的数值,并且公平偏好的增强亦会使最优薪酬差距减小。基于此,提出假设3:

H3:公平偏好与最优薪酬差距负相关。公平偏好强度越大,高管团队内部最优薪酬差距越小;公平偏好强度越小,高管团队内部最优薪酬差距越大。

8.3 研究设计与样本数据收集

8.3.1 样本与数据

本研究选用2014—2018年度深市与沪市主板A股上市企业的面板数据(Panel Data)作为研究样本,数据来自国泰安数据服务中心(CSMAR)系列研究数据库中的公司研究系列数据库,行业分类以证监会2012版为准。其中针对高管年度薪酬与教育背景缺失的样本,通过上海证券交易所(http://www.sse.com.cn/)与深圳证券交易所(http://www.szse.cn/index/index.html)的上市公司公告以及股搜(https://www.hysec.com/hyzq/index.html)、金融界(http://www.jrj.com.cn/)进行网页手动补充查找;各项人员比例,包括技术员工比例、本科以上员工比例与管理人员比例,均来自万得数据库。

首先,本研究在原始样本基础上初步进行了如下处理:①选用样本观测期间的非金融业、非ST企业,以使样本更加稳健,消除异常值的影响;②剔除了薪酬数据缺失的企业样本;③本研究也剔除了员工人数少于100人的企业,以使样本更具有代表性。

其次,因为高管团队内部薪酬差距是本研究的一个核心变量,因此对于高管团队成员的识别尤为重要,通过对理论模型的分析,本研究选择了担任总经理、副总经理、董秘等职位的员工作为高管团队成员,这当中未纳入非兼任的董事与监事。具体到样本筛选,利用国泰安数据库的治理结构—高管动态—高管个人资料文件,依照其中用10位编码表示的职务类别字段进行筛选,剔除仅担任董事与监事的人员,初步得到各样本企业高管的人数与薪酬;同时对于团队中未领取薪酬的成员,考虑到其独立于锦标赛制度,因此继续将零薪酬的高管人员去除,得到非零薪的高管团队人数、薪酬及各项人力资本特征。在此基础上,本研究又进一步做了如下处理:①鉴于团队的定义,剔除高管人数小于2人的样本;②借鉴陈丁、张顺(2010)的做法,对高管团队中最高年度薪酬为非首席执行官的样本进行剔除。至此得到了570家企业的5386名高管的样本数据。

最后,参照实证研究对于数据的一般处理方法,本研究对连续变量进行了上下 0.01 的 winsorize 缩尾处理,最终得到了 2014—2018 年度 570 家 A 股上市企业共 2850 个有效观测值的平衡面板数据。样本在各行业、各地区、不同产权性质企业的分布情况如表 8.1 所示。

表8.1 样本分布(按行业、地区和股权性质)

行 业	样本数	占比(%)
农、林、牧、渔业	40	1.4
采矿业	38	1.3
制造业	1959	68.7
电力、热力、燃气及水生产和供应业	90	3.2
建筑业	50	1.8
批发和零售业	156	5.5
交通运输、仓储和邮政业	93	3.3
住宿和餐饮业	5	0.2
信息传输、软件和信息技术服务业	132	4.6
房地产业	144	5.1
租赁和商务服务业	20	0.7
科学研究和技术服务业	26	0.9
水利、环境和公共设施管理业	45	1.6
居民服务、修理和其他服务业	0	0
教育	0	0
卫生和社会工作	10	0.4
文化、体育和娱乐业	32	1.1
综合	10	0.4
合计	2850	100

地区	样本数	占比(%)	产权性质	样本数	占比(%)
东部	2006	70.4	国企	869	30.5
中部	429	15.1	非国企	1981	69.5
西部	415	14.6	合计	2850	100
合计	2850	100	—	—	—

注:东部包括北京、天津、河北、辽宁、山东、上海、江苏、浙江、福建、广东和海南;中部包括山西、河南、黑龙江、吉林、安徽、江西、湖北和湖南;西部包括内蒙古、陕西、甘肃、青海、宁夏、广西、重庆、四川、贵州、云南、西藏和新疆。

资料来源:笔者使用 Excel 统计整理所得。

8.3.2　模型构建

1.高管团队内部薪酬差距与企业绩效的倒"U形"关系

对于倒"U形"关系的检验,须在包含解释变量的一次项与其他控制变量的简洁模型之中加入解释变量的平方项,经回归后根据结果中一次项与平方项的显著性与符号来进行分析判断。因此本研究参考陈丁、张顺(2010)开发的检验模型,首先建立了验证高管团队内部薪酬差距WD与企业绩效PER之间关系的模型1:

$$\mathrm{PER}_{i,t}=\alpha_0+\alpha_1\mathrm{WD}_{i,t}+\alpha_2\mathrm{WD}_{i,t}^2+\alpha_3\mathrm{C}_{i,t}+\varepsilon_{i,t}$$

其中对被解释变量企业绩效PER,则根据高良谋、卢建词(2015)所述,不采用对高管激励作用较小的市场绩效,使用了总资产收益率ROA(林浚清、黄祖辉和孙永祥,2003)、基本每股收益EPS(张正堂,2007)和净资产收益率ROE(鲁海帆,2007;黎文靖、岑永嗣和胡玉明,2014)等3个指标作为研究主体的被解释变量。对于解释变量高管团队内部薪酬差距WD,本研究借鉴陈丁和张顺(2010)、杨志强和王华(2014)的研究,采用了两个绝对指标进行测度,第一个是WDl,用于衡量团队之中最高与最低薪酬之差,第二个是WDa,衡量的是团队之中最高与平均薪酬之差。至此,共包含了6组具体模型,分别是:

模型1-1:$\mathrm{ROA}_{i,t}=\alpha_0+\alpha_1\mathrm{WD}l_{i,t}+\alpha_2\mathrm{WD}lsq_{i,t}+\alpha_3\mathrm{C}_{i,t}+\varepsilon_{i,t}$

模型1-2:$\mathrm{ROA}_{i,t}=\alpha_0+\alpha_1\mathrm{WD}a_{i,t}+\alpha_2\mathrm{WD}asq_{i,t}+\alpha_3\mathrm{C}_{i,t}+\varepsilon_{i,t}$

模型1-3:$\mathrm{EPS}_{i,t}=\alpha_0+\alpha_1\mathrm{WD}l_{i,t}+\alpha_2\mathrm{WD}lsq_{i,t}+\alpha_3\mathrm{C}_{i,t}+\varepsilon_{i,t}$

模型1-4:$\mathrm{EPS}_{i,t}=\alpha_0+\alpha_1\mathrm{WD}a_{i,t}+\alpha_2\mathrm{WD}asq_{i,t}+\alpha_3\mathrm{C}_{i,t}+\varepsilon_{i,t}$

模型1-5:$\mathrm{ROE}_{i,t}=\alpha_0+\alpha_1\mathrm{WD}l_{i,t}+\alpha_2\mathrm{WD}lsq_{i,t}+\alpha_3\mathrm{C}_{i,t}+\varepsilon_{i,t}$

模型1-6:$\mathrm{ROE}_{i,t}=\alpha_0+\alpha_1\mathrm{WD}a_{i,t}+\alpha_2\mathrm{WD}asq_{i,t}+\alpha_3\mathrm{C}_{i,t}+\varepsilon_{i,t}$

2.公平偏好强度的度量

晏艳阳、金鹏(2014)认为薪酬不公平程度与教育背景能够体现国企高管的公平偏好强度,因此设置了这两个指标作为公平偏好的替代变量,其中薪酬不公平程度是根据考赫德和莱文(Cowherd & Levine,1992)的研究使用建模回归取残差的方法得到的。本研究借鉴了晏艳阳和金鹏(2014)以及考赫德和莱文(Cowherd & Levine,1992)的做法,首先获取高管与行业薪酬差距的数值DCOM,以此为被解释变量,考察能够由性别、年龄、任职年限、教育背景和职称等高管人力资本特征以及企业层面、时间层面、行业层面解释之外的薪酬不公平程度,亦即模型残差,将其取绝对值以表征公平偏好强度。但经分析,外部薪酬不公平程度作为外部环境带来的作用,仅能够影响高管公平偏好的强弱,并不能直接代表高管的具体偏好是嫉妒还是同情,因此仅止于获取残差绝对值,未如晏艳阳和金鹏(2014)对优势和劣势不公平程度进行划分。基于此,建立模型2:

$$DCOM_{i,t}=\beta_0+\beta_1GEN_{i,t}+\beta_2AGE_{i,t}+\beta_3TEN_{i,t}+\beta_4BG_{i,t}+\beta_5PRF_{i,t}+\beta_6LNN_{i,t}+$$
$$\beta_7ROA_{i,t}+\beta_8YEAR+\beta_9INDUS+\varepsilon_{i,t}$$

3. 公平偏好的作用

为验证公平偏好对于高管团队内部薪酬差距与企业绩效之间关系的调节作用以及对最优薪酬差距的影响,需要将公平偏好Z的指标、公平偏好与解释变量WD一次项的交互以及公平偏好与WD平方项的交互都加入模型1,从而建立起模型3:

$$PER_{i,t}=\lambda_0+\lambda_1WD_{i,t}+\lambda_2WD_{i,t}^2+\lambda_3Z_{i,t}\times WD_{i,t}+\lambda_4Z_{i,t}\times WD_{i,t}^2+\lambda_5Z_{i,t}+\lambda_6C_{i,t}+\varepsilon_{i,t}$$

依模型2所述,在研究主体部分采用薪酬不公平程度F作为公平偏好Z的替代变量加入模型3,同样得到包含3个被解释变量、2个解释变量的6组模型,分别为:

模型3-1:
$$ROA_{i,t}=\alpha_0+\alpha_1WDl_{i,t}+\alpha_2WDlsq_{i,t}+\alpha_3F_{i,t}\times WDl_{i,t}+\alpha_4F_{i,t}\times WDlsq_{i,t}+\alpha_5F_{i,t}+\alpha_6C_{i,t}+\varepsilon_{i,t}$$
模型3-2:
$$ROA_{i,t}=\alpha_0+\alpha_1WDa_{i,t}+\alpha_2WDasq_{i,t}+\alpha_3F_{i,t}\times WDa_{i,t}+\alpha_4F_{i,t}\times WDasq_{i,t}+\alpha_5F_{i,t}+\alpha_6C_{i,t}+\varepsilon_{i,t}$$
模型3-3:
$$EPS_{i,t}=\alpha_0+\alpha_1WDl_{i,t}+\alpha_2WDlsq_{i,t}+\alpha_3F_{i,t}\times WDl_{i,t}+\alpha_4F_{i,t}\times WDlsq_{i,t}+\alpha_5F_{i,t}+\alpha_6C_{i,t}+\varepsilon_{i,t}$$
模型3-4:
$$EPS_{i,t}=\alpha_0+\alpha_1WDa_{i,t}+\alpha_2WDasq_{i,t}+\alpha_3F_{i,t}\times WDa_{i,t}+\alpha_4F_{i,t}\times WDasq_{i,t}+\alpha_5F_{i,t}+\alpha_6C_{i,t}+\varepsilon_{i,t}$$
模型3-5:

$$\mathrm{ROE}_{i,t}=\alpha_0+\alpha_1\mathrm{WD}l_{i,t}+\alpha_2\mathrm{WD}lsq_{i,t}+\alpha_3\mathrm{F}_{i,t}\times\mathrm{WD}l_{i,t}+\alpha_4\mathrm{F}_{i,t}\times\mathrm{WD}lsq_{i,t}+\alpha_5\mathrm{F}_{i,t}+\alpha_6\mathrm{C}_{i,t}+\varepsilon_{i,t}$$

模型3-6：

$$\mathrm{ROE}_{i,t}=\alpha_0+\alpha_1\mathrm{WD}a_{i,t}+\alpha_2\mathrm{WD}asq_{i,t}+\alpha_3\mathrm{F}_{i,t}\times\mathrm{WD}a_{i,t}+\alpha_4\mathrm{F}_{i,t}\times\mathrm{WD}asq_{i,t}+\alpha_5\mathrm{F}_{i,t}+\alpha_6\mathrm{C}_{i,t}+\varepsilon_{i,t}$$

8.3.3 变量内涵

本研究所涉及的变量内涵如表8.2所示：

表8.2 变量内涵

模型1、3		
变量	含　义	定　义
PER	企业绩效	被解释变量
ROA	总资产收益率（%）	净利润/平均资产总额
EPS	基本每股收益	归属于普通股股东的当期净利润/当期发行在外普通股的加权平均数
ROE	净资产收益率（%）	净利润/股东权益余额
WD	高管团队内部薪酬差距	解释变量
WDl	绝对指标1（万）	CEO薪酬-团队最低薪酬
$WDlsq$	平方项1	（CEO薪酬-团队最低薪酬）^{2}
WDa	绝对指标2（万）	CEO薪酬-团队平均薪酬
$WDasq$	平方项2	（CEO薪酬-团队平均薪酬）^{2}
Z	公平偏好	调节变量
F	外部薪酬不公平程度	模型2回归的残差绝对值
BG	教育背景	高管团队教育背景均值
C		控制变量
LNN	企业规模	ln（企业人数）
POT	技术员工比例（%）	技术员工人数/员工人数
POM	管理人员比例（%）	管理人员人数/员工人数
PUT	本科及以上员工比例（%）	本科及以上员工人数/员工人数
PSS	国有股比例（%）	国有股股数/总股数
$TOP10$	股权集中度（%）	前十大流通股比例
BOD	董事会规模	董事会人数
IDP	独立董事比例（%）	独立董事人数/董事会规模

DUAL	首席执行官两职兼任	虚拟变量,当公司中的首席执行官与董事长是同一人时取1,否则取0
YEAR	年份	虚拟变量

模型2

变量	含 义	定 义
DCOM	与行业薪酬差距(万)	前三高管薪酬均值−行业前三高管薪酬均值
GEN	性别(%)	男性高管人数/高管团队人数
AGE	年龄	高管团队年龄均值
TEN	任职年限	高管团队任职年限均值
BG	教育背景	高管团队教育背景均值
PRF	职称(%)	拥有职称的高管人数/高管团队人数
LNN	同模型1、3	—
ROA	同模型1、3	—
INDUS	行业	虚拟变量
YEAR	年份	虚拟变量

资料来源:笔者整理。

其中模型1和模型3中:

(1)被解释变量PER:如模型构建中所述,企业绩效采用ROA、EPS、ROE等3个指标进行测度。

(2)解释变量WD:如模型构建中所述,使用两个绝对差距指标WDl和WDa来测度高管团队内部薪酬差距,WD$l$sq和WD$a$sq则分别代表WDl和WDa的平方项,用于检验PER与WD之间的倒"U形"关系。

(3)调节变量Z:如模型构建中所述,公平偏好采用两个指标测度,分别为外部薪酬不公平程度F、教育背景BG。其中前一个指标F用于主体回归,由模型2回归得到的残差项取绝对值所得;后一个指标BG则用于稳健性检验,由高管团队教育背景取均值所得,团队成员的教育背景为大专以下与其他学历为1,大专为2,本科为3,硕士研究生为4,博士研究生及博士后为5。

对于逐过各途径均查不到学历的高管,将其教育背景归为其他,编号为1,BG值越大说明高管团队整体教育程度越高。

(4)控制变量C:本研究选用了10个控制变量,均如表8.2所示。

模型2中:

(1)被解释变量DCOM:如模型构建中所述,计算企业前三高管薪酬均值与行业前三高管薪酬均值的差距。

(2)解释变量:本研究使用了9个解释变量,前5个变量性别GEN、年龄AGE、任职年限TEN、教育背景BG和职称PRF负责解释高管团队人力资本特征带来的行业薪酬差距,企业规模LNN、资产收益率ROA则从企业经营层面对DCOM进行解释,同时还控制了行业与时间。其中任职年限TEN变量由高管所任非董事或非监事职务的开始日期、职务结束日期与样本观测时间比较计算得来,兼任数职的高管取其最长的任职年限;行业INDUS虚拟变量包括16个行业大类。

8.4 实证检验结果与分析

本研究应用Excel、Stata12.0软件进行研究数据的处理与模型的回归,结果如下:

8.4.1 描述性统计

表8.3列出了本研究中各模型的主要变量描述性统计结果。可见,高管团队为部薪酬差距WDl的最大值、最小值为544万、4.04万,WDa的最大值、最小值为339.299万、2.45万,分别相差了约135倍和138倍,足见我国不同企业的高管团队内部薪酬差距之大。另外分年度来看,WDl、WDa在各自最大值与最小值不变的情况下,均值却呈逐年上升的趋势,说明我国非金融企业的高管团队内部薪酬差距在逐年扩大。

表 8.3　变量描述性统计

模型1、3				
变量	平均值	标准差	最小值	最大值
ROA	4.519	4.920	−13.529	18.540
ROE	7.361	8.670	−32.936	30.367
EPS	0.379	0.460	−0.920	2.170
WDl	66.028	85.669	4.040	544
WDa	38.941	54.772	2.450	339.299
LNN	7.714	1.147	4.718	11.651
POT	19.697	15.989	0	91.770
POM	2.096	6.161	0	78.523
PUT	24.147	19.111	0	91.281
PSS	1.862	6.912	0	44.547
TOP10	40.202	20.009	1.465	84.859
BOD	8.509	1.564	4	15
IDP	37.290	5.376	20	62.5
DUAL	0.276	0.447	0	1
F	44.936	56.597	0.002	493.810
BG	3.206	0.526	1.286	4.750
模型2				
变量	平均值	标准差	最小值	最大值
DCOM	0.730	71.630	−101.383	407.967
GEN	83.117	16.741	0	100
AGE	47.887	3.578	35.143	59.400
TEN	5.192	2.254	0.399	16.740
BG	3.206	0.526	1.286	4.750
PRF	46.411	32.298	0	100
WDl				
年份	平均值	标准差	最小值	最大值
2014	52.477	66.952	4.040	544
2015	57.448	77.492	4.040	544
2016	65.310	85.227	4.040	544

变量	平均值	标准差	最小值	最大值
2017	72.071	89.702	4.040	544
2018	82.835	101.845	4.040	544
WDa				
年份	平均值	标准差	最小值	最大值
2014	30.888	42.900	2.450	339.299
2015	34.570	51.196	2.450	339.299
2016	38.566	54.718	2.450	339.299
2017	42.095	56.628	2.450	339.299
2018	48.588	64.585	2.450	339.299

资料来源:笔者使用Stata12.0统计整理所得。

8.4.2 多重共线性检验

为避免多重共线性导致模型参数估计的单独解释力下降,本研究针对模型1对样本的解释变量进行了多重共线性检验,得到了两个WD指标下的方差膨胀因子(VIF),如表8.4所示。第一,作为对照,简洁模型1(不包含WD平方项)中所有变量的VIF都不超过2,平均VIF均是1.45,这表明简洁模型1变量之间的相关性较弱,可以不用担心简洁模型的多重共线性问题;第二,两组完整模型1检验下的VIF平均值分别为2.26和2.33,均未超过3,其中控制变量的VIF都小于2,解释变量WD一次项与平方项的VIF较大,但未超过10,因此可以认为模型1的变量间相关性不强,多重共线性问题不大。

表8.4 多重共线性检验

变量	VIF(简洁)	VIF	变量	VIF(简洁)	VIF
WDl	1.19	7.55	*WDa*	1.17	8.04
WDlsq		7.27	*WDasq*		7.82
LNN	1.36	1.36	*LNN*	1.34	1.34
POT	1.72	1.72	*POT*	1.72	1.72
POM	1.10	1.10	*POM*	1.10	1.10
PUT	1.83	1.84	*PUT*	1.83	1.83

变量	VIF(简洁)	VIF	变量	VIF(简洁)	VIF
PSS	1.09	1.09	*PSS*	1.09	1.09
TOP10	1.14	1.14	*TOP10*	1.14	1.14
BOD	1.62	1.62	*BOD*	1.61	1.61
IDP	1.51	1.51	*IDP*	1.51	1.51
DUAL	1.06	1.06	*DUAL*	1.06	1.06
YEAR2	1.63	1.63	*YEAR2*	1.63	1.63
YEAR3	1.66	1.66	*YEAR3*	1.66	1.66
YEAR4	1.68	1.69	*YEAR4*	1.68	1.69
YEAR5	1.71	1.72	*YEAR5*	1.71	1.72
VIF平均值	1.45	2.26	VIF平均值	1.45	2.33

资料来源:笔者使用Stata12.0软件计算整理所得。

除此以外,用于检验公平偏好调节效应的模型3因加入了调节变量Z以及Z与解释变量WD一次项与平方项的交互项,会产生更为严重的多重共线性问题,因此本研究参照加入交互项文献的一般做法,对解释变量WD与调节变量Z都进行了中心化处理,之后分别进行交互,再加入模型1得到模型3。本研究认为,方差膨胀的作用在于增大估计量的标准误,使得系数显著性下降,因此若后续模型回归结果尚可,则可暂不担心模型的多重共线性问题。对此本研究在稳健性检验中也汇报了仅包含解释变量WD一次项及一次交互项的简洁模型3,以考察估计结果的显著性与符号是否与完整模型3相一致。

8.4.3 模型检验结果及分析

在回归方法的选择上,本研究将只包含解释变量一次项的简洁模型与包含了平方项的完整模型均先进行了混合回归与固定效应回归,发现使用普通标准误的固定效应估计结果中F检验的P值均为0.0000,说明固定效应相比混合回归更为合适,使用LSDV法观察也发现应存在个体效应。随后进行双向固定效应回归,对年度变量的联合显著性检验的结果显示,备择假设成立,即应当在模型中加入时间效应。接着变换模型的拟合方法为随机效应,LM检验中的P值均为0.0000,这说明随机效应相对于混合回归更优。最后对于固定效应与随机效应的选择,在普通标准误下豪斯曼检验显示应选择前者,使用聚类稳健标准误时则无法采用这一检验方法,加之两种标准误的数值差距较大,因此参照陈强(2010)的方法进行了xtoverid辅助回归,得到的P值均小于0.01,表明仍然是固定效应为宜。综上,本研究选用了聚类稳健标准误下包含时间效应的双向固定效应模型进行回归。

1.散点图分析

进行多元回归之前,本研究先绘制了样本的散点图,意图对模型情况有一个直观了解。各企业绩效指标与各高管团队内部薪酬差距指标之间所作出的散点图与qfit拟合情况如图8.1所示。

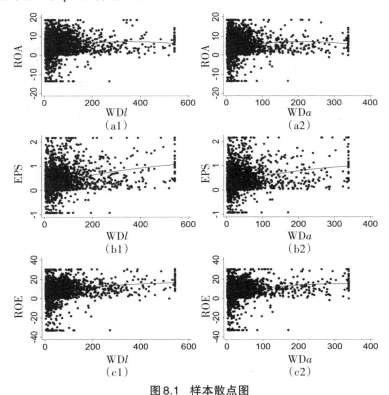

图8.1 样本散点图

资料来源:笔者使用Stata12.0绘制。

首先，由6幅散点图可以看出，样本观测值在解释变量WD取值范围内分布较广，其中在WD*l*取200万以内和WD*a*取100万以内时尤为集中。其次，qfit拟合显示，6幅图当中除(b1)和(b2)即企业绩效取EPS指标时拟合线未有明显弯折，其余4幅图均表现为较为明显的倒"U形"拟合形状。因此通过对散点图的观察，可以初步判断高管团队内部薪酬差距WD与企业绩效PER之间存在着倒"U形"关系，且大部分样本都处于倒"U形"的上升阶段。进一步由样本在各四分位点间（百分位 0 ~ 25、25 ~ 50、50 ~ 75 和 75 ~ 100）的分布（表8.5）得知，绝大多数企业的高管团队内部薪酬差距集中在样本WD取值范围的前25%，基本判断薪酬差距仍大范围地发挥着激励作用。

表8.5　解释变量WD四分位的样本区间分布

百分位	WD*l*	样本数	占比（%）	WD*a*	样本数	占比（%）
25	139.03	2574	90.32	86.66	2578	90.46
50	274.02	166	5.82	170.87	158	5.54
75	409.01	60	2.11	255.09	59	2.07
100	544	50	1.75	339.30	55	1.93
总计	—	2850	100	—	2850	100

资料来源：笔者使用Excel统计整理。

2.不考虑公平偏好的结果分析

对模型1中的6组模型分别进行了回归，结果如表8.6所示：

表8.6　模型1回归结果

解释变量	模型1-1	模型1-2	模型1-3	解释变量	模型1-4	模型1-5	模型1-6
	ROA	EPS	ROE		ROA	EPS	ROE
常数项	0.772 (0.852)	0.009 (0.975)	−7.270 (0.385)	常数项	0.812 (0.845)	0.010 (0.973)	−7.203 (0.390)
WD*l*	0.014*** (0.008)	0.001*** (0.004)	0.024** (0.029)	WD*a*	0.024** (0.016)	0.002*** (0.005)	0.042** (0.042)
WD*lsq*	−1.877E−05** (0.040)	−1.527E−06* (0.076)	−2.812E−05 (0.103)	WD*asq*	−4.793E−05* (0.076)	−4.626E−06* (0.072)	−7.919E−05 (0.132)
LNN	0.263 (0.559)	0.040 (0.150)	1.174 (0.225)	LNN	0.268 (0.551)	0.040 (0.146)	1.177 (0.221)

解释变量	模型 1-1	模型 1-2	模型 1-3	解释变量	模型 1-4	模型 1-5	模型 1-6
	ROA	EPS	ROE		ROA	EPS	ROE
POT	0.017	0.002	0.031	POT	0.017	0.002	0.031
	(0.282)	(0.127)	(0.290)		(0.269)	(0.123)	(0.282)
POM	0.023	4.133E−04	0.021	POM	0.023	4.236E−04	0.021
	(0.192)	(0.768)	(0.567)		(0.186)	(0.760)	(0.561)
PUT	0.016	2.927E−04	0.027	PUT	0.016	2.895E−04	0.027
	(0.394)	(0.787)	(0.415)		(0.389)	(0.789)	(0.414)
PSS	−0.030	−0.002	−0.075**	PSS	−0.029	−0.001	−0.075**
	(0.108)	(0.254)	(0.037)		(0.112)	(0.259)	(0.039)
TOP10	−0.035***	−0.004***	−0.059***	TOP10	−0.034***	−0.004***	−0.058***
	(0.000)	(0.000)	(0.001)		(0.000)	(0.000)	(0.001)
BOD	0.091	0.009	0.359	BOD	0.089	0.009	0.357
	(0.577)	(0.545)	(0.270)		(0.585)	(0.543)	(0.273)
IDF	0.026	0.002	0.076	IDP	0.025	0.001	0.073
	(0.448)	(0.559)	(0.256)		(0.476)	(0.588)	(0.274)
DUAL	0.482	0.047	1.067	DUAL	0.454	0.043	1.007
	(0.363)	(0.178)	(0.321)		(0.390)	(0.210)	(0.346)
YEAR2	−0.474***	−0.085***	−1.353***	YEAR2	−0.481***	−0.085***	−1.366***
	(0.009)	(0.000)	(0.000)		(0.008)	(0.000)	(0.000)
YEAR3	−0.097	−0.065***	−0.606	YEAR3	−0.098	−0.065***	−0.609
	(0.628)	(0.000)	(0.126)		(0.627)	(0.000)	(0.124)
YEAR4	0.121	−0.020	−0.034	YEAR4	0.124	−0.020	−0.033
	(0.647)	(0.337)	(0.945)		(0.640)	(0.348)	(0.947)
YEAR5	−0.599*	−0.051**	−1.355**	YEAR5	−0.598*	−0.051**	−1.358**
	(0.072)	(0.045)	(0.030)		(0.072)	(0.046)	(0.030)
F 值	3.46	5.96	3.47	F 值	3.41	5.92	3.39
P 值	0.0000	0.0000	0.0000	P 值	0.0000	0.0000	0.0000
R^2	0.0292	0.0484	0.0287	R^2	0.0294	0.0490	0.0291
样本数	2850	2850	2850	样本数	2850	2850	2850

注:(1)括号中的值为对单个系数 t 检验的 p 值,代表原假设可被拒绝的最小显著性水平,该值越小,代表变量系数越显著;(2)***、**、*代表变量系数分别通过了1%、5%、10%水平的显著性检验。

资料来源:笔者使用 Stata12.0 进行回归整理所得。

（1）倒"U形"关系分析。模型1的目的在于检验被解释变量PER与解释变量WD之间是否存在倒"U形"关系，检验的关键在于模型回归的WD一次项系数显著为正而平方项系数显著为负。

据表8.6，首先考察解释变量WD一次项（WDl和WDa）系数的显著性与方向，可知模型1-1、模型1-2和模型1-5在1%水平上显著，模型1-3、模型1-4和模型1-6在5%水平上显著，6组模型一次项系数均为正；其次考察WD平方项WD^2（WD$l$sq和WD$a$sq）系数的显著性与方向，发现模型1-1在5%的水平上显著，模型1-2、模型1-4和模型1-5在10%的水平上显著，模型1-3和模型1-6不显著，6组模型的平方项系数均为负。可以认为，高管团队内部薪酬差距WD与企业绩效PER之间存在着一种非线性关系，与此同时，结合一次项系数为正、平方项系数为负的结果，可以判定，高管团队内部薪酬差距WD与企业绩效PER之间存在的非线性关系为先正后负的倒"U形"，即当WD位于最优薪酬差距以内时，WD越大，企业绩效PER越好，而在WD超出最优薪酬差距以后，WD越大，企业绩效PER越差，支持假设1、H1a与H1b。

（2）极值点分析。确定被解释变量PER与解释变量WD为倒"U形"关系后，有必要关注极值点即最优薪酬差距的具体数值，以及极值点两侧的样本分布情况，以考察解释变量极值点取值的实际意义与样本企业的实际情况。对于本研究的模型1：

$$PER_{i,t}=\alpha_0+\alpha_1 WD_{i,t}+\alpha_2 WD_{i,t}^2+\alpha_3 C_{i,t}+\varepsilon_{i,t}$$

计算出极值点即最优薪酬差距WD*=$-\alpha_1/2\alpha_2$，也就是说，利用表8.6中解释变量WD一次项（WDl和WDa）与平方项WD^2（WD$l$sq和WD$a$sq）的回归系数值，能够相应地得到模型1中6组模型各自的极值点具体值，即当前样本回归显示的最优薪酬差距。据此，各模型计算结果如表8.7所示：

表8.7　模型1极值点计算与样本情况

极值点	模型1-1 ROA	模型1-2 EPS	模型1-3 ROE	极值点	模型1-4 ROA	模型1-5 EPS	模型1-6 ROE
WDl	382.827	420.711	426.397	WDa	251.010	248.881	266.471
所在百分位数	70	77	78	所在百分位数	74	73	78
右侧样本数	59	45	43	右侧样本数	56	56	50
右侧样本占比(%)	2.07	1.58	1.51	右侧样本占比(%)	1.96	1.96	1.75
2014	1.23	0.70	0.70	2014	0.88	0.88	0.88
2015	1.23	1.23	1.23	2015	1.58	1.58	1.40
2016	1.93	1.40	1.40	2016	1.75	1.75	1.75
2017	2.63	1.93	1.75	2017	2.46	2.46	1.93
2018	3.33	2.63	2.46	2018	3.16	3.16	2.81

资料来源：笔者根据表8.6使用Excel计算所得。

由表8.7可知，WDl的最优值分别为382.827万、420.711万与426.397万，分别位于WDl取值范围中的70、77与78百分位，这表明当高管团队中最高薪酬与最低薪酬之差约为382万～426万时，企业绩效达到极值并开始走下坡路；同时WDa的最优值分别为251.010万、248.881万与266.471万，分别位于WDa取值范围中的74、73与78百分位，这表明当高管团队中最高薪酬与平均薪酬之差约为248万～266万时，企业绩效处于顶峰，之后开始减少。考察极值点两侧的样本分布情况，WDl极值点右侧的样本量在43个到59个之间，约占总样本量的2%，WDa极值点右侧的样本量在50个至56个之间，也约占总样本量的2%。极值点右侧较少的样本量说明我国绝大部分A股非金融上市公司的高管团队内部薪酬差距仍处于极值点左侧，此时若拉大差距能够使得企业绩效有所提高，因此可以通过锦标赛制度来激励高管付出努力；同时少数企业已达到或超过了极值点即最优薪酬差距，此时差距的加大无助于促进企业绩效的提高，甚至会产生负面影响，因此不宜继续加大高管团队成员的薪酬差距，锦标赛制度失去了应有作用。另外对极值点右侧样本占比的分年度统计发现,超过最优薪酬差距的样本占比在观测期内呈逐年上升的趋势,这说明,务必要重视现实当中高管团队内部薪酬差距的负面作用。

(3)边际效应图。为更加直观地显示高管团队内部薪酬差距WD对于企业绩效PER的边际贡献情况,本研究使用Stata12.0中的margins与marginsplot画出了模型1中6组模型在95%置信区间下的WD边际效应图,具体如图8.2所示:

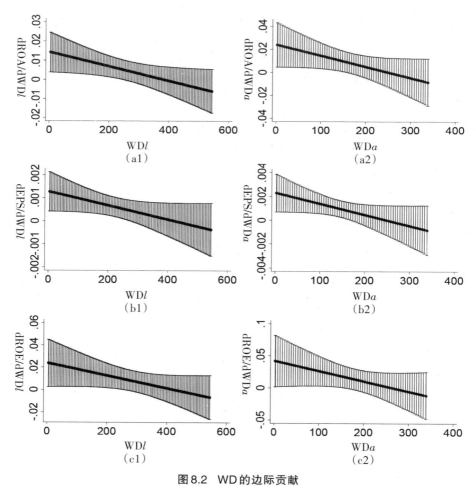

图8.2 WD的边际贡献

资料来源:笔者使用Stata12.0绘制。

224

由图8.2可知,在6组模型之中,均有高管团队内部薪酬差距WD的边际贡献值由正变负、逐渐减小的现象,其中各模型边际贡献为0时的WD取值均分别与表8.7所计算出的极值点值相吻合。这表明确如上文回归结果分析中所说,企业绩效会随着高管团队内部薪酬差距的增大而先上升、后下降。

（4）Utest检验

林德和梅勒姆（Lind & Mehlum,2010）开发了用于正式验证"U形"或倒"U形"关系的Utest检验。该检验方法认为,若非线性关系某单侧的样本量过少,则在总样本中被解释变量与解释变量之间仍然是线性关系。根据上文极值点与样本分布情况的分析,预测使用Utest检验应会被认为线性。模型1中6组模型的Utest检验结果如表5.4所示：

表8.8　Utest检验结果

模型1		P>|t|
1—1	Overall test of presence of a Inverse U shape	0.15
1—2	Overall test of presence of a Inverse U shape	0.208
1—3	Overall test of presence of a Inverse U shape	0.26
1—4	Overall test of presence of a Inverse U shape	0.215
1—5	Overall test of presence of a Inverse U shape	0.254
1—6	Overall test of presence of a Inverse U shape	0.267

资料来源：笔者使用Stata12.0进行检验整理所得。

由表8.8可知,6组模型检验的原假设为被解释变量与解释变量为线性或"U形"关系,备择假设为被解释变量与解释变量为倒"U形"关系,但6组模型的"U形"检验P值均明显大于0.05,说明无法拒绝原假设,被解释变量与解释变量不应为倒"U形"关系。这印证了本研究的推测,由于极值点右侧的样本量占比仅为约2%,因此从数理统计的角度来说,本研究所用的总样本中被解释变量PER与解释变量WD之间呈现线性关系是严谨的。依Utest检验的结果,高管团队内部薪酬差距与企业绩效间为正相关,这也与林浚清、黄祖辉和孙永祥（2003）等学者的结论相符合,支持锦标赛理论。

然而本研究认为，多篇研究论文及本研究的理论模型均推导出了薪酬差距与企业绩效间的非线性关系，在理论上倒"U形"关系已然成立，另外在实证研究中，虽然样本数量较少，但极值点已经出现，就说明最优值不只存在于理论中，也就不应忽略WD继续扩大所产生的负面影响。因此本研究仍坚持固定效应回归结果得出的PER与WD之间的非线性关系，并在之后的研究中继续据此进行分析。同时为保证研究结果的稳健，本研究在稳健性检验中也列出了契合Utest检验结果的线性关系的有关回归结果与分析。

3.考虑公平偏好的结果分析

将模型2回归所得的残差绝对值代入模型3进行回归，得到的6组模型结果如表8.9所示：

表8.9　模型3回归结果

解释变量	模型3-1 ROA	模型3-2 EPS	模型3-3 ROE	解释变量	模型3-4 ROA	模型3-5 EPS	模型3-6 ROE
常数项	2.879 (0.480)	0.166 (0.565)	−3.308 (0.687)	常数项	2.770 (0.498)	0.159 (0.583)	−3.475 (0.671)
WDl	0.014*** (0.002)	0.001*** (0.002)	0.023** (0.011)	WDa	0.023*** (0.006)	0.002*** (0.004)	0.040** (0.019)
$WDlsq$	−2.602E−05* (0.054)	−2.793E−06* (0.083)	−4.504E−05 (0.104)	$WDasq$	−6.497E−05* (0.089)	−7.616E−06* (0.067)	−1.244E−04* (0.097)
F	0.026*** (0.001)	0.002*** (0.007)	0.056*** (0.001)	F	0.024*** (0.001)	0.001*** (0.009)	0.051*** (0.001)
$F×WDl$	−1.958E−04*** (0.000)	−7.082E−06* (0.099)	−3.564E−04*** (0.000)	$F×WDa$	−2.939E−04*** (0.000)	−9.551E−06 (0.142)	−5.214E−04*** (0.000)
$F×WDlsq$	3.158E−07*** (0.000)	1.271E−08 (0.107)	5.663E−07*** (0.000)	$F×WDasq$	7.510E−07*** (0.000)	2.801E−08 (0.156)	1.334E−06*** (0.001)
LNN	0.185 (0.674)	0.035 (0.199)	1.017 (0.282)	LNN	0.207 (0.639)	0.036 (0.184)	1.056 (0.264)

解释变量	模型3-1 ROA	模型3-2 EPS	模型3-3 ROE	解释变量	模型3-4 ROA	模型3-5 EPS	模型3-6 ROE
POT	0.020 (0.195)	0.002* (0.097)	0.037 (0.199)	POT	0.019 (0.210)	0.002 (0.102)	0.036 (0.218)
POM	0.023 (0.199)	3.499E-04 (0.806)	0.022 (0.573)	POM	0.024 (0.186)	3.601E-04 (0.798)	0.022 (0.560)
PUT	0.013 (0.469)	1.511E-04 (0.890)	0.022 (0.506)	PUT	0.013 (0.468)	1.570E-04 (0.885)	0.022 (0.505)
PSS	−0.030* (0.098)	−0.002 (0.245)	−0.076** (0.033)	PSS	−0.030* (0.100)	−0.002 (0.252)	−0.076** (0.034)
TOP10	−0.033*** (0.000)	−0.004*** (0.000)	−0.056*** (0.001)	TOP10	−0.033*** (0.000)	−0.004*** (0.000)	−0.056*** (0.001)
BOD	0.081 (0.626)	0.008 (0.599)	0.338 (0.308)	BOD	0.080 (0.630)	0.008 (0.597)	0.335 (0.311)
IDP	0.023 (0.511)	0.001 (0.640)	0.068 (0.307)	IDP	0.021 (0.538)	0.001 (0.660)	0.066 (0.324)
DUAL	0.499 (0.341)	0.049 (0.158)	1.116 (0.295)	DUAL	0.466 (0.375)	0.045 (0.186)	1.052 (0.320)
YEAR2	−0.517*** (0.005)	−0.087*** (0.000)	−1.441*** (0.000)	YEAR2	−0.517*** (0.005)	−0.087*** (0.000)	−1.438*** (0.000)
YEAR3	−0.212 (0.294)	−0.071*** (0.000)	−0.836** (0.035)	YEAR3	−0.198 (0.330)	−0.071*** (0.000)	−0.811** (0.041)
YEAR4	−0.087 (0.751)	−0.031 (0.147)	−0.452 (0.380)	YEAR4	−0.065 (0.813)	−0.030 (0.163)	−0.417 (0.420)
YEAR5	−0.926*** (0.007)	−0.069** (0.011)	−2.011*** (0.002)	YEAR5	−0.906*** (0.009)	−0.068** (0.013)	−1.976*** (0.003)
F值	3.80	5.31	3.66	F值	3.58	5.26	3.41
P值	0.0000	0.0000	0.0000	P值	0.0000	0.0000	0.0000
R^2	0.0414	0.0556	0.0419	R^2	0.0399	0.0554	0.0405
样本数	2850	2850	2850	样本数	2850	2850	2850

注:(1)括号中的值为对单个系数t检验的p值,代表原假设可被拒绝的最小显著性水平,该值越小,代表变量系数越显著;(2)***、**、*代表变量系数分别通过了1%、5%、10%水平下的显著性检验。

资料来源:笔者使用Stata12.0进行回归整理所得。

公平偏好 Z 的作用具体体现在两个方面:一是对高管团队内部薪酬差距 WD 和企业绩效 PER 之间相关关系的调节作用,二是对极值点大小即高管团队内部最优薪酬差距的影响。

(1)公平偏好的调节作用。①调节效应图。在根据表8.9中的回归结果进行分析之前,本研究首先做出了模型3中6组模型的公平偏好调节效应图(见图8.3),横坐标为公平偏好强度,纵坐标为高管团队内部薪酬差距 WD 对企业绩效 PER 的平均边际贡献,6幅图中的 WD 平均边际贡献均呈现了随着公平偏好强度的增大而减小的趋势,即公平偏好越强,企业绩效 PER 对高

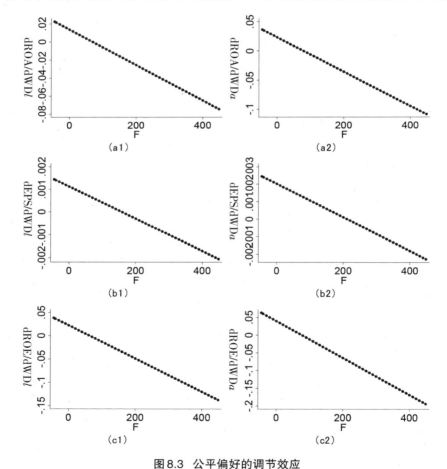

图8.3 公平偏好的调节效应

资料来源:笔者使用Stata12.0绘制。

228

管团队内部薪酬差距WD的导数越小,这印证了假设2理论模型推导中的初步结果。

②调节作用的具体分析。欲探讨在企业绩效PER与高管团队内部薪酬差距WD之间的关系中,公平偏好所产生的具体影响,本研究根据汉斯(Haans)、彼得斯(Pieters)和何(He,2016)的研究进行分析,对于本研究的模型3

$$PER_{i,t}=\lambda_0+\lambda_1WD_{i,t}+\lambda_2WD_{i,t}^2+\lambda_3Z_{i,t}\times WD_{i,t}+\lambda_4Z_{i,t}\times WD_{i,t}^2+\lambda_5Z_{i,t}+\lambda_6C_{i,t}+\varepsilon_{i,t}$$

高管团队内部薪酬差距WD对于企业绩效PER的边际贡献为 $\frac{\partial PER}{\partial WD}=\lambda_1+2\lambda_2WD+\lambda_3Z_{i,t}+2\lambda_4Z_{i,t}\times WD$,同时极值点即最优薪酬差距为 $WD=-\frac{\lambda_1+\lambda_3Z}{2(\lambda_2+\lambda_4Z)}$。

考虑两种水平的公平偏好强度 Z_1 和 Z_2, $Z_2>Z_1$,可知不同公平偏好水平下的高管团队内部最优薪酬差距分别为 $WD_1=-\frac{\lambda_1+\lambda_3Z_1}{2(\lambda_2+\lambda_4Z_1)}$, $WD_2=-\frac{\lambda_1+\lambda_3Z_2}{2(\lambda_2+\lambda_4Z_2)}$。对与极值点相同距离的薪酬差距 (WD_1+d) 和 (WD_2+d),设其边际贡献分别为 m1 和 m2,可知:

m1$=\lambda_1+2\lambda_2(WD_1+d)+\lambda_3Z_1+2\lambda_4Z_1\times(WD_1+d)$

m2$=\lambda_1+2\lambda_2(WD_2+d)+\lambda_3Z_2+2\lambda_4Z_2\times(WD_2+d)$

则 m2−m1=

$2\lambda_2(WD_2-WD_1)+\lambda_3(Z_2-Z_1)+2\lambda_4[Z_2\times WD_2-Z_1\times WD_1+d(Z_2-Z_1)]$

将 WD_1、WD_2 的表达式均代入上式,得到 m2−m1$=2d\lambda_4(Z_2-Z_1)$。

由于 $Z_2-Z_1>0$,因此不同公平偏好强度下距极值点相同距离的薪酬差距点的边际贡献大小取决于d和 λ_4 的符号。

在极值点左侧时d<0,若 $\lambda_4>0$,有 m2−m1<0,即 m2<m1,这意味着调节变量越大,解释变量的边际贡献越小,对于倒"U形"关系来说,由于此时的边际贡献为正值,因此边际贡献的绝对值亦变小;而 $\lambda_4<0$ 则表示调节变量越大,解释变量的边际贡献绝对值变大。在极值点右侧时d>0,若 $\lambda_4>0$,有 m2−m1>0,即 m2>m1,这意味着调节变量越大,解释变量的边际贡献越大,对于倒"U形"关系来说,由于此时的边际贡献为负值,因此边际贡献的绝对值实际上变小;而$\lambda_4<0$则表示调节变量越大,解释变量的边际贡献绝对值变大。也就是说,对于倒"U形"关系来说,当调节变量与解释变量平方项的交互项系数λ_4显著为正时,解释变量的边际贡献绝对值会随调节变量的增大而减小,倒"U形"将整体变得平缓,反之倒"U形"将随调节变量的增大而整体变得陡峭。

观察表8.9的回归结果:第一,模型3-1、模型3-3、模型3-4和模型3-6中的二次交互项(F×WD$l$sq、F×WD$a$sq)均在1%的水平上显著,模型3-2和模型3-5则不显著,可以认为,公平偏好Z(F)能够对高管团队内部薪酬差距WD的边际贡献产生显著影响;第二,6组模型中,二次交互项(F×WD$l$sq、F×WD$a$sq)系数的符号均为正,这说明公平偏好越强,高管团队内部薪酬差距WD的边际贡献绝对值就会越小。综上,公平偏好能对高管团队内部薪酬差距与企业绩效之间的关系起到调节作用,支持假设2;同时这种调节作用具体表现为一种削弱的效果,即在最优薪酬差距的左侧,公平偏好会削弱二者之间的正相关关系,而在最优薪酬差距的右侧,公平偏好会削弱二者之间的负相关关系,因此支持假设2中的H2a,不支持H2b。

(2)公平偏好对最优薪酬差距的影响。考虑公平偏好对极值点即最优薪酬差距取值的影响,根据汉斯、彼得斯和何(Haans,Pieters & He,2016)的研究,对于本研究的模型3:

$$PER_{i,t}=\lambda_0+\lambda_1 WD_{i,t}+\lambda_2 WD_{i,t}^2+\lambda_3 Z_{i,t}\times WD_{i,t}+\lambda_4 Z_{i,t}\times WD_{i,t}^2+\lambda_5 Z_{i,t}+\lambda_6 C_{i,t}+\varepsilon_{i,t}$$

极值点即最优薪酬差距$WD^*=-\dfrac{\lambda_1+\lambda_3 Z}{2(\lambda_2+\lambda_4 Z)}$,进一步对调节变量Z求导得$dWD^*/dZ=\dfrac{\lambda_1\lambda_4-\lambda_2\lambda_3}{2(\lambda_2+\lambda_4 Z)^2}$,由于分母大于零,因此极值点对调节变量Z的导数受式子$(\lambda_1\lambda_4-\lambda_2\lambda_3)$的正负性影响,即取决于解释变量一次项系数、平方项系数、一次交互项系数与二次交互项系数之间的关系。当$\lambda_1\lambda_4<\lambda_2\lambda_3$时,$dWD^*/dZ<0$,说明极值点与调节变量Z负相关,随着调节变量的增大,极值点会向左移动;当$\lambda_1\lambda_4>\lambda_2\lambda_3$时,$dWD^*/dZ>0$,说明极值点与调节变量Z正相关,

随着调节变量的增大,极值点会向右移动;当$\lambda_1\lambda_4=\lambda_2\lambda_3$时,$dWD^*/dZ=0$,则说明极值点与调节变量$Z$不相关,调节变量变化时,极值点不会发生变动。据此见本研究根据表8.9的回归结果,分别计算了模型3中6组模型的($\lambda_1\lambda_4-\lambda_2\lambda_3$)式,见表8.10:

表8.10　最优薪酬差距与公平偏好Z(F)的关系

模型3	$\lambda_1\lambda_4$	$\lambda_2\lambda_3$	$\lambda_1\lambda_4-\lambda_2\lambda_3$	Z增大时WD*移动方向
模型3-1	4.327E-09	5.096E-09	<0	左
模型3-2	1.428E-11	1.978E-11	<0	左
模型3-3	1.275E-08	1.605E-08	<0	左
模型3-4	1.756E-08	1.909E-08	<0	左
模型3-5	5.656E-11	7.274E-11	<0	左
模型3-6	5.351E-08	6.486E-08	<0	左

资料来源:笔者据表8.9结果手动计算整理得到。

由表8.10可知,6组模型的($\lambda_1\lambda_4-\lambda_2\lambda_3$)式均不为0,说明高管团队内部最优薪酬差距WD*与公平偏好Z(F)之间存在相关关系,随着公平偏好强度的增减,高管团队内部最优薪酬差距将会发生改变;并且六组模型的($\lambda_1\lambda_4-\lambda_2\lambda_3$)式均小于0,进一步说明高管团队内部最优薪酬差距WD*与公平偏好Z(F)之间为负相关关系,即公平偏好强度越大,最优薪酬差距取值越小,而公平偏好强度越小,最优薪酬差距取值越大,支持假设3。

8.4.4　稳健性检验

本研究的稳健性检验首先汇报了模型1的简洁模型,以验证完整模型系数的方向与显著性是否稳定,接着根据Utest检验汇报了模型3的简洁模型,即被解释变量PER与解释变量WD之间为线性关系下的调节模型,作为对模型3完整模型回归的补充与验证,最后进一步针对模型3,将公平偏好的指标进行了替换,从而为原调节模型建立了对照与检验。

1.简洁模型1回归

为检验模型1结果是否稳健,表8.11列出了模型1只包含解释变量一次项的6组简洁模型。从表8.11可以看到,简洁模型1-1、简洁模型1-3、简洁模型1-4、简洁模型1-5和简洁模型1-6中WDl与WDa的回归系数均在0.05的水平上显著为正,简洁模型1-2中WDl的回归系数在0.01的水平上显著为正,表示采用线性模型时,高管团队内部薪酬差距与企业绩效之间为显著的正相关关系,高管团队内部薪酬差距越大,企业绩效越高,这一结果未改变表8.6中解释变量一次项的系数显著性与符号方向,说明表8.6所列出的含高管团队内部薪酬差距一次项与平方项的完整模型1的回归结果是较为稳健的。

表8.11　仅包含WD一次项的简洁模型1

解释 变量	简洁模型 1-1 ROA	简洁模型 1-2 EPS	简洁模型 1-3 ROE	解释 变量	简洁模型 1-4 ROA	简洁模型 1-5 EPS	简洁模型 1-6 ROE
常数项	0.872 (0.833)	0.017 (0.952)	−7.120 (0.394)	常数项	0.958 (0.817)	0.024 (0.934)	−6.961 (0.404)
WDl	0.006** (0.037)	5.770E −04*** (0.009)	0.011** (0.033)	WDa	0.010** (0.040)	9.148E −04** (0.012)	0.018** (0.041)
LNN	0.292 (0.516)	0.042 (0.128)	1.217 (0.207)	LNN	0.289 (0.520)	0.042 (0.128)	1.212 (0.208)
POT	0.018 (0.239)	0.002* (0.098)	0.033 (0.251)	POT	0.018 (0.232)	0.002* (0.093)	0.033 (0.245)
POM	0.022 (0.194)	3.810E−04 (0.784)	0.021 (0.575)	POM	0.022 (0.191)	3.851E−04 (0.781)	0.021 (0.572)
PUT	0.017 (0.362)	3.750E−04 (0.728)	0.029 (0.387)	PUT	0.017 (0.359)	3.810E−04 (0.722)	0.029 (0.385)
PSS	−0.029 (0.119)	−0.001 (0.276)	−0.074** (0.041)	PSS	−0.029 (0.119)	−0.001 (0.277)	−0.074** (0.041)
TOP10	−0.035*** (0.000)	−0.004*** (0.000)	−0.059*** (0.001)	TOP10	−0.035*** (0.000)	−0.004*** (0.000)	−0.059*** (0.001)
BOD	0.085 (0.600)	0.009 (0.563)	0.351 (0.279)	BOD	0.083 (0.610)	0.008 (0.566)	0.346 (0.284)

解释变量	简洁模型 1-1 ROA	简洁模型 1-2 EPS	简洁模型 1-3 ROE	解释变量	简洁模型 1-4 ROA	简洁模型 1-5 EPS	简洁模型 1-6 ROE
IDP	0.026 (0.452)	0.002 (0.563)	0.075 (0.258)	*IDP*	0.025 (0.473)	0.001 (0.587)	0.073 (0.273)
DUAL	0.547 (0.302)	0.052 (0.137)	1.164 (0.278)	*DUAL*	0.529 (0.317)	0.051 (0.147)	1.131 (0.291)
YEAR2	−0.474*** (0.009)	−0.085*** (0.000)	−1.354*** (0.000)	YEAR2	−0.481*** (0.008)	−0.085*** (0.000)	−1.366*** (0.000)
YEAR3	−0.075 (0.707)	−0.063*** (0.000)	−0.573 (0.144)	YEAR3	−0.076 (0.704)	−0.063*** (0.000)	−0.573 (0.143)
YEAR4	0.168 (0.520)	−0.016 (0.432)	0.036 (0.940)	YEAR4	0.171 (0.510)	−0.015 (0.464)	0.045 (0.924)
YEAR5	−0.536 (0.108)	−0.046* (0.070)	−1.261** (0.042)	YEAR5	−0.534 (0.108)	−0.045* (0.078)	−1.253** (0.043)
F值	3.50	6.08	3.61	F值	3.46	5.93	3.52
P值	0.0000	0.0000	0.0000	P值	0.0000	0.0000	0.0000
R^2	0.0269	0.0461	0.0273	R^2	0.0272	0.0458	0.0275
样本数	2850	2850	2850	样本数	2850	2850	2850

注：(1)括号中的值为对单个系数t检验的p值，代表原假设可被拒绝的最小显著性水平，该值越小，代表变量系数越显著；(2)***、**、*代表变量系数分别通过了1%、5%、10%水平的显著性检验。

资料来源：笔者使用Stata12.0进行回归整理所得。

2.简洁模型3回归

为确保模型3回归结果的稳健性，表8.12列出了模型3只包含解释变量一次项（WD*l*和WD*a*）和一次交互项（F×WD*l*和F×WD*a*）的6组简洁模型。从表8.12可以看到，简洁模型3-1、简洁模型3-3和简洁模型3-4中一次交互项的回归系数在0.01的水平上显著为负，简洁模型3-2、简洁模型3-5和简洁模型3-6中一次交互项的回归系数均在0.05的水平上显著为负，同时6组简洁模型3中解释变量一次项的系数仍显著为正，这表示采用线性调节模型时，公平偏好的增强会显著削弱高管团队内部薪酬差距与企业绩效之间的正向关系,这一结果未改变表8.9中解释变量一次项及一次交互项的系数显著性与符号方向,说明表8.9所列出的含WD一次项、平方项、一次交互项以及二次交互项的完整模型3回归结果是稳健的。

表8.12 仅包含WD一次项与一次交互项的简洁模型3

解释变量	简洁模型3-1 ROA	简洁模型3-2 EPS	简洁模型3-3 ROE	解释变量	简洁模型3-4 ROA	简洁模型3-5 EPS	简洁模型3-6 ROE
常数项	1.756 (0.669)	0.095 (0.741)	−5.298 (0.522)	常数项	1.700 (0.679)	0.090 (0.756)	−5.427 (0.512)
WDl	0.008** (0.016)	6.378E−04** (0.020)	0.013* (0.065)	WDa	0.013** (0.018)	9.675E−04** (0.023)	0.021* (0.065)
F	0.016** (0.022)	0.001** (0.015)	0.038** (0.014)	F	0.015** (0.024)	0.001** (0.015)	0.036** (0.014)
$F \times WDl$	−4.773E−05*** (0.003)	−3.181E−06** (0.033)	−8.892E−05*** (0.008)	$F \times WDa$	−7.066E−05*** (0.005)	−4.659E−06** (0.043)	−1.310E−04** (0.010)
LNN	0.241 (0.589)	0.038 (0.161)	1.115 (0.243)	LNN	0.257 (0.564)	0.040 (0.148)	1.146 (0.229)
POT	0.019 (0.226)	0.002* (0.090)	0.035 (0.230)	POT	0.019 (0.224)	0.002* (0.088)	0.035 (0.230)
POM	0.023 (0.199)	3.782E−04 (0.789)	0.021 (0.586)	POM	0.023 (0.190)	3.884E−04 (0.781)	0.021 (0.576)
PUT	0.015 (0.431)	2.028E−04 (0.851)	0.024 (0.465)	PUT	0.015 (0.419)	2.274E−04 (0.832)	0.025 (0.453)
PSS	−0.029 (0.112)	−0.001 (0.269)	−0.075** (0.038)	PSS	−0.029 (0.111)	−0.001 (0.268)	−0.075** (0.038)
$TOP10$	−0.034*** (0.000)	−0.004*** (0.000)	−0.058*** (0.001)	$TOP10$	−0.034*** (0.000)	−0.004*** (0.000)	−0.058*** (0.001)
BOD	0.100 (0.547)	0.009 (0.539)	0.372 (0.263)	BOD	0.096 (0.561)	0.009 (0.547)	0.365 (0.270)
IDP	0.027 (0.432)	0.002 (0.557)	0.077 (0.256)	IDP	0.026 (0.458)	0.001 (0.583)	0.074 (0.270)
$DUAL$	0.528 (0.317)	0.052 (0.131)	1.165 (0.275)	$DUAL$	0.516 (0.328)	0.052 (0.135)	1.149 (0.280)

解释变量	简洁模型 3-1 ROA	简洁模型 3-2 EPS	简洁模型 3-3 ROE	解释变量	简洁模型 3-4 ROA	简洁模型 3-5 EPS	简洁模型 3-6 ROE
YEAR2	−0.500*** (0.006)	−0.087*** (0.000)	−1.411*** (0.000)	YEAR2	−0.503*** (0.006)	−0.087*** (0.000)	−1.413*** (0.000)
YEAR3	−0.136 (0.498)	−0.068*** (0.000)	−0.700* (0.076)	YEAR3	−0.133 (0.508)	−0.067*** (0.000)	−0.695* (0.078)
YEAR4	0.042 (0.876)	−0.025 (0.235)	−0.222 (0.659)	YEAR4	0.054 (0.840)	−0.024 (0.260)	−0.202 (0.687)
YEAR5	−0.730** (0.033)	−0.061** (0.023)	−1.660** (0.010)	YEAR5	−0.717** (0.036)	−0.059** (0.028)	−1.638** (0.011)
F值	3.35	5.70	3.31	F值	3.31	5.64	3.25
P值	0.0000	0.0000	0.0000	P值	0.0000	0.0000	0.0000
R^2	0.0339	0.0524	0.0356	R^2	0.0336	0.0520	0.0352
样本数	2850	2850	2850	样本数	2850	2850	2850

注：(1)括号中的值为对单个系数t检验的p值，代表原假设可被拒绝的最小显著性水平，该值越小，代表变量系数越显著；(2)***、**、*代表变量分别通过了1%、5%、10%水平的显著性检验。

资料来源：笔者使用Stata12.0进行回归整理所得。

3.替换调节变量的模型3回归

晏艳阳和金鹏(2014)的研究认为在国企中教育程度越高的高管公平偏好越强，本研究借鉴这一指标作为稳健性检验的公平偏好替代变量，从而形成了模型3的6组稳健检验模型，得到的回归结果如表8.13所示：

表8.13　更换调节变量的稳健检验模型3

解释变量	模型 3-7 ROA	模型 3-8 EPS	模型 3-9 ROE	解释变量	模型 3-10 ROA	模型 3-11 EPS	模型 3-12 ROE
常数项	1.531 (0.710)	0.058 (0.840)	−6.029 (0.472)	常数项	1.567 (0.703)	0.066 (0.818)	−5.903 (0.479)
WDl	0.012*** (0.003)	0.001*** (0.000)	0.021** (0.015)	WDa	0.020*** (0.008)	0.002*** (0.001)	0.036** (0.027)

解释变量	模型3-7 ROA	模型3-8 EPS	模型3-9 ROE	解释变量	模型3-10 ROA	模型3-11 EPS	模型3-12 ROE
$WDlsq$	−1.482E−05* (0.099)	−1.674E−06* (0.063)	−2.258E−05 (0.188)	$WDasq$	−4.337E−05* (0.089)	−5.934E−06** (0.020)	−7.428E−05 (0.144)
BG	0.031 (0.955)	−0.067 (0.142)	−0.223 (0.839)	BG	0.031 (0.955)	−0.074 (0.109)	−0.232 (0.836)
$BG×WDl$	−0.017*** (0.006)	−0.001* (0.054)	−0.020 (0.118)	$BG×WDa$	−0.027** (0.020)	−0.002** (0.036)	−0.032 (0.190)
$BG×WDlsq$	1.559E−05 (0.326)	1.964E−06 (0.268)	1.539E−05 (0.624)	$BG×WDasq$	5.401E−05 (0.197)	8.940E−06* (0.058)	6.386E−05 (0.454)
LNN	0.286 (0.525)	0.043 (0.120)	1.212 (0.213)	LNN	0.286 (0.523)	0.043 (0.124)	1.209 (0.212)
POT	0.016 (0.295)	0.002 (0.148)	0.029 (0.310)	POT	0.016 (0.289)	0.002 (0.145)	0.029 (0.304)
POM	0.022 (0.199)	3.448E−04 (0.796)	0.020 (0.585)	POM	0.021 (0.205)	3.279E−04 (0.803)	0.019 (0.590)
PUT	0.017 (0.345)	5.224E−04 (0.625)	0.030 (0.371)	PUT	0.017 (0.343)	5.586E−04 (0.602)	0.030 (0.370)
PSS	−0.031* (0.094)	−0.001 (0.272)	−0.076** (0.034)	PSS	−0.030 (0.101)	−0.001 (0.288)	−0.075** (0.036)
$TOP10$	−0.034*** (0.000)	−0.004*** (0.000)	−0.058*** (0.001)	$TOP10$	−0.034*** (0.000)	−0.004*** (0.000)	−0.058*** (0.001)
BOD	0.097 (0.552)	0.010 (0.510)	0.367 (0.259)	BOD	0.100 (0.535)	0.010 (0.486)	0.371 (0.251)
IDP	0.025 (0.459)	0.002 (0.569)	0.074 (0.264)	IDP	0.023 (0.503)	0.001 (0.604)	0.071 (0.286)
$DUAL$	0.471 (0.367)	0.045 (0.192)	1.054 (0.325)	$DUAL$	0.445 (0.393)	0.040 (0.246)	0.994 (0.351)
YEAR2	−0.484*** (0.008)	−0.084*** (0.000)	−1.363*** (0.000)	YEAR2	−0.494*** (0.007)	−0.085*** (0.000)	−1.378*** (0.000)
YEAR3	−0.117 (0.563)	−0.065*** (0.000)	−0.624 (0.119)	YEAR3	−0.121 (0.551)	−0.065*** (0.000)	−0.630 (0.114)

解释变量	模型3-7 ROA	模型3-8 EPS	模型3-9 ROE	解释变量	模型3-10 ROA	模型3-11 EPS	模型3-12 ROE
YEAR4	0.097 (0.715)	−0.019 (0.355)	−0.054 (0.914)	YEAR4	0.099 (0.712)	−0.019 (0.362)	−0.054 (0.914)
YEAR5	−0.637* (0.061)	−0.049* (0.059)	−1.384** (0.031)	YEAR5	−0.636* (0.062)	−0.049* (0.058)	−1.385** (0.031)
F值	4.47	5.49	3.98	F值	4.48	5.56	3.95
P值	0.0000	0.0000	0.0000	P值	0.0000	0.0000	0.0000
R^2	0.0363	0.0527	0.0315	R^2	0.0348	0.0538	0.0311
样本数	2850	2850	2850	样本数	2850	2850	2850

注:(1)括号中的值为对单个系数t检验的p值,代表原假设可被拒绝的最小显著性水平,该值越小,代表变量系数越显著;(2)***、**、*代表变量分别通过了1%、5%、10%水平的显著性检验。

资料来源:笔者使用Stata12.0进行回归整理所得。

第一,观察到表8.13中解释变量一次项(WDl和WDa)、平方项(WD$l$sq和WD$a$sq)与一次交互项(BG×WDl和BG×WDa)的系数显著性与表8.9相比未有明显变化,而二次交互项(BG×WD$l$sq和BG×WD$a$sq)系数只在模型3-11通过了10%水平的显著性检验,其他5个模型均不显著。同时以上四项的系数方向均与表8.9相一致,说明公平偏好Z的调节作用是使得高管团队内部薪酬差距与企业绩效之间的关系有所削弱,但外部薪酬不公平程度F为公平偏好指标时削弱作用显著,而教育背景BG指标的削弱作用不太显著,这一点与晏艳阳和金鹏(2014)得出的结论有所不同。

第二,考察6组稳健检验模型的解释变量一次项(WDl和WDa)系数、平方项(WD$l$sq和WD$a$sq)系数、一次交互项(BG×WDl和BG×WDa)系数及二次交互项(BG×WD$l$sq和BG×WD$a$sq)系数之间的相互关系,表8.14列出了各模型($\lambda_1\lambda_4-\lambda_2\lambda_3$)式的计算结果:

表8.14 最优薪酬差距与公平偏好Z(BG)的关系

模型3	$\lambda_1\lambda_4$	$\lambda_2\lambda_3$	$\lambda_1\lambda_4-\lambda_2\lambda_3$	Z增大时WD*移动方向
模型3-7	1.884E-07	2.510E-07	<0	左
模型3-8	2.307E-09	1.856E-09	>0	右
模型3-9	3.170E-07	4.575E-07	<0	左
模型3-10	1.100E-06	1.177E-06	<0	左
模型3-11	1.922E-08	1.321E-08	>0	右
模型3-12	2.321E-06	2.411E-06	<0	左

资料来源:笔者据表8.13结果手动计算整理得到。

由表8.14看出,在6组稳健检验模型之中,除模型3-8和模型3-11(企业绩效以EPS为指标时)的$(\lambda_1\lambda_4-\lambda_2\lambda_3)$式为正值外,其他四组模型的$(\lambda_1\lambda_4-\lambda_2\lambda_3)$式均为负值。结合表8.10中结果,这说明公平偏好Z对极值点即最优薪酬差距的作用是负向的,即公平偏好的增强会使最优薪酬差距减小,反之则使之增大,但公平偏好取外部薪酬不公平程度F为指标时作用稳定,而取用教育背景BG为指标时作用不太稳定。

最后根据Utest检验,以教育背景BG为公平偏好指标的简洁模型3回归结果如表8.15所示:

表8.15 更换调节变量的稳健检验简洁模型3

解释变量	简洁模型3-7 ROA	简洁模型3-8 EPS	简洁模型3-9 ROE	解释变量	简洁模型3-10 ROA	简洁模型3-11 EPS	简洁模型3-12 ROE
常数项	1.355 (0.741)	0.040 (0.891)	−6.357 (0.449)	常数项	1.361 (0.740)	0.040 (0.890)	−6.304 (0.452)
WDl	0.008*** (0.001)	7.210E−04*** (0.001)	0.014*** (0.002)	WDa	0.012*** (0.004)	0.001*** (0.003)	0.022*** (0.008)
BG	0.163 (0.767)	−0.051 (0.256)	−0.066 (0.953)	BG	0.200 (0.718)	−0.047 (0.294)	−0.004 (0.997)
$BG×WDl$	−0.014*** (0.000)	−7.472E−04** (0.030)	−0.018** (0.011)	$BG×WDa$	−0.019*** (0.002)	−8.536E−04 (0.142)	−0.024** (0.049)

解释变量	简洁模型 3-7 ROA	简洁模型 3-8 EPS	简洁模型 3-9 ROE	解释变量	简洁模型 3-10 ROA	简洁模型 3-11 EPS	简洁模型 3-12 ROE
LNN	0.301 (0.501)	0.045 (0.107)	1.239 (0.202)	LNN	0.303 (0.499)	0.045 (0.107)	1.239 (0.201)
POT	0.017 (0.269)	0.002 (0.123)	0.031 (0.282)	POT	0.017 (0.261)	0.002 (0.115)	0.031 (0.274)
POM	0.021 (0.205)	3.112E−04 (0.816)	0.019 (0.594)	POM	0.021 (0.212)	3.123E−04 (0.816)	0.019 (0.600)
PUT	0.017 (0.340)	5.273E−04 (0.619)	0.030 (0.361)	PUT	0.017 (0.343)	5.159E−04 (0.627)	0.030 (0.363)
PSS	−0.030* (0.096)	−0.001 (0.279)	−0.076** (0.035)	PSS	−0.030 (0.103)	−0.001 (0.292)	−0.075** (0.037)
TOP10	−0.034*** (0.000)	−0.004*** (0.000)	−0.058*** (0.001)	TOP10	−0.034*** (0.000)	−0.004*** (0.000)	−0.058*** (0.001)
BOD	0.090 (0.576)	0.009 (0.541)	0.358 (0.267)	BOD	0.093 (0.565)	0.009 (0.536)	0.360 (0.264)
IDP	0.024 (0.470)	0.001 (0.591)	0.073 (0.267)	IDP	0.022 (0.509)	0.001 (0.621)	0.070 (0.289)
DUAL	0.520 (0.318)	0.051 (0.145)	1.129 (0.291)	DUAL	0.517 (0.321)	0.050 (0.152)	1.115 (0.297)
YEAR2	−0.488*** (0.007)	−0.085*** (0.000)	−1.369*** (0.000)	YEAR2	−0.495*** (0.007)	−0.085*** (0.000)	−1.380*** (0.000)
YEAR3	−0.103 (0.610)	−0.063*** (0.000)	−0.602 (0.129)	YEAR3	−0.102 (0.613)	−0.063*** (0.000)	−0.599 (0.130)
YEAR4	0.123 (0.641)	−0.016 (0.426)	−0.012 (0.981)	YEAR4	0.131 (0.619)	−0.015 (0.475)	0.005 (0.992)
YEAR5	−0.607* (0.077)	−0.046* (0.079)	−1.332** (0.037)	YEAR5	−0.591* (0.083)	−0.043* (0.096)	−1.306** (0.040)
F 值	4.42	5.76	4.20	F 值	4.32	5.63	4.07
P 值	0.0000	0.0000	0.0000	P 值	0.0000	0.0000	0.0000
R^2	0.0351	0.0503	0.0308	R^2	0.0331	0.0483	0.0299
样本数	2850	2850	2850	样本数	2850	2850	2850

注：(1)括号中的值为对单个系数 t 检验的 p 值,代表原假设可被拒绝的最小显著性水平,该值越小,代表变量系数越显著;(2)***、**、*代表变量分别通过了 1%、5%、10%水平的显著性检验。

资料来源:笔者使用 Stata12.0 进行回归整理所得。

可知,加入调节变量$Z(BG)$后,解释变量WD(WDl和WDa)的系数显著性与方向未受影响;观察一次交互项($BG×WDl$和$BG×WDa$)的系数,简洁模型3-7和简洁模型3-10均通过了1%水平的检验,简洁模型3-8、简洁模型3-9和简洁模型3-12均通过了5%水平的检验,而简洁模型3-11不显著,6组简洁模型的系数方向均为负,可以认为,公平偏好$Z(BG)$能够显著削弱高管团队内部薪酬差距与企业绩效之间的关系,这也与表8.12的结论相一致,即公平偏好的两个指标均有显著的负向调节作用。

8.5 研究结论与启示

8.5.1 研究结论

本研究将行为理论中的公平偏好理论加入了传统的锦标赛模型,构建了更符合现实情况的公平偏好锦标赛模型。通过对理论模型的数学推导分析,并结合沪深两市2014—2018年570家非金融上市公司的2850个观测值的面板数据的多元回归分析,本研究对高管团队内部薪酬差距与企业绩效之间的关系、公平偏好对二者关系的调节作用以及公平偏好对最优薪酬差距的影响进行了探讨与检验。本研究的研究结论如下:

1.高管团队内部薪酬差距与企业绩效之间为倒"U形"关系

本研究的理论模型分析认为,即使在传统的锦标赛模型之中,薪酬差距也是存在最优值的,而考虑公平偏好的锦标赛模型并未改变这一结论。最优值的存在说明薪酬差距并非越大越好,本研究在实证检验部分中通过双向固定效应的回归方法,验证了高管团队内部薪酬差距与企业绩效之间存在着较为显著的倒"U形"关系,即在最优值以内,二者之间呈显著正相关,薪酬差距越大,企业绩效越好;而超过最优值时,二者之间则呈显著负相关,薪酬差距越大,企业绩效越差。

通过对回归结果的分析发现,团队内最高薪酬与最低薪酬的最优薪酬差距约为年薪382~426万,同时最高薪酬与团队平均薪酬的最优薪酬差距约为年薪248~266万,样本分布集中在最优薪酬差距的左侧,也就是说,目前我国非金融企业大部分仍处于倒"U形"关系的上升阶段,对高管团队内部薪酬差距的扩大仍能产生较好的激励效果;只有约2%的样本超过了最优薪酬差距,说明极少数企业已经出现了高管团队内部薪酬差距过大的现象。

2.公平偏好会削弱高管团队内部薪酬差距与企业绩效之间的关系

本研究从理论模型分析中发现,公平偏好的存在与增强会使得薪酬差距对企业绩效的边际贡献下降。对实证回归结果的进一步分析发现,公平偏好对高管团队内部薪酬差距与企业绩效之间关系的调节作用具体表现为,在最优薪酬差距以内,公平偏好会削弱高管团队内部薪酬差距与企业绩效之间的正相关关系,而当超过最优薪酬差距时,公平偏好亦会削弱高管团队内部薪酬差距与企业绩效之间的负相关关系。这说明由于高管成员对于薪酬分配结果公平的关注,企业绩效对高管团队内部薪酬差距的敏感度减弱了。

3.公平偏好与高管团队内部最优薪酬差距之间负相关

本研究的理论模型分析与实证回归结果分析均认为,公平偏好的作用除了表现为调节薪酬差距与企业绩效之间的相关关系外,还表现为负向影响极值点即最优薪酬差距的数值。相比于纯粹自利情况,公平偏好存在情况下的最优薪酬差距更小;同时随着公平偏好程度的变化,高管团队内部最优薪酬差距也存在差异。具体而言,公平偏好强度增大,高管团队内部最优薪酬差距会变小;反之,当公平偏好强度降低时,高管团队内部最优薪酬差距的取值则更大。这说明公平偏好会加快高管团队内部薪酬差距负面影响的显现,缩短锦标赛制度的长久激励期限。

4.其他结论

结合本研究的主体回归与稳健性检验来看,公平偏好两个实证指标的测度效果并不相同。一方面,在对高管团队内部薪酬差距与企业绩效间关系的调节以及对高管团队内部最优薪酬差距的影响上,外部薪酬不公平程度与教育背景的作用方向是一致的,这保证了公平偏好作用方向的稳健性;另一方面,相对于外部薪酬不公平程度,教育背景对二者相关关系的调节作用不太显著,且对最优薪酬差距的影响也不太稳定。这说明相对于外部薪酬不公平程度,教育背景指标并非公平偏好的优良替代变量。

8.5.2 可能的创新之处

1.将公平偏好理论中的F&S模型纳入锦标赛模型,构建了考虑代理人公平心理特征的、更为一般性的锦标赛模型

自20世纪80年代始,许多经典实验的结果显示人们并非都是完全自利的,也具有善良、公平和互助特性。现实生活中,多数人往往展现出善良怜悯、追求公平、互助友爱、慈善捐赠等行为,这些都对传统"经济人"假设提出了挑战。实验经济学家逐渐开始对超越"经济人"假设的偏好进行研究,并促使了社会偏好理论的应运而生,其中公平偏好是最具普遍性的一种社会偏好。本研究将公平偏好理论中的F&S模型纳入锦标赛模型,构建了考虑代理人公平偏好心理特征的、更为一般性的锦标赛模型。进一步通过模型推导,分析公平偏好下薪酬差距与企业绩效之间是否呈现一种倒"U形"的非线性关系,并探讨公平偏好对二者关系的调节作用以及对高管团队内部最优薪酬差距的影响,深化了对锦标赛理论的认知。

2.构建了高管团队内部薪酬差距对企业绩效影响的非线性模型以及公平偏好对二者关系影响的模型,并应用我国上市公司数据进行了实证检验

现有研究极少将公平偏好纳入高管团队内部薪酬差距与企业绩效关系的实证模型,且对高管团队内部薪酬差距与企业绩效间关系的研究多是基于线性关系的。本研究根据锦标赛模型以及考虑公平偏好的锦标赛模型,推导提出高管团队内部薪酬差距与企业绩效间非线性关系的假设及公平偏好对二者关系影响的假设。在此基础上,应用我国上市公司2014—2018年数据对假设进行了实证检验。从计划经济时代近乎平均主义的工资体系到市场经济体制下国有企业负责人薪酬制度改革红利下薪酬水平逐步抬升,薪酬激励效应凸显。改革开放极大地促进了人民生活水平的显著提高,人们的信念与偏好也必然伴随国民经济快速发展共生演化。从2004年我国开始启动收入分配改革调研,到2013年国务院批转《关于深化收入分配制度改革的若干意见》中明确提出"收入分配差距逐步缩小"目标、"加强国有企业高管薪酬管理"继续完善初次分配机制措施,可以窥见国有企业委托人的偏好变化。现阶段,我国上市公司高管团队内部薪酬差距是否合理? 除了委托人公平偏好突显外,高管团队成员的偏好结构是否也日渐演化? 亟须基于现期数据进行揭示。本研究的实证检验部分在一定程度上弥补了这一领域研究的不足,采用了公平偏好实证指标,检验了高管团队内部薪酬差距与企业绩效之间的关系,以及公平偏好的调节效应及对最优薪酬差距的影响,从而为我国上市公司现阶段高管人员薪酬政策制定提供了更为稳健的证据支持。

3.揭示了公平偏好对高管团队最优薪酬差距的影响机理

通过构建考虑代理人公平偏好心理特征的、更为一般性的锦标赛模型,推导出两权分离制度下,公平偏好对委托人效用最大化时最优薪酬差距的影响,揭示了其发挥作用的内在机理。同时模型分析结果得到了实证研究数据的支持。

8.5.3　政策建议与启示

高管团队作为企业的灵魂,其成员的努力程度直接影响着企业绩效,因而对高管团队的激励历来是企业所有者的关注焦点。在两权分离现代公司制度下,锦标赛理论的提出有助于将代理人与委托人的利益最大化进行归并,使得企业可以通过设置薪酬差距来激励高管付出能够同时最大化个人效用与企业收益的努力水平。然而对于锦标赛制度中的薪酬差距合理数值的问题,应当注意到非理想的现实条件中人往往非纯粹自利、常与周围相比较这一特点,充分考虑到薪酬差距设置过大的后果,从而基于实际情况对锦标赛制度中的薪酬设计加以调整。

根据研究结论,本研究对企业提出了三点政策建议:

1.鼓励大部分企业适度提高高管团队内部薪酬差距

本研究发现,约98%的我国上市公司样本都处于影响企业绩效的倒"U形"曲线的极值点左侧,说明目前对于绝大多数企业来说,高管团队内部薪酬差距正发挥着积极影响,使用锦标赛制度能够产生良好的激励效果。具体来说,极值点即最优薪酬差距出现在本研究薪酬差距取值的第三分位点(75百分位点)左右,而第一分位点(25百分位点)以内的样本数就占了总样本的约90%,对应的薪酬差距具体数值为CEO-团队最低139.03万、CEO-团队平均86.66万以内,其中15百分位点内的样本数占比达80%,对应CEO-团队最低85.03万、CEO-团队平均52.98万以内的薪酬差距,这与极值点相距甚远。因此大多数企业在对高管团队内部薪酬的设计上,可以进一步扩大不同职级高管间的薪等差距,这有利于企业提升经营业绩。

2.部分企业应警惕高管团队内部薪酬差距过大的负面效应

本研究发现,约2%的样本高管团队内部薪酬差距已经达到并超过了最优值,说明我国上市公司极少数企业设置的薪酬差距数额过大,已对其绩效产生了负面影响,这时锦标赛制度的激励作用失效。因此建议这部分企业采取措施,视情况缩小其高管团队职级间的薪等差距,以期减少薪酬差距过大对企业绩效的不良影响。

在样本观测期内分年度来看,超出最优薪酬差距的样本量在逐年增多,结合描述性统计中薪酬差距逐年上升的趋势,本研究认为,不仅有必要提醒少数极值点以外的企业关注薪酬差距过大的问题,同时也建议部分即将达到极值点的企业,谨慎控制高管团队职级间的薪等差距,及时调整薪酬结构,防止薪酬差距的进一步扩大危害企业绩效。

3.对薪酬差距的设计应纳入对高管公平偏好的考量

企业应注意到,锦标赛制度中高管参与者的公平偏好强度对薪酬差距的激励作用会产生影响。对每一水平下的薪酬差距来说,公平偏好的存在与增强会降低薪酬差距对企业绩效的边际贡献。具体表现在,公平偏好会削弱二者之间的关系,并使最优薪酬差距减小。这说明由于高管对公平的关注,高管团队内部薪酬差距对企业绩效的作用不如无公平偏好时强烈,锦标赛制度无法完全发挥原有的效能,并且公平偏好会加快薪酬差距负面效应的显现。因此企业在设置高管团队内部薪酬差距时,应积极识别高管公平偏好的强弱,即判断各高管成员对于薪酬不均的反应的强烈程度,并基于此确定职级薪等的水平。具体来说,若发现其高管团队整体对薪酬不均的反应较平淡,不太关心彼此的薪酬高低,则可以不用考虑公平偏好,切实设置职级薪等;而若是高管团队整体具有较为强烈的公平偏好,成员对薪酬不均十分敏感,则最好设置较小的职级间薪酬差距。

8.5.4 研究局限与展望

第一,公平偏好是个人特征,具有个体异质性并易受环境影响,对公平偏好的测度多见于各种实验。本研究中的公平偏好采用了相关文献中的外部薪酬不公平程度与教育背景两个指标,前者反映了外部环境的影响,后者反映了个体异质性,但两个指标都只能表征偏好强度,并不能代表团队成员具体为嫉妒心理或是同情心理。未来应积极开发能够全面反映公平偏好的指标,或研究实验中的公平偏好指标与大样本实证回归的结合方式。

第二,本研究使用了近五年非金融企业平衡面板数据进行总体回归,由于总样本中部分非制造业的行业样本量过小,因此未进行分行业的分组回归,但各行业的薪酬差距情况必然会有所不同,其各自的最优薪酬差距很可能存在差异,因此未来可使用非平衡面板数据,加大时间跨度来扩大样本量以考察行业间的差异。此外时间跨度的加大还有助于研究公平偏好的变化与影响。

第九章 结 论

本研究基于薪酬管制政策背景，探讨了薪酬管制对企业经理人努力水平的影响，并提出了其通过参照点效应对高管努力水平发生作用的内在影响机理。研究进一步利用我国上市公司数据及情景模拟和行为博弈实验，从行为结果及心理认知两个层面对上述理论主张进行了实证及实验检验，研究同时探究了参照依赖下的损失厌恶特征以及超越"经济人"假设的公平偏好对理论的影响及其内在作用机理。

9.1 研究结论

研究逻辑：薪酬管制通过多重参照点影响经理人的心理认知与行为决策。研究通过对经理人薪酬参照点选择规律的探索，识别了对其行为决策产生重要影响的参照点；继而研究了各个参照点对个体心理认知（薪酬公平感知、薪酬满意度）和行为决策（努力水平代理变量—企业业绩）的影响及内在作用机制（损失厌恶和不平等厌恶偏好的调节作用）。研究主要结论如下：

1. 基于我国文化背景，抽取了经理人薪酬参照点的5个主要因子，探索性地构建了经理人薪酬参照点的五维结构模型

经过问卷调查及样本数据的探索性因子分析，抽取的经理人薪酬比较的主要参照点为组织外部他人参照点、社交参照点、自我预期参照点、组织内部他人参照点、制度预期参照点。其中组织外部他人参照点指外部关联组织的经理人员参照,包括同规模公司该职位的外单位人员等8个参照点;社交参照点是日常社会交往对象参照,包括朋友/同学等8个参照点;自我预期参照点与他人不相关,是建立在自身客观条件之上的期望参照,包括历史薪酬等5个参照点;组织内部他人参照点是指组织内部同事间比较,包括同职位同事等4个参照点;制度预期参照点与组织薪酬契约承诺的薪酬及组织薪酬结构、绩效管理等薪酬制度相关,包括组织承诺薪酬等2个参照点。

2.高管薪酬的横向水平参照对企业绩效具有显著影响,并呈现了多重参照点特征

高管是企业重要的人力资本之一,其努力水平与企业绩效相关。然而由于信息不对称,高管的努力水平很难被直接观测,因此许多研究选择企业绩效指标作为其努力水平的代理变量进行研究。本研究选取2013—2016年在沪深A股市场存续的上市公司,检验高管薪酬横向水平比较对每股收益和总资产收益率的影响。实证检验发现:企业每股收益显著受到同行业、同地区以及同产权性质企业高管薪酬参照的影响,同行业、同产权性质水平薪酬参照点对企业的总资产收益率具有明显的正向影响。

3.薪酬管制程度对高管薪酬参照与企业绩效间的关系具有正向调节作用

本研究选取2013—2016年在沪深A股市场存续的上市公司,检验薪酬管制对企业业绩产生影响的作用机制。研究发现:薪酬管制程度越高,高管同行业薪酬参照对企业绩效影响越大;薪酬管制程度越高,高管同地区薪酬参照对企业绩效影响越大;薪酬管制程度越高,高管同产权性质薪酬参照对企业绩效影响越大(部分成立)。

4.高管薪酬横向水平参照呈现了损失厌恶特征

对2013—2016年在沪深A股市场存续的上市公司的实证分析显示,高管薪酬水平参照呈现了损失厌恶特征,即高管薪酬"损失"相较于同等程度的薪酬"收益"将导致更大程度的企业绩效变动。研究将高管薪酬均值与同行业、同地区以及同性质企业的高管薪酬均值参照基准进行对比之后发现,高、低组参照点效应回归结果均为正,而且高管薪酬水平低于同行业和同性质组的回归系数绝对值比高水平组的回归系数绝对值大，且均显著。表明在薪酬水平低于参照基准时，高管薪酬参照点效应将比高于参照基准时产生更加强烈地影响企业业绩。

5. 薪酬满意度存在参照点效应且呈现损失厌恶特征，损失厌恶调节薪酬满意度的参照点效应

薪酬满意度是组织行为与人力资源管理领域一个重要的态度层面变量，研究薪酬满意度是否存在参照点效应对于预测个体行为具有更为普遍的意义。研究采用情境模拟实验，设计了(无参照点、预期参照点、现状参照点、水平参照点)4种实验情境。研究发现：存在预期参照点时，被试薪酬满意度均值水平显著高于没有预期参照时；存在现状参照点时，被试薪酬满意度均值水平显著低于不存在现状参照时；存在水平参照点时被试薪酬满意度均值水平高于不存在参照点时薪酬满意度均值水平，但结果不显著。结合第七章研究结论，说明横向水平参照结果更多地影响薪酬公平感知，而非薪酬满意度。

研究采用在模拟的实验情境中对自变量进行操纵，从而考察被试反应变化的情境实验方法，以检验薪酬满意度是否存在损失厌恶特征。实验分别给出(高于、等于、低于)×(预期参照点、现状参照点、水平参照点)共9种实验情境，请被试分别在各种情境下就自己的薪酬满意度进行自我报告。研究发现：相较于预期参照点，同等程度的"损失"比同等程度的"收益"对个体的薪酬满意度影响更大；相较于水平参照点，同等程度的"损失"比同等程度的"收益"对个体的薪酬满意度影响更大。

研究发现：实得薪酬低于预期参照点时，损失厌恶特征强者的薪酬满意度显著低于损失厌恶特征弱者；实得薪酬低于水平参照点时，损失厌恶特征强者的薪酬满意度显著低于损失厌特征弱者，证明了损失厌恶特征正向调节薪酬参照与薪酬满意度间关系。

6. 薪酬公平感知存在参照点效应且呈损失厌恶特征，存在水平参照点情况下，优势不平等厌恶偏好调节个体薪酬公平感知的参照点效应

研究采用情境模拟实验，设计了(无参照点、预期参照点、现状参照点、水平参照点)4种实验情境,检验薪酬公平感知的参照点效应。研究发现:在预期比较和横向水平比较情况下,薪酬公平感知存在参照点效应。存在现状参照点时,被试薪酬公平感知均值水平低于不存在参照点时,但是不显著。结合第六章研究结论,我们认为有无现状参照点将更多地影响被试的薪酬满意度而非薪酬公平感知。

研究采用在模拟的实验情境中对自变量进行操纵,从而考察被试反应变化的情境实验方法,以检验薪酬公平感知是否存在损失厌恶特征。实验给出(高于、等于、低于)×(预期参照点、现状参照点、水平参照点)共9种实验情境,请被试分别在各种情境下就自己的薪酬公平感知进行自我报告。研究发现:参照点之下,个体的薪酬公平感知表现为"损失";现状、水平参照点之上,个体的薪酬公平感知表现为"收益"而非"有利损失",预期参照点之上,薪酬公平感知相较于等于预期参照点时变化不大,略呈"有利损失"表象。存在现状和水平参照点时,同等程度的"损失"比同等程度的"收益"对个体的公平感知影响更大。此外,虽然相较于实得薪酬符合预期的情境,个体薪酬高于预期时公平感知变化不明显,但是其变动的绝对值水平远小于同等程度低于预期参照的情境,也体现了损失厌恶特征。

研究发现:存在水平参照点情况下,优势不平等厌恶偏好调节个体薪酬公平感知的参照点效应;相对于劣势不平等厌恶系数,利用优势不平等厌恶系数区分被试偏好的异质性具有更多的经验数据支持。

7. 高管团队内部薪酬差距与企业绩效之间为倒"U形"关系

本研究选用2014—2018年深市与沪市主板A股上市企业的面板数据(Panel Data)作为样本,通过双向固定效应的回归方法,验证了高管团队内部薪酬差距与企业绩效之间存在着较为显著的倒"U形"关系,即在最优值以内,二者之间呈显著正相关,薪酬差距越大,企业绩效越好;而超过最优值时,二者之间则呈显著负相关,薪酬差距越大,企业绩效越差。

8. 公平偏好会削弱高管团队内部薪酬差距与企业绩效之间的关系,同时公平偏好与高管团队内部最优薪酬差距之间负相关

本研究通过理论模型分析发现,公平偏好的存在与增强会使得薪酬差距对企业绩效的边际贡献下降。通过对实证回归结果的进一步分析发现，公平偏好对高管团队内部薪酬差距与企业绩效之间关系的调节作用具体表现为，在最优薪酬差距以内，公平偏好会削弱高管团队内部薪酬差距与企业绩效之间的正相关关系，而当超过最优薪酬差距时，公平偏好亦会削弱高管团队内部薪酬差距与企业绩效之间的负相关关系。

本研究的理论模型分析与实证回归结果分析均认为，公平偏好的作用除了表现为调节薪酬差距与企业绩效之间的相关关系外，还表现为负向影响极值点即最优薪酬差距的数值。相比于纯粹自利情况，公平偏好存在情况下的最优薪酬差距更小；同时随着公平偏好程度的变化，高管团队内部最优薪酬差距也存在差异。具体而言，公平偏好强度增大，高管团队内部最优薪酬差距会变小；反之，当公平偏好强度降低时，高管团队内部最优薪酬差距的取值则更大。

9.2　研究的局限性

研究还存在许多不足之处，主要的研究局限性如下：

第一，针对经理人薪酬参照点识别问题的研究结论是基于所选样本的。鉴于研究需要，经理人样本获取具有一定的难度，在更大的样本范围内，经理人薪酬参照点的五维因子结构是否依旧成立？各个参照点的比较频率排序是否稳定？有待进一步验证。

第二，关于薪酬管制、高管薪酬参照对企业绩效的影响研究，高管薪酬仅考虑了货币报酬，没有涉及经理人持股或股权激励等延期支付形式的影响。主要原因是我国上市公司高管持股及实施股权激励的数量有限，另外高管持股比例较低，也并不普遍。随着股权激励在上市公司中更广泛地应用，研究将尝试收集相关数据并进行分析。

第三，关于薪酬管制、经理人薪酬参照对薪酬满意度及薪酬公平感知的影响研究，应用实得薪酬与薪酬参照点的差值来检验薪酬满意度及薪酬公平感知的参照点效应。但研究发现，这种测量方式在衡量偏离参照点的程度上存在一些局限,今后的研究可以考虑引入增长幅度等相对数来刻画实得薪酬相对于参照点的偏离程度。

第四,针对公平偏好、高管团队内部薪酬差距与企业绩效间关系的研究,使月了近五年非金融企业平衡面板数据进行总体回归,由于总样本中部分非制造业的行业样本量过小,因此未进行分行业的分组回归,但各行业的薪酬差距情况必然会有所不同,其各自的最优薪酬差距很可能存在差异,因此未来可使用非平衡面板数据、加大时间跨度来扩大样本量以考察行业间的差异。此外时间跨度的加大还有助于研究公平偏好的变化与影响。

9.3 未来研究展望

第一,多重参照点的交互作用机制。参照点的选择是个体的一个心理活动,具有内隐性、动态性和复杂性的特征,给学者们的研究造成了一定的困难。对于预测个体将选择"谁"或者"什么"作为其比较标准存在较大的难度,这是参照点研究的一个核心问题。本研究发现了经理人薪酬比较存在多重参照点,并根据数据分析结果讨论了它们的重要程度差异,但对多重参照点间如何共同发挥作用的交互机制研究不足,这将成为未来研究的重点。

第二,不同参照点触发的脑神经机制。本研究发现了相同情境及情境变化情况下,薪酬公平感知与薪酬满意度的参照点效应差异。导致这种差异的原因是什么?两者虽同属于态度层面的心理认知变量,两者脑神经决策机制存在什么差别?有待进一步探索。

附录　薪酬管制、高管薪酬参照点效应与国有企业风险承担

一、引言

当前,中国经济社会发展进入向第二个百年奋斗目标迈进的新阶段,企业面临的不确定性因素日益增多,经营决策面临着更大的挑战。风险往往伴随着收益的不确定性或成本、代价的不确定性。企业风险承担主要刻画了组织为获取更高利润而担负成本及代价的意愿(张敏等,2015;周泽将等,2019)。风险承担是增进企业绩效及股东利益的重要因素(John et al.,2008;Boubakri et al.,2013;余明桂等,2013),宏观层面亦可提升社会资源配置效率,促进技术进步与经济增长(John et al.,2008;马永强等,2019)。在理想的完全有效市场中,"理性"企业组织为了最大化企业价值及股东利益,应该选择承担风险而投资于预期净现值(NPV)为正的项目(Fama et al.,1972)。然而,现实中相对于确定性收入,风险规避型企业往往会放弃具有相同甚至更大期望值的风险收入。因此,如何进行政策设计,鼓励企业合理承担风险,是关系到我国经济社会发展的重要议题。

企业风险承担在经营实践中表现为企业在投资决策过程中对风险项目的选择(张敏等,2015)。《中华人民共和国公司法》规定董事会对股东会负责,行使职权包括决定公司的经营计划和投资方案等;经理对董事会负责,行使职权包括组织实施公司年度经营计划和投资方案等;监事会、不设监事会的公司的监事行使职权包括对董事、高级管理人员执行公司职务的行为

进行监督。可见管理层对企业投资决策拥有控制权(路军伟 等,2021),企业风险承担极大程度上取决于由董事、监事、高级管理人员组成的企业高层管理者(简称高管)团队。因此,探究高管激励与约束机制,引导其选择适度的风险项目,对于促进企业风险承担具有重要作用。

薪酬管制是"次贷"危机后西方政府经济治理的政策选择,也是中国政府促进经济发展和社会公平的一项制度安排。2014年8月29日,中共中央政治局审议通过《中央管理企业负责人薪酬制度改革方案》(以下简称《薪酬制度改革方案》)、《关于合理确定并严格规范中央企业负责人履职待遇、业务支出的意见》,在加强监督的基础上进一步加大对中央企业负责人薪酬的调控力度。随后,各省(市、自治区)国有资产监督管理委员参照中央改革精神,陆续制定了本省(市、自治区)国有企业负责人薪酬制度改革方案(以下将中央企业和地方国有企业统称为国有企业)。薪酬管制政策内在经济机理首先着眼于效率问题,是特定治理环境下国有企业降低代理成本、提升治理效率的一种制度安排。企业风险承担是增进企业绩效及股东利益的重要因素,薪酬管制政策是否以及如何影响企业风险承担,能否降低代理成本,关系到治理效率。特别是当前双循环发展格局日益深入的背景下,研究政府调控的薪酬管制政策对探讨国有企业风险承担的影响具有重要的现实意义。本文将探索性地分析和检验2015年实施的《薪酬制度改革方案》对国有企业风险承担的可能影响及其内在机制。

本文可能的边际贡献:第一,丰富了企业风险承担影响因素的相关研究。以往从政策视角研究企业风险承担经济效果问题多见之于宏观货币、财政政策,本文基于2015年薪酬管制这一政策性因素现实背景,系统评估了薪酬管制对国有企业风险承担的因果效应,丰富了企业风险承担影响因素研究。第二,拓展了薪酬管制政策效果评估的研究范畴,揭示了其对国有企业风险承担的影响及其内在作用机理。已有研究从薪酬水平、在职消费、主动离职、公司创新等方面探析了薪酬管制政策效果(张楠等,2017;杨伽伦等,2020),而从企业风险承担角度考察政策经济效果的研究寥寥无几。两权分离下,委托人和代理人的目标不一致性引发了代理问题。薪酬管制作为一种调控制度,不仅旨在公平,其内在经济机理首先是在特定治理环境下国有企业降低代理成本的一种制度安排,即提高效率。基于委托—代理理论,学者们从高管激励机制视角开展研究以期提升企业风险承担水平,但成果相对集中于股权激励和股票期权的激励效果探索(Rajgopal et al.,2002),对货币薪酬激励作用关注不足。本文基于委托—代理理论、前景理论及考虑社会偏好的委托—代理理论,从货币薪酬构成与薪酬水平层面探索薪酬管制政策的企业风险承担激励效果,拓展了薪酬管制政策效果评估的研究领域。第三,探索了薪酬管制对国有企业风险承担的影响机制。本文在评估2015年薪酬管制政策效果的基础上,进一步构建模型进行作用机制分析,发现高管行业薪酬参照点效应是薪酬管制促进国有企业风险承担的重要影响渠道,深化了薪酬管制与国有企业风险承担之间关系的理解,也为企业优化高管薪酬激励机制提供了参考。

二、理论分析与研究假设

(一)薪酬管制政策

Burgess(1995)认为,政府管制是政府采取的干预行动。本文将薪酬管制(compensation regulation)界定为国家为实现公平与效率的目标依靠其政治权力直接干预企业高层管理者薪酬的一种制度安排。主要的薪酬管制形式包括薪酬结构调整、限薪或减薪及实施股权、期权等长期激励机制等。2015年实施的《薪酬制度改革方案》包括"完善制度、调整结构、加强监管、调节水平、规范待遇"五方面内容。其最核心的内容是对中央管理企业高管薪酬进行差异化管控,综合考虑高管当期和中长期业绩持续发展,重点对部分垄断性高收入行业以及行政任命的中央管理企业负责人薪酬进行限高,以抑制畸高薪酬。改革后的中央管理企业负责人薪酬结构由基本年薪、绩效年薪和任期激励收入三部分组成,总收入不超过在职员工平均工资的7~8倍。

(二)薪酬管制对企业风险承担的影响

两权分离的现代企业制度下,如何设计有效的激励机制促进代理人采取行动最大限度地增加委托人效用、缓解代理问题成为理论和实务界共同关注的焦点。薪酬契约（compensation contract）是最为常见的激励机制，然而薪酬契约在实践中并不能够完全避免目标不一致和信息分散化带来的效率损失，并可能导致代理人从事盈余管理（earnings management）及代理人间的合谋（collusion）等负效应。当薪酬激励机制本身引发的代理成本高于其节约的由两权分离和信息不对称引发的代理成本时，则应约束薪酬激励的强度，减少效率损失。约束薪酬激励强度的最直接形式就是薪酬管制。2015年实施的薪酬管制政策主要表现为货币薪酬激励改革，可以通过薪酬构成及薪酬水平调控，进而对企业风险承担产生影响。

货币薪酬的构成形式主要包括固定薪酬及与当期业绩相关的浮动薪酬这一短期激励形式。现有关于货币薪酬激励与企业风险承担之间关系的研究并未形成一致性的结论。一方面，部分研究发现货币薪酬激励与企业风险承担负相关，Narayanan（1985）证明代理人选择只包括短期激励或者固定薪酬的激励合同，将导致他们在长期项目上投资不足。Wright等（2007）指出货币报酬收入流导致经理人的注意力集中于减少业绩下滑的风险。Jin（2002）研究发现，薪酬绩效敏感性与特殊风险负相关，而与系统风险基本没有关系。Aggarwal等（1999）认为在控制公司规模等变量后，不同类型高管的薪酬绩效敏感性与公司风险之间呈负相关关系。另一方面，部分研究主张货币薪酬激励与企业风险承担正相关。Hagendorff等（2011）基于美国银行样本，分析了银行业高管薪酬结构对CEO风险选择的影响，发现薪酬风险敏感度越高，CEO增加风险交易的可能性越大。另有学者指出两者之间存在非线性相关关系（Haq et al., 2010）。

此外，货币薪酬还包括基于任期绩效考核的长期激励机制，如货币形式的任期激励。长期激励机制通过将管理层决策导向长期绩效，更好地统一股东与管理层的利益。关于长期激励机制与企业风险承担间关系的研究多见于股权激励以及股票期权激励。然而，学者们并不普遍认为股权或者股票期权有利于缓解管理层与股东之间在风险承担问题上的代理冲突（Core et al., 2003）。主张长期激励计划无效的学者指出，股权或者股票期权加剧了经理人财富对于公司的依赖,从而降低了他们对额外风险的容忍度(Lambert,1986;Wiseman et al.,1998)。为数不多的有关货币形式的长期激励机制与企业风险承担间关系的研究认为,相较于股权激励以及股票期权激励,现金形式的长期激励对企业风险承担无显著影响(Gao et al.,2005)。

有关货币薪酬水平与企业风险承担间关系的研究结论亦莫衷一是。有学者研究发现高水平的固定薪酬诱导代理人规避风险以确保维持现有收入(Gao et al.,2005),另有研究指出货币薪酬激励水平的提高能够增进高管风险承担水平(张瑞君 等,2013)。

货币薪酬构成方面,2015年《薪酬制度改革方案》对中央管理企业负责人薪酬构成进行了调整,增加了任期激励部分。作为绩效年薪短期激励模式的补充,任期激励从中长期协调了代理人与股东利益的一致性,有助于减少代理成本,加大代理人进行研发、创新等长期投资的可能,从而提升企业风险承担水平。另一方面,任期激励相较于股权或股票期权长期激励形式,降低了高管财富对公司业绩的依赖程度,进而减少长期激励诱发高管风险规避度增大的可能。此外,改革前虽也存在与国有企业负责人任期经营业绩考核相挂钩的浮动薪酬激励,但其具体形式为绩效年薪的延期兑现部分。由企业一次性提取、分期兑现的延期兑付薪酬导致代理人早已将其视为近乎确定性的收益预期。根据前景理论(prospect theory),个体在面临收益时大多数选择风险规避,为了降低预期收益无法实现的“损失”,代理人往往倾向于选择“不求有功,但求无过”的稳健型低风险投资方案。任期激励形式的改革,缓解了保证投资成功以获取绩效年薪延期兑现部分“预期收益”的底线框架对代理人风险决策的约束,从而降低了其风险承担的敏感性,促进企业风险承担。

货币薪酬水平方面,2015年《薪酬制度改革方案》的限高措施,使得中央管理企业负责人总收入与职工平均收入的差距从不超过12倍调整至7~8倍。鉴于《薪酬制度改革方案》全文没有对外公开,从各省(市、自治区)已公布的方案来看,省管企业负责人基本年薪按照上年度省属企业在岗职工年平均工资的2倍确定。改革前,企业负责人的基本年薪基数为上年度中央管理企业在岗职工平均工资的5倍,同时结合薪酬调节系数确定,而薪酬调节系数限高,暂定最高不超过1.5。这意味着,一方面基本年薪固定薪酬水平的下降,使得代理人规避风险以确保维持现有高水平收入的特征得以缓解;另一方面,改革后代理人面临风险性项目决策时,如果选择高风险性的投资方案,若不幸失败而遭遇职业生涯危机导致的潜在薪酬损失变小(即风险决策担负的成本变小),有利于增强高管的风险承担意愿。

综上,2015年实施的薪酬管制将主要通过薪酬激励机制两方面的调整影响国有企业风险承担:第一,调整薪酬构成、增加任期激励。任期激励有利于克服短期激励形式在长期导向方面的不足,将管理层决策引向长期绩效,增强高管风险承担意愿。与此同时,亦可能避免股权或股票期权形式长期激励导致的高管风险规避程度增大;第二,调节薪酬水平、限高以抑制畸高薪酬。基本年薪基数下调,减弱了高管规避风险以确保维持现有收入的动机。因此,此次薪酬改革方案有利于促进国有企业风险承担,提出研究假设:

H1:薪酬管制政策的实施有利于提高国有企业风险承担水平。

(三)薪酬管制政策对企业风险承担的影响机制

传统委托—代理理论以"理性经济人"为基础假设展开研究,只关注代理人绝对收入水平对其行为的影响,而忽视了他人收入水平的作用。部分实证研究与高管激励实践表明,高管薪酬契约设计中普遍存在参照依赖现象,并可能对薪酬契约本身的演化和高管经营决策产生重要影响(Jensen et al.,2004;李维安 等,2010),即高管薪酬的参照点效应。当高管薪酬契约向下偏离外部参照基准时,高管会产生自我利益被侵蚀的消极心理感知,进而影响其后续行为决策(陈信元 等,2009)。考虑社会偏好的委托—代理理论在传统委托代理分析范式的基础上植入博弈参与人公平、利他等社会偏好。关注动机公平的委托—代理模型以Rabin(1993)互惠意图(intention based reciprocity)理论为代表,强调行为背后的动机和意图的公平性,并将"公平性"(fairness)视为"当别人对你友善时你也对别人友善,当别人对你不善时你也对别人不善"进行定义。Rabin(1993)更进一步指出参与者判断对方意图的依据是自己的二阶信念结构,结果将影响其后续采取的反应策略。中国改革开放后,经济快速发展,人民生活显著改善,实现了从温饱向小康的跨越,特别是自2003年薪酬改革以来高管日益成为高收入群体的重要组成部分;加之长期受到"不患寡而患不均"传统思想的影响,现阶段高管关注的薪酬焦点并不单纯在于绝对收入的高低,同时也取决于其薪酬水平与外部参照标准的差异。2015年实施的薪酬改革普遍降低了高管薪酬预期,但当其实得薪酬水平依旧高于参照标准时,会获得相对较高的薪酬获益感。根据互惠理论,高管将对委托人的善意动机以德报德,进而采取更有益于委托人利益的行动,降低放弃具有更大期望收益风险项目的意愿,减少代理成本。

此外,锦标赛理论主张委托人根据代理人产出排序结果,给予产出较多者晋升奖金,从而激励代理人提高努力水平赢得竞赛,以缓解代理人道德风险。Lazear等(1981)证明,如果代理人的业绩是相关的,锦标赛制度可以更多剔除风险等不确定因素对代理人业绩的影响,使得委托人更准确地判断代理人的努力水平。由此可见,锦标赛制度有利于缓解高管对项目投资失败引致后果的忧虑,提升高管风险承担程度。部分研究发现,组织内部的锦标赛激励能够增进高管的风险承担水平(Kini et al.,2012)。根据锦标赛理论,与薪酬参照标准比较的相对薪酬发挥类似晋升奖金的作用,高管薪酬相对于参照标准越高,激励效果越明显。同行业、同地区、同产权性质外部锦标赛制度有助于排除政策环境、技术环境等不确定因素对高管业绩的影响,一定程度上降低高管因承担风险而遭受业绩冲击的担忧,促进其客观选择承担风险而投资于预期净现值(NPV)为正的项目,最大化股东利益与企业价值。高管薪酬相对于外部参照标准的水平越高,其承担风险以赢得竞赛的动机越强烈。

因此,薪酬改革背景下,高管薪酬相对于外部参照标准的水平越高,越能激发其选择最大化委托人收益的行动,促进企业风险承担。综上,提出研究假设:

H2:薪酬管制通过高管薪酬参照点效应对国有企业风险承担发挥正向作用。

三、研究设计

（一）样本数据与来源

本文选取 2011—2019 年中国 A 股上市公司数据。由于被解释变量企业风险承担需 3 年窗口期数据进行计算，因此本文实际使用 2009—2019 年数据。在此基础上依据以下原则对数据进行筛选：（1）剔除含 S、ST、PT 标识的公司数据；（2）剔除金融证券行业公司数据；（3）剔除不属于国有企业、民营企业、外资企业范畴的其他公司数据；（4）剔除财务状况异常的公司数据（资产负债率≥1、营业收入或资产≤0 的公司）；（5）剔除仅包含 2011—2014 年或 2015—2019 年的公司数据；（6）剔除信息不完备的公司数据。数据来源于 CSMAR 数据库，数据处理软件为 Stata16，对连续变量进行上下 1% 的 Winsorize 缩尾处理以规避极端值的影响，最终得到九个年度 2028 家上市公司共 15535 个样本观测数据，其中包括国有企业上市公司 971 家。

（二）指标构建

1.被解释变量

企业风险承担水平（*Risk*）。参考已有文献（Boubakri et al.，2013；何瑛等，2019）的测度方法，本文采用观测时段内企业盈利波动率 *Roa* 的波动程度来度量企业风险承担水平。其中 *Roa* 使用息税前利润除以年末总资产衡量。首先用公司 *Roa* 减去年度行业均值得到 *Adj_Roa*，因制造业企业数量较多，对制造业企业的行业分类细化至两位代码，然后以每三年（$t-2$ 年至 t 年）作为一个观测时段，分别滚动计算 *Adj_Roa* 的标准差 *Risk*1 和极差 *Risk*2。具体计算方法如下，其中，i 表示企业，t 表示年份：

$$Risk1_{i,t}=\sqrt{\frac{1}{T-1}\sum_{t=1}^{T}\left(Adj\_Roa_{i,t}-\frac{1}{T}\sum_{t=1}^{T}Adj\_Roa_{i,t}\right)^2} \tag{1}$$

$$Risk2_{i,t}=\text{Max}(Adj\_Roa_{i,t-2},Adj\_Roa_{i,t-1},Adj\_Roa_{i,t})-$$
$$\text{Min}(Adj\_Roa_{i,t-2},Adj\_Roa_{i,t-1},Adj\_Roa_{i,t}) \tag{2}$$

2.解释变量

薪酬管制政策的实施（*DID*）。*DID* 为 *Post* 与 *Treat* 的交乘项，表示政策实施对企业风险承担的影响。其中，*Treat* 表示实验组虚拟变量，当为国有企业时取1，当为非国有企业时取0；*Post* 表示实验期虚拟变量，政策实施当期及以后年份取1，政策实施前取0，各省份政策实施年份见表1。

表1 各省（自治区、直辖市）薪酬管制政策实施时间

年份	省（自治区、直辖市）
2015	北京、天津、河北、山西、辽宁、吉林、黑龙江、上海、江苏、浙江、安徽、福建、江西、山东、河南、湖北、湖南、广东、青海、新疆、四川、贵州、云南
2016	内蒙古、广西、海南、陕西、甘肃、宁夏、重庆、西藏

3.控制变量

参考现有企业风险承担文献（余明桂等，2013），本文控制以下变量对企业风险承担的影响：财务杠杆、董事会独立性、董事会规模、高管绝对薪酬、企业规模、CEO两职兼任、高管持股比例、国有股比例、股权集中度、营业收入增长率、营业利润率、托宾Q值、资本密集度、利润总额比总资产。变量具体定义见表2。

表2 控制变量及其定义

变量名称	变量符号	变量定义
高管绝对薪酬	ln*TPAY*	前三名高管薪酬总额自然对数值
财务杠杆	*LEV*	企业资产负债率
企业规模	ln*N*	企业总资产的自然对数值
股权集中度	*TOP*10	前十大流通股比例
董事会独立性	*IDP*	独立董事人数/董事会总人数
高管持股比例	*MHolder*	高管持股数/总股数
国有股比例	*PSS*	国有股股数/总股数
董事会规模	*BOD*	董事会人数
CEO两职兼任	*DUAL*	虚拟变量，当公司中的CEO与董事长是同一人时取1，否则取0
营业收入增长率	*Growth*	（营业收入本年金额–营业收入上年金额）/营业收入上年金额

变量名称	变量符号	变量定义
营业利润率	*YY*	营业利润/营业收入
托宾Q值	*Q*	市值/总资产
资本密集度	*Cap*	总资产/营业收入
利润总额比总资产	*PERF*	利润总额/总资产

(三)模型设计

1.DID 模型设计

本文采用多时点双重差分法(DID)估计薪酬管制政策对企业风险承担水平的影响。采用双重差分法能更好地排除干扰因素,检验薪酬管制政策实施对企业风险承担水平的影响。2015 年国家对中央管理企业正式实施薪酬管制政策,随后各省(市、自治区)国资委据此制定本省(市、自治区)的薪酬管制政策。因各省(市、自治区)薪酬管制政策实施时点不同,由此建立多时点双重差分模型:

$$Risk1_{i,t}=\alpha_0+\alpha_1DID_{i,t}+\alpha_2Treat_i+\alpha_3Post_t+\alpha_4Controls_{i,t}+u_i+\eta_t+\varepsilon_{i,t} \qquad (3)$$

其中,i 表示企业,t 表示年份,$Risk1$ 为被解释变量企业风险承担水平,$Treat$ 是分组虚拟变量,$Post$ 是分期虚拟变量,DID 为 $Post$ 与 $Treat$ 的交乘项,α_1 为本文最关心的系数,$Controls$ 为控制变量,u_i、η_t、$\varepsilon_{i,t}$ 分别代表个体固定效应、时间固定效应和误差项。

2.PSM 样本选择

为保证实验组与控制组样本数据的平衡,本文采用倾向得分匹配法(PSM)对样本进行处理。本文选取控制变量作为匹配变量,识别具有相似特征的控制组个体,采用 Logit 模型估计倾向得分值,只对倾向得分值共同取值范围内的样本进行匹配,使用核匹配方法对实验组和控制组样本进行处理。

在 PSM-DID 前,首先检验共同支撑假设是否成立,即匹配后各变量实验组和控制组是否平衡。若平衡,则共同支撑假设成立,可以应用 PSM-DID。表 3 是各协变量平衡性检验的结果。所有协变量匹配后%标准偏差明显小于未匹配前的%标准偏差,且匹配后回归结果中的伪R²明显变小,说明匹配后实验组与控制组的协变量不存在系统性差异,匹配效果好。通过核密度图也可看出匹配后实验组与控制组核密度图较匹配前更为接近(未在文中列示),即通过平衡性检验。

表3 平衡性检验

变量	匹配	均值		%标准偏差	%标准偏差降低程度	t-检验	
		实验组	控制组			t统计量	伴随概率
LEV	匹配前	0.498	0.426	35.600	95.100	19.020	0.000
	匹配后	0.498	0.501	−1.800		−0.770	0.440
IDP	匹配前	0.373	0.374	−3.100	28.700	−1.690	0.090
	匹配后	0.373	0.371	2.200		0.980	0.325
BOD	匹配前	9.136	8.580	31.700	97.900	17.500	0.000
	匹配后	9.132	9.142	−0.700		−0.270	0.784
lnTPAY	匹配前	14.537	14.316	32.500	96.700	17.320	0.000
	匹配后	14.537	14.544	−1.100		−0.460	0.646
lnN	匹配前	23.012	22.159	67.900	92.600	37.820	0.000
	匹配后	23.012	22.946	5.000		2.070	0.038
DUAL	匹配前	0.100	0.271	−45.100	99.300	−22.300	0.000
	匹配后	0.100	0.099	0.300		0.160	0.870
MHolder	匹配前	0.003	0.068	−70.800	99.100	−31.310	0.000
	匹配后	0.003	0.004	−0.700		−1.620	0.106
PSS	匹配前	0.058	0.027	27.900	98.500	16.120	0.000
	匹配后	0.058	0.058	−0.400		−0.150	0.879
TOP10	匹配前	49.120	37.199	62.300	97.800	32.670	0.000
	匹配后	49.122	49.386	−1.400		−0.600	0.547
Growth	匹配前	0.132	0.187	−13.400	90.600	−7.110	0.000
	匹配后	0.132	0.126	1.300		0.600	0.548
YY	匹配前	0.073	0.077	−2.700	11.900	−1.440	0.149
	匹配后	0.073	0.069	2.400		1.010	0.311

变量	匹配	均值		%标准偏差	%标准偏差降低程度	t-检验	
		实验组	控制组			t统计量	伴随概率
Q	匹配前	1.811	2.053	−20.000	86.800	−10.680	0.000
	匹配后	1.811	1.844	−2.600		−1.160	0.245
Cap	匹配前	2.603	2.463	6.900	86.300	3.830	0.000
	匹配后	2.602	2.582	1.000		0.390	0.693
PERF	匹配前	0.038	0.046	−14.200	89.800	−7.430	0.000
	匹配后	0.038	0.037	1.500		0.630	0.528
伪 R²	匹配前	0.190					
	匹配后	0.002					

四、结果与分析

（一）描述性统计

表4报告了本文主要研究变量的描述性统计。$Risk1$ 与 $Risk2$ 的标准差均大于均值，说明不同公司之间的风险承担水平差异较大。LEV 的最小值和最大值分别为0.056、0.875，表明不同企业间财务杠杆差异显著。IDP 和 BOD 的均值分别为0.374、8.718，表明董事会规模均值接近9人且大多数企业符合独立董事所占比例不低于1/3的标准。$lnTPAY$ 的最小值和最大值分别为12.737、16.400，lnN 的最小值和最大值分别为20.056、26.244，说明企业间高管薪酬水平差距明显且企业规模大小存在差异。$DUAL$ 的均值为0.229，说明董事长兼任总经理的上市公司占比约为22.9%，即两职合一的现象较为普遍。$MHolder$ 的最小值和最大值分别为0.000和0.559，反映出不同上市公司间高管持股比例存在较大差异，部分公司存在股权激励强度较弱的情况。PSS 的均值为0.034，反映出上市公司国有股占比较小。$TOP10$ 的均值为40.168，意味着多数股权掌握在少数股东手中的现象仍存在。$Growth$ 的最小值和最大值分别为−0.518、2.708，Q 的最小值和最大值分别为0.871、7.760，反映出公司间成长性差异。YY、Cap 和 $PERF$ 的最小值与最大

值均差异较大,表明不同企业间的盈利水平差异显著。

表4　描述性统计

变量名称	观测值	均值	标准差	最小值	最大值
$Risk1$	15535	0.041	0.051	0.002	0.352
$Risk2$	15535	0.077	0.095	0.003	0.662
LEV	15535	0.444	0.205	0.056	0.875
IDP	15535	0.374	0.053	0.333	0.571
BOD	15535	8.718	1.730	5.000	15.000
$\ln TPAY$	15535	14.371	0.695	12.737	16.400
$\ln N$	15535	22.372	1.271	20.056	26.244
$DUAL$	15535	0.229	0.420	0.000	1.000
$MHolder$	15535	0.052	0.115	0.000	0.559
PSS	15535	0.034	0.107	0.000	0.591
$TOP10$	15535	40.168	20.334	3.029	86.070
$Growth$	15535	0.173	0.417	−0.518	2.708
YY	15535	0.076	0.158	−0.708	0.550
Q	15535	1.992	1.223	0.871	7.760
Cap	15535	2.498	1.964	0.389	12.041
$PERF$	15535	0.044	0.060	−0.203	0.222

(二)回归结果分析

表5列示了基准回归结果。第(1)列和第(2)列使用全样本回归,第(3)列使用PSM匹配成功的样本回归。所有回归均控制时间固定效应。由回归结果可知,第(1)(2)列 DID 的回归系数在1%的水平上显著为正,第(3)列 DID 的系数为0.005且在5%的水平上显著。这表明薪酬管制政策的实施对企业风险承担水平存在正向效应,H1成立。可能的原因在于,一方面通过薪酬管制政策降低国有企业高管基本年薪固定薪酬,促使代理人为确保维持现有收入而规避风险的动机减弱,同时改革后薪酬预期水平下降使得代理人面临风险性项目决策时,如果选择高风险性的投资方案而导致的潜在薪酬损失变小(即风险决策担负的成本变小);另一方面,通过调节结构、增

加任期激励部分,使得高管薪酬与企业经营绩效间联系更为紧密,同时改善了改革前绩效年薪与年度业绩挂钩可能引致的高管短视行为,高管在任期内为获得尽可能高的任期激励收益从而加大长期项目投资。因此,此次薪酬改革方案有利于增强高管风险承担意愿,促进企业风险承担。

控制变量中,第(1)列中 *LEV* 的系数为−0.014且在1%的水平上显著,表明财务杠杆越大,企业负债水平相对较高,高管投资决策更倾向于保守,企业风险承担水平随之降低。第(1)列和第(2)列 ln*TPAY* 的系数分别为0.003和0.005且在1%的水平上显著,即高管绝对薪酬水平与企业风险承担水平同方向变动,原因可能在于改革后发挥保健作用的基本年薪降低,而具有激励作压的绩效年薪部分会激励高管为实现更高的企业绩效从而弥补基本年薪降低可能带来的收入"损失"而承担更多的风险;另一方面也说明薪酬管制对国有企业风险承担水平产生影响主要由薪酬水平预期及薪酬结构变动所致。ln*N* 显著为负,说明企业规模越大,高管决策出于为多方利益主体考虑将更为谨慎,企业风险承担水平降低。*TOP*10、*Growth* 和 *Q* 均显著为正,表明股权集中度越高、营业收入增长率越高、托宾 Q 值越大,企业的成长性水平越高,企业风险承担水平越高。*YY* 在1%的水平上显著为负,表明企业营业利润率越高,"安于现状"心理导致高管的风险承担意愿减弱,企业风险承担水平越低。

表5 薪酬管制政策对企业风险承担的影响

变量	(1)混合 OLS	(2)FE	(3)Weight!=.
	Risk1	Risk1	Risk1
DID	0.007***(0.002)	0.006***(0.002)	0.005**(0.002)
Treat	−0.008***(0.002)	−0.012**(0.006)	−0.010*(0.006)
Post	0.008**(0.003)	0.006(0.004)	0.005(0.004)
LEV	−0.014***(0.003)	−0.004(0.009)	−0.003(0.009)
IDP	−0.008(0.008)	−0.025(0.016)	−0.025(0.016)
BOD	0.000(0.000)	−0.001(0.001)	−0.001(0.001)
ln*TPAY*	0.003***(0.001)	0.005***(0.002)	0.005***(0.002)

变量	（1）混合OLS	（2）FE	（3）Weight!=.
	Risk1	Risk1	Risk1
ln*N*	−0.003***(0.001)	−0.014***(0.002)	−0.014***(0.002)
DUAL	−0.001(0.001)	0.002(0.002)	0.002(0.002)
MHolder	−0.006(0.004)	−0.022**(0.010)	0.010(0.022)
PSS	0.009*(0.005)	0.012(0.008)	0.012(0.008)
TOP10	0.000***(0.000)	0.000***(0.000)	0.000***(0.000)
Growth	0.006***(0.001)	0.005***(0.001)	0.004***(0.001)
YY	−0.060***(0.007)	−0.060***(0.010)	−0.056***(0.010)
Q	0.005***(0.001)	0.002*(0.001)	0.002*(0.001)
Cap	0.001***(0.000)	0.000(0.001)	0.000(0.001)
PERF	−0.047**(0.019)	−0.038(0.026)	−0.037(0.026)
_cons	0.091***(0.012)	0.319***(0.050)	0.326***(0.052)
企业固定	否	是	是
时间固定	是	是	是
Observations	15535	15535	14437
R−squared	0.118	0.103	0.099

注：*、**和***分别表示在10%、5%和1%显著性水平下显著，括号内表示稳健标准误（下表同）。

（三）稳健性检验

1.平行趋势检验

使用双重差分法的有效前提是平行趋势假设成立，即实验组和控制组的企业风险承担水平*Risk*1在薪酬管制政策实施前是否存在差异，如果在薪酬管制政策实施前存在差异，则无法确定*Risk*1的变动完全是由政策实施带来的，极有可能存在其他因素影响*Risk*1的变化。

参考李青原等（2021）的做法，本文根据各省（市、自治区）薪酬管制政策实施时点，将样本区间分为：样本起始年份至薪酬管制政策实施前四年、前三年、前两年、前一年，薪酬管制政策实施当年、实施后一年、后两年、后三年至样本结束年份。图1报告了平行趋势检验结果。其中,垂直于横轴的带盖短直线为各期数与实验组虚拟变量交乘项回归系数的95%置信区间,圆点为各期数与实验组虚拟变量交乘项回归系数。由图可知,政策实施前各年的95%置信区间位于0附近,即改革前实验组与控制组的$Risk1$的变动趋势没有显著差异,随着薪酬管制政策的实施,系数显著为正,即企业风险承担水平显著提高,但在政策实施三年后,政策效果不明显。

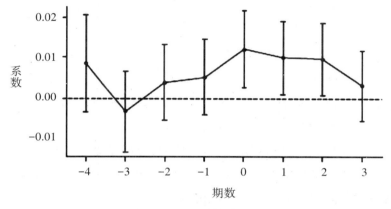

图1　平行趋势检验

2.安慰剂检验

为排除可能受其他不可观测因素影响的可能,本文通过为每个样本公司随机抽取样本期作为政策时间进行安慰剂检验。具体做法为首先随机抽取600家公司作为随机样本,然后在每个公司组内的年份中随机抽取一个年份作为政策冲击年份,并在此基础上进行1000次回归。检验结果如图2所示.随机过程的系数估计值分布在0附近且极大偏离真实系数值。因此可得出,薪酬管制政策对企业风险承担水平的影响不是由其他不可观测因素推动的。

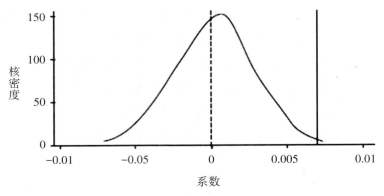

图2 安慰剂检验

3.替换被解释变量

为确保回归结果的稳健性,本文选取 *Risk*2 作为衡量企业风险承担水平的另一指标进行检验。表6第(1)列使用全样本回归,第(2)列使用PSM匹配成功的样本回归,第(3)列使用满足共同支撑假设的样本回归,*DID* 系数分别在1%和5%的水平上显著正相关,进一步证明了2015年薪酬管制政策的实施有利于提高国有企业风险承担水平。

表6 稳健性检验

变量	(1)FE	(2)Weight!=.	(3)On_Support
	Risk2	Risk2	Risk2
DID	0.011***(0.004)	0.009**(0.004)	0.009**(0.004)
Treat	−0.021**(0.011)	−0.019*(0.011)	−0.019*(0.011)
Post	0.011(0.007)	0.010(0.008)	0.010(0.008)
_cons	0.594***(0.093)	0.606***(0.096)	0.606***(0.096)
控制变量	控制	控制	控制
企业固定	是	是	是
时间固定	是	是	是
Observations	15535	14437	14437
R−squared	0.102	0.098	0.098

五、影响机制检验

基于前文实证分析可知,2015 年薪酬管制政策的实施有效提高了国有企业风险承担水平,其内在影响机制有待进一步揭示。高管不仅关注自身的绝对薪酬,同时会与同行业、同地区、同产权性质企业高管薪酬作比较,以此衡量自身薪酬是否合理,并对委托人的善意动机进行判断,从而决定后续采取的回应策略,影响企业风险承担水平。

参考徐细雄等(2014)的做法,本文选取同行业、同地区、同所有权性质前三高管薪酬均值三个基准参照点,相应得到三个薪酬外部参照点(*Reference*),包括:

(1)行业薪酬参照点(IND)$=\dfrac{\text{上市公司前三高管薪酬均值}}{\text{行业前三高管薪酬均值}}$

(2)地区薪酬参照点(REG)$=\dfrac{\text{上市公司前三高管薪酬均值}}{\text{地区前三高管薪酬均值}}$

(3)所有权性质薪酬参照点(SAP)$=\dfrac{\text{上市公司前三高管薪酬均值}}{\text{所有权性质前三高管薪酬均值}}$

根据 Baron 等(1986)两阶段法的基本步骤,本文将薪酬外部参照点作为机制变量进行回归分析。第一步,将薪酬参照点变量作为被解释变量,以交互项(*DID*)为核心解释变量,以控制变量作为解释变量进行回归。据此建立模型:

$$Reference_{i,t}=\beta_0+\beta_1 DID_{i,t}+\beta_2 Treat_i+\beta_3 Post_t+\beta_4 Controls_{i,t}+u_i+\eta_t+\varepsilon_{i,t} \tag{4}$$

第二步,若交互项(*DID*)的系数显著,将企业风险承担水平(*Risk*1)作为被解释变量,交互项(*DID*)为核心解释变量,以薪酬参照点和控制变量作为解释变量进行回归。建立模型:

$$Risk1_{i,t}=\beta_0'+\beta_1' DID_{i,t}+\beta_2' Reference_{i,t}+\beta_3' Treat_i+\beta_4' Post_t+\beta_5' Controls_{i,t}+u_i+\eta_t+\varepsilon_{i,t} \tag{5}$$

若机制变量(*Reference*)的系数显著,则表明薪酬参照点在薪酬管制与企业风险承担水平之间发挥了渠道作用。

由表 7 可知,第(1)(5)列交互项(DID)系数均显著为正,意味着薪酬管制政策的实施,使得在薪酬参照效应下高管薪酬相对于参照标准越高,薪酬得益感越强烈。第(3)列交互项(DID)系数为正但不显著,表明薪酬管制政策对地区薪酬参照点有相同作用,但在统计学上不显著。说明高管更倾向于将同行业与同产权性质企业的平均薪酬作为横向比较的参照标准。第(2)(4)(6)列参照点效应(Reference)系数均为正,其中第(2)列行业参照点效应(IND)系数显著,表明高管薪酬水平相对于行业外部参照基准越高,企业风险承担水平越高。可能的原因在于,2015 年实施的薪酬管制强调对国有企业高管薪酬进行差异化管控,根据主营业务和核心业务范围分类管理国有企业的措施,使得高管更多地将同行业企业作为参照对象。高管薪酬水平较行业外部参照基准越高,一方面其薪酬得益感越强烈,采取符合委托人利益行动的可能性加大;另一方面,分类管理、差异化管控的方式有助于排除行业系统性风险对业绩排名的影响,降低高管对投资失败引致后果的担忧,从而强化行业锦标赛的激励作用,此时更高的晋升奖金将在更大程度上激发高管风险承担意愿、提升企业风险承担水平。因此,高管行业薪酬参照点效应发挥了机制作用。此外,行业薪酬参照点在模型(4)(5)中的交互项(DID)系数以及模型(5)中的参照点效应(Reference)系数均显著为正,且DID 系数估值减小,说明行业薪酬参照点发挥了部分渠道作用,基于行业参照点的假设 H2 得到验证:薪酬管制通过高管行业薪酬参照点效应对国有企业风险承担发挥正向作用。

表 7 影响机制分析检验

变量	(1)	(2)	(3)	(4)	(5)	(6)
	IND	Risk1	REG	Risk1	SAP	Risk1
DID	0.034** (0.014)	0.006*** (0.002)	0.017 (0.014)	0.006*** (0.002)	0.189*** (0.015)	0.006** (0.002)
IND		0.004* (0.002)				
REG				0.004 (0.002)		

变量	(1)	(2)	(3)	(4)	(5)	(6)
	IND	Risk1	REG	Risk1	SAP	Risk1
SAP						0.002
						（0.002）
Treat	−0.130***	−0.011*	−0.124**	−0.011*	−0.313***	−0.011*
	（0.045）	（0.006）	（0.050）	（0.006）	（0.056）	（0.006）
Post	−0.041**	0.006	−0.021	0.006	−0.111***	0.007*
	（0.019）	（0.004）	（0.019）	（0.004）	（0.021）	（0.004）
_cons	−13.819***	0.374***	−14.596***	0.370***	−14.511***	0.355***
	（0.450）	（0.062）	（0.488）	（0.064）	（0.531）	（0.061）
控制变量	控制	控制	控制	控制	控制	控制
企业固定	是	是	是	是	是	是
时间固定	是	是	是	是	是	是
Observations	15535	15535	15535	15535	15535	15535
R-squared	0.694	0.104	0.711	0.104	0.689	0.104

六、结论与政策建议

在企业运营中，企业高层管理者财富积累主要源自企业支付的劳动报酬，最为常见的薪酬激励体系是基于业绩的，高风险活动潜在的经营业绩不确定性导致高管面临更高的薪酬损失与声誉损失风险（Acharya et al，2011），从而削弱了其风险承担意愿。因此，激励高管团队提升风险承担意愿、采取有利于股东价值最大化的投资决策方案具有重要意义。2015年实施的《薪酬制度改革方案》是中央管理企业建立现代企业制度、深化收入分配体制改革的重要组成部分，从风险承担角度评价其政策效果的研究并不多见。本文选取中国A股上市公司2011—2019年数据，考察2015年薪酬管制政策对国有企业风险承担的因果效应。研究结果表明：第一，2015年实施的薪酬管制政策显著提高了国有企业风险承担水平。本文采用观测时段内企业盈利波动率的波动程度来度量企业风险承担水平，滚动计算调整后企业盈利波动率标准差和极差，此两种企业风险承担评价指标均支持研究结论。第二,薪酬管制政策通过行业薪酬参照点效应对国有企业风险承担产生正向影响。在薪酬管制与国有企业风险承担的关系中,基于同行业的外部薪酬参照点效应发挥机制作用。薪酬管制政策实施后,高管薪酬水平相对于行业平均薪酬水平越高,其薪酬得益感越强烈,进一步促进其增强风险承担意愿、提升企业风险承担水平。

本文结论的重要发现是,薪酬管制作为一种调控制度,不仅旨在公平,更促进了效率。2015年实施的薪酬管制政策提高了国有企业风险承担水平,证明本次薪酬改革对于促进企业持续健康发展和形成合理有序的收入分配格局具有重要意义。其政策启示是:第一,薪酬体系的设计不仅要考虑激励作用,还要兼顾高管的损失厌恶特征,过高的固定薪酬水平与比例会导致其为获取稳定报酬收益而降低风险承担意愿;第二,薪酬与参照基准比较后的互惠动机心理感知是缓解高管道德风险,促进其提升努力水平的主要原因。因此,在薪酬管制背景下,企业还须关注组织外部市场薪酬水平,采取与企业发展战略相匹配的薪酬策略,如企业处于发展期时,可以通过采取领先型薪酬策略提升高管风险承担意愿。

本文的研究还存在一定的局限,例如,高管薪酬重点考虑了货币报酬,没有涉及股权激励等延期支付形式的影响,后续研究有待深化。

参考资料:

[1]陈信元,陈冬华,万华林,等,2009.地区差异、薪酬管制与高管腐败[J].管理世界(11):130-143.

[2]何瑛,于文蕾,杨棉之,2019.CEO复合型职业经历、企业风险承担与企业价值[J].中国工业经济(9):155-173.

[3]李青原,章尹赛楠,2021.金融开放与资源配置效率——来自外资银行进入中国的证据[J].中国工业经济(5):95-113.

[4]李维安,刘绪光,陈靖涵,2010.经理才能、公司治理与契约参照点——中国上市公司高管薪酬决定因素的理论与实证分析[J].南开管理评论(2):4-15.

[5]路军伟,王甜甜,2021.财务总监与董秘兼任能提高上市公司会计稳

健性吗?[J].安徽大学学报(哲学社会科学版)(6):145-156.

[6]马永强,邱煜,2019.CEO贫困出身、薪酬激励与企业风险承担[J].经济与管理研究(1):97-114.

[7]徐细雄,谭瑾,2014.高管薪酬契约、参照点效应及其治理效果:基于行为经济学的理论解释与经验证据[J].南开管理评论(4):36-45.

[8]杨伽伦,朱玉杰,2020.薪酬管制、企业内部薪酬差距与创新:来自制造业的证据[J].经济学报(4):122-155.

[9]余明桂,李文贵,潘红波,2013.管理者过度自信与企业风险承担[J].金融研究(1): 149-163.

[10]张敏,童丽静,许浩然,2015.社会网络与企业风险承担——基于我国上市公司的经验证据[J].管理世界(11): 161-175.

[11]张楠,卢洪友,2017.薪酬管制会减少国有企业高管收入吗——来自政府"限薪令"的准自然实验[J].经济学动态(3): 24-39.

[12]张瑞君,李小荣,许年行,2013.货币薪酬能激励高管承担风险吗[J].经济理论与经济管理(8): 84-100.

[13]周泽将,罗进辉,李雪,2019.民营企业身份认同与风险承担水平[J].管理世界(11): 193-208.

[14]ACHARYA V V, AMIHUD Y, LITOV L, 2011. Creditor Rights and Corporate Risk-taking[J]. Journal of Financial Economics, 102(1): 150-166.

[15]AGGARWAL R K, SAMWICK A A, 1999. The Other Side of the Trade-off: The Impact of Risk on Executive Compensation[J]. Journal of Political Economy, 107(1): 65-105.

[16]BARON R M, KENNY D A, 1986. The Moderator-Mediator Variable Distinction in Social Psychological Research: Conceptual, Strategic, and Statistical Considerations [J]. Journal of Personality and Social Psychology, 51 (6): 1173-1182.

[17]BOUBAKRI N, COSSET J C, SAFFAR W, 2013. The Role of State and Foreign Owners in Corporate Risk-taking: Evidence from Privatization[J].

Journal of Financial Economics, 108(3): 641-658.

[18]BURGESS G H, 1995. The Economics of Regulation and Antitrust[M]. Harper Collins College Publishers.

[19]COLES J L, DANIEL N D, NAVEEN L, 2006. Managerial Incentives and Risk-taking[J]. Journal of Financial Economics, 79(2): 431-468.

[20]CORE J E, GUAY W R, LARCKER D F, 2003. Executive Equity Compensation and Incentives: A Survey[J]. Federal Reserve Bank of New York Economic Policy Review, 9(4): 27-50.

[21]DITTMAR A, DUCHIN R, 2016. Looking in the Rearview Mirror: The Effect of Managers' Professional Experience on Corporate Financial Policy [J]. The Review of Financial Studies, 29(3): 565-602.

[22]FACCIO M, MARCHICA M T, MURA R, 2011. Large Shareholder Diversification and Corporate Risk-taking[J]. The Review of Financial Studies, 24 (11): 3601-3641.

[23]FAMA E F, MILLER M H, 1972. The Theory of Finance[M]. Hinsdale: Dryden Press.

[24]GAO L, SUDARSANAM P, 2005. Executive Compensation, Hubris, Corporate Governance: Impact on Managerial Risk Taking and Value Creation in UK High-Tech and Low-Tech Acquisitions[R]. Bedfordshire: Cranfield University. Available at SSRN: https://ssrn.com/abstract=676821.

[25]GEANAKOPLOS J, PEARCE D, STACCHETTI E, 1989. Psychological Games and Sequential Rationality[J]. Games and Economic Behavior, 1(1): 60-79.

[26]GRAY S R, CANNELLA A A, 1997. The Role of Risk in Executive Compensation[J]. Journal of Management, 23(4): 517-540.

[27]HAGENDORFF J, VALLASCAS F, 2011. CEO Pay Incentives and Risk-taking: Evidence from Bank Acquisitions [J]. Journal of Corporate Finance, 17(4): 1078-1095.

[28] HAQ M, PATHAN S, WILLIAMS B, 2010. Managerial Incentives, Market Power and Bank Risk Taking [R]. Finance and Corporate Governance Conference. Available at SSRN: http://ssrn.com/abstract=1537034.

[29] JENSEN M C, MURPHY K J, WRUCK E G, 2004. Remuneration: Where We've Been, How We Got to Here, What are the Problems, and How to Fix them [R]. Working Paper, Harvard University and the European Corporate Governance Institute. Available at SSRN: https://ssrn.com/abstract=561305.

[30] JIN L, 2002. CEO Compensation, Diversification, and Incentives [J]. Journal of Financial Economics, 66(1): 29–63.

[31] JOHN K, LITOV L, YEUNG B, 2008. Corporate Governance and Risk-Taking [J]. The Journal of Finance, 63(4): 1679–1728.

[32] KAHNEMAN D, TVERSKY A, 1979. Prospect Theory: An Analysis of Decision under Risk [J]. Econometrica, 47(2): 263–291.

[33] KINI O, WILLIAMS R, 2012. Tournament Incentives, Firm Risk, and Corporate Policies [J]. Journal of Financial Economics, 103(2): 350–376.

[34] LAMBERT R A, 1986. Executive Effort and Selection of Risky Projects [J]. The RAND Journal of Economics, 17(1): 77–88.

[35] LAZEAR E P, ROSEN S.1981. Rank-Order Tournaments as Optimum Labor Contracts [J]. Journal of Political Economy, 89(5): 841–864.

[36] LI K, GRIFFIN D, YUE H, et al, 2013. How Does Culture Influence Corporate Risk-taking? [J]. Journal of Corporate Finance, 23(4): 1–22.

[37] NARAYANAN M P, 1985. Managerial Incentives for Short-Term Results [J]. The Journal of Finance, 40(5): 1469–1484.

[38] RABIN M, 1993. Incorporating Fairness into Game Theory and Economies [J]. The American Economic Review, 83(5): 1281–1302.

[39] RAJGOPAL S, SHEVLIN T, 2002. Empirical Evidence on the Relation between Stock Option Compensation and Risk Taking [J]. Journal of Accounting and Economics, 33(2): 145–171.

[40] WISEMAN R M, GOMEZ-MEJIAL R, 1998. A Behavioral Agency Model of Managerial Risk Taking[J]. The Academy of Management Review, 23 (1): 133-153.

[41] WRIGHT P, KROLL M, KRUG J A, et al, 2007. Influences of Top Management Team Incentives on Firm Risk Taking[J]. Strategic Management Journal, 28(1):81-89.

主要参考文献

[1] Abeler J, Falk A, Götte L, and Huffman D. Reference points and effort provision[J]. American economic review, 2011,101(2): 470-492.

[2] Adams J S. Inequity in social exchange[J]. Advances in experimental social psychology, 1965, 2(4):267-299.

[3] Aerts W, Campenhout G V, and Caneghem T V. Clustering in dividends Do managers rely on cognitive reference points?[J].Journal of economic psychology,2008,29(3): 276-284.

[4] Akerlof G A. Labor contracts as partial gift exchange[J]. The quarterly journal of economics, 1982, 97(4): 543-569.

[5] Akerlof G A. Social distance and social decisions[J].Econometrica,1997, 65(5): 1005-1027.

[6] Akerlof G A,Yellen J L. The fair wage-effort hypothesis and unemployment[J]. Quarterly journal of economics, 1990,105(2):255-283.

[7] Allen R S, White C S. Equity sensitivity theory: A test of responses to two types of under-reward situations[J]. Journal of managerial issues, 2002,14(4): 435-451.

[8] Andreoni J, Miller J H. Rational cooperation in the finitely repeated prisoner's dilemma: experimental evidence[J]. The economic journal, 1993, 103(418): 570-585.

[9] Austin W, McGinn N C, Susmilch C. Internal standards revisited: Ef-

fects of social comparisons and expectancies on judgments of fairness and satisfaction[J]. Journal of experimental social psychology,1980,16(5):426–441.

[10]Bandura A. Self–efficacy: The exercise of control[M]. New York: W. H. Freeman and Co, 1997.

[11]Bartczak A, Chilton S, Czajkowski M, et al. Gain and loss of money in a choice experiment:The impact of financial loss aversion and risk preferences on willingness to pay to avoid renewable energy externalities[J]. Energy economics, 2017, 65: 326–334.

[12]Baucells M, Weber M, and Welfens F. Reference–point formation and updating[J]. Management science,2011,57(3):506–519.

[13]Berg J, Dickaut J, McCabe K. Trust,reciprocity and social history[J]. Games and economic behavior,1995,10(1):122–142.

[14]Bingley P, Eriksson T. Pay spread and skewness, employee effort and firm productivity [M]. Department of Economics, Aarhus School of Business, 2001.

[15] Bishop J. The recognition and reward of employee performance [J]. Journal of labor economics, 1987, 5(4, Part 2): S36–S56.

[16]Bizjak J M, Lemmon M L, Naveen L. Does the use of peer groups contribute to higher pay and less efficient compensation? [J]. Journal of financial economics, 2008, 90(2): 152–168.

[17]Blanco M, Engelmann D, Normann H T. A within–subject analysis of other–regarding preferences [J]. Games and economic behavior, 2011, 72 (2): 321–338.

[18] Blau G. Testing the effect of level and importance of pay referents on pay level satisfaction[J]. Human relations, 1994, 47(10): 1251–1268.

[19] Bolton G E, Ockenfels A. ERC: A theory of equity, reciprocity, and competition[J]. American economic review, 2000, 90(1): 166–193.

[20]Bolton G E. A comparative model of bargaining:Theory and evidence

[J]. American economic review,1991,81(5):1096-1136.

[21]Brown K A, Huber V L. Lowering floors and raising ceilings: A longitudinal assessment of the effects of an earnings-at-risk plan on pay satisfaction [J]. Personnel psychology, 1992,45(2): 279-311.

[22]Brown M,Falk A,Fehr E. Relational contracts and the nature of market interactions[J].econometrica, 2004,72(3):747-780.

[23]Bull C, Schotter A, Weigelt K. Tournaments and piece rates: An experimental study[J]. Journal of political economy, 1987, 95(1): 1-33.

[24]Burns N, Minnick K, Starks L. CEO tournaments: A cross-country analysis of causes, cultural influences, and consequences[J]. Journal of financial and quantitative analysis, 2017,52(2): 519-551.

[25]Buunk A P, Gibbons F X. Social comparison: The end of a theory and the emergence of a field[J].Organizational behavior and human decision processes, 2007,102(1):3-21.

[26]Carpenter M A, Sanders W G. The effects of top management team pay and firm internationalization on MNC performance[J]. Journal of management, 2004, 30(4): 509-528.

[27]Charness G, Rabin M. Understanding social preferences with simple tests[J]. The quarterly journal of economics, 2002,117(3):817-869.

[28]Charness G, Frechette G R, Kagel J H. How robust is laboratory gift exchange?[J]. Experimental economics, 2004,7(2):189-205.

[29]Charness G. Attribution and reciprocity in an experimental labor market[J]. Journal of labor economics, 2004, 22(3):665-688.

[30]Chen G, Ployhart R E, Thomas H C,et al. The power of momentum: A new model of dynamic relationships between job satisfaction change and turnover intentions[J].Academy of management journal, 2011(54):159-181.

[31]Cohn A,Fehr E,Herrmann B,et al. Social comparison and effort provision: Evidence from a field experiment[J]. Journal of the European economic as-

sociation, 2014,12(4):877–898.

[32]Connelly B L, Haynes K T, Tihanyi L, et al. Minding the gap: Anteced-
ents and consequences of top management–to–worker pay dispersion[J]. Journal
of management, 2016, 42(4): 862–885.

[33]Conyon M J, Peck S I, Sadler G V. Corporate tournaments and execu-
tive compensation: Evidence from the UK [J]. Strategic management journal,
2001, 22(8): 805–815.

[34]Cowherd D M, Levine D I. Product quality and pay equity between low-
er–level employees and top management: An investigation of distributive justice
theory[J]. Administrative science quarterly, 1992,37: 302–320.

[35]Crosby F. Relative deprivation in organizational settings[J]. Research
in organizational behavior, 1984,6:51–93.

[36]Dannenberg A, Riechmann T, Sturm B, et al. Inequity aversion and in-
dividual behavior in public good games: An experimental investigation[R]. ZEW
discussion papers, 2007,65(1):113–21,No.07–034.

[37]Dannenberg A, Sturm B, Vogt C. Do equity preferences matter for cli-
mate negotiators? An experimental investigation[J].Environmental and resource
economics, 2010,47(1):91–109.

[38]Dato S, Grunewald A, Müller D. Expectation–based loss aversion and
rank–order tournaments[J]. Economic theory, 2018, 66(4): 901–928.

[39]De Dreu C K W, Carnevale P J D, Emans B J M, et al. Effects of gain–
loss frames in negotiation: Loss aversion, mismatching, and frame adoption[J].
Organizational behavior and human decision processes, 1994, 60(1): 90–107.

[40]De Dreu C K W. Gain–loss-frame in outcome-interdependence: Does it
influence equality or equity considerations?[J]. European journal of social psy-
chology, 1996, 26(2): 315–324.

[41]Deckop J R, Merriman K K, Blau G. Impact of variable risk preferenc-
es on the effectiveness of control by pay[J]. Journal of occupational and organiza-

tional psychology, 2004, 77(1): 63–80.

[42] Demougin D, Fluet C. Inequity aversion in tournaments[R]. CIRPEE working paper, 2003, 03–22.

[43] Devers C E, Cannella A A, Reilly G P, Yoder M E. Executive compensation: A multidisciplinary review of recent developments[J]. Journal of management, 2007, 33(6): 1016–1072.

[44] Dholakia U M, Simonson I. The effect of explicit reference points on consumer choice and online bidding behavior[J]. Marketing science, 2005, 24(2): 206–217.

[45] Dyer L, Theriault R. The determinants of pay satisfaction[J]. Journal of applied psychology, 1976, 61(5): 596.

[46] Eisenkopf G, Teyssier S. Envy and loss aversion in tournaments[J]. Journal of economic psychology, 2013, 34: 240–255.

[47] Eriksson T. Executive compensation and tournament theory: Empirical tests on Danish data[J]. Journal of labor economics, 1999, 17(2): 262–280.

[48] Farber H S. Is tomorrow another day? The labor supply of New York city cabdrivers [J]. Journal of political economy, 2005, 113(1): 46–82.

[49] Fehr E, Goette L. Do workers work more if wages are high? Evidence from a randomized field experiment [J]. American economic review, 2007, 97(1): 298–317.

[50] Fehr E, Falk A. Psychological foundations of incentives[J]. European economic review, 2002, 46(4–5): 687–724.

[51] Fehr E, Gächter S. Cooperation and punishment in public goods experiments[J]. American economic review, 2000, 90(4): 980–994.

[52] Fehr E, Gähter S. Fairness and retaliation: The economics of reciprocity [J]. Journal of economic perspectives, 2000, 14(3): 159–181.

[53] Fehr E, Gächter S, Kirchsteiger G. Reciprocal fairness and noncompensating wage differentials[J]. Journal of institutional and theoretical econom-

ics,1996,152(4):608–640.

[54]Fehr E,Zehnder C, Hart O. Contracts, reference points, and competition–behavioral effects of the fundamental transformation[J]. Journal of the European economic association, 2009,7(2–3):561–572.

[55]Fehr E, Hart O, Zehnder C. Contracts as reference points—experimental evidence[J]. American economic review, 2011, 101(2): 493–525.

[56]Fehr E, Hart O, Zehnder C. Contracts, reference points, and competition[R]. Mimeo, University of Lausanne, 2008.

[57]Fehr E, Kirchsteiger G, Riedl A. Does fairness prevent market clearing? An experimental investigation [J]. The quarterly journal of economics, 1993,108(2):437–459.

[58]Fehr E, Klein A, Schmidt K. Fairness and contract design[J].Econometrica, 2007,75(1): 121–154.

[59]Fehr E, Schmidt K M. A theory of fairness, competition, and cooperation[J]. The quarterly journal of economics, 1999, 114(3): 817–868.

[60]Festinger L. A theory of social comparison processes[J]. Human relations, 1954, 7(2): 117–140.

[61]Fiegenbaum A, Hart S, Schendel D. Strategic reference point theory [J]. Strategic management journal, 1996, 17(3): 219–235.

[62]Fischbacher, Urs. Z–Tree: Zurich toolbox for ready–made economic experiments [J]. Experimental economics, 2007, 10(2): 171–178.

[63]Folger R G, Cropanzano R. Organizational justice and human resource management[M]. CA:Sage, 1998.

[64]Folger R, Kass E E. Social comparison and fairness[M]//Handbook of social comparison. Boston, MA:Springer, 2000:423–441.

[65]Forsythe R,Horowitz J L,Savin N E, et al. Fairness in simple bargaining experiments[J]. Games and economic behavior, 1994,6(3):347–369.

[66]Fredrickson J W, Davis-Blake A, Sanders W M G. Sharing the wealth:

Social comparisons and pay dispersion in the CEO's top team[J]. Strategic management journal, 2010, 31(10): 1031–1053.

[67] Frydman C, Saks R E. Executive compensation: A new view from a long-term perspective, 1936–2005[J]. The review of financial studies, 2010,23 (5):2099–2138.

[58] Gabaix X, Landier A. Why has CEO pay increased so much[J].The quarterly journal of economics, 2008, 123 (1):49–100.

[69] Gächter S, Johnson E J, Herrmann A. Individual-level loss aversion in riskless and risky choices[J]. Iza discussion papers, 2007, 1(2):37–39.

[70] Garcia S M, Song H, Tesser A. Tainted recommendations: The social comparison bias[J]. Organizational behavior and human decision processes,2010 (113):97–101.

[71] Genesove D, Mayer C. Loss aversion and seller behavior: Evidence from the housing market[J].Quarterly journal of economics, 2001, 116(4): 1233–1260.

[72] Gill D, Stone R. Fairness and desert in tournaments[J]. Games and economic behavior, 2010, 69(2): 346–364.

[73] Goodman P S. Special issue on social comparison processes[J]. Organizational behavior and human decision processes, 2007, 102:1–2.

[74] Gossen H H. The laws of human relations and rules of human action derived therefrom[M]. Mass: MIT. Press, 1854/1983.

[75] Greenberg J. A taxonomy of organizational justice theories[J]. Academy of management review, 1987, 12(1): 9–22.

[76] Greenberg J. Organizational justice: Yesterday, today, and tomorrow [J]. Journal of management,1990,16(2):399–432.

[77] Grund C, Sliwka D. Envy and compassion in tournaments[J]. Journal of economics & management strategy, 2005, 14(1): 187–207.

[78] Grund C, Westergaard-Nielsen N. The dispersion of employees' wage

increases and firm performance[J]. ILR review, 2008, 61(4): 485-501.

[79]Güth W, Schmittberger R, Schwarze B. An experimental analysis of ultimatum bargaining [J]. Journal of economic behavior & organization, 1982, 3 (4): 367-388.

[80]Haans R F J, Pieters C, He Z L. Thinking about U: Theorizing and testing U-and inverted U-shaped relationships in strategy research[J].Strategic management journal,2016,37(7):1177-1195.

[81]Hadlaczky G, Hökby S, Mkrtchian A, et al. Decision-making in suicidal behavior: The protective role of loss aversion[J].Frontiers in psychiatry, 2018, 9:116.

[82] Haisley E, Mostafa R,Loewenstein G.Subjective relative income and lottery ticket purchases [J].Journal of behavioral decision making, 2008, (21): 283-295.

[83] Hannes S. Compensating for executive compensation: The case for gatekeeper incentive pay[J]. California Law Review, 2010,98(2):385-437.

[84]Harbring C, Irlenbusch B. How many winners are good to have?: On tournaments with sabotage [J]. Journal of economic behavior & organization, 2008, 65(3-4):682-702.

[85]Hart O, Moore J. Contracts as reference points[J]. The quarterly journal of economics, 2008, 123(1):1-48.

[86]Hayes R M, Schaefer S. CEO pay and the Lake Wobegon effect[J]. Journal of financial economics, 2009, 94 (2): 280-290.

[87]Heider F. The psychology of interpersonal relations [M]. New York: Psychology press, 1958.

[88]Helson, H. Adaptation level theory [M].New York: Harper. Row, 1964.

[89] Heyman F. Pay inequality and firm performance: Evidence from matched employer-employee data[J]. Applied economics, 2005, 37(11): 1313-1327.

[90]Holmes Jr RM, Bromiley P, Devers CE,et al. Management theory applications of prospect theory: Accomplishments, challenges, and opportunities[J]. Journal of management, 2011, 37(4):1069–1107.

[91]Hölmstrom B. Pay without performance and the managerial power hypothesis: A comment[J]. Journal of corporation law, 2005, 30(4):703–716.

[92]Hölmstrom B, Milgrom P. Aggregation and linearity in the provision of intertemporal incentives[J]. Econometrica, 1987, 55(2):303–328.

[93]Huseman R C, Hatfield J D, Miles E W. A new perspective on equity theory: The equity sensitivity construct [J]. Academy of management review, 1987, 12(2):222–234.

[94]Jensen M C, Murphy K J, Wruck E G. Remuneration: Where we've been, how we got to here, what are the problems, and how to fix them[R]. ECGI–Finance Working Paper No. 44/2004.

[95]Jeon G, Newman D A. Equity sensitivity versus egoism: A reconceptualization and new measure of individual differences in justice perceptions [J]. Journal of vocational behavior, 2016, 95:138–155.

[96]Jevons W S. The theory of political economy[M]. London: Macmillan & Co, 1879.

[97]Kahneman D, Knetsch J L, Thaler R H. Anomalies: The endowment effect, loss aversion, and status quo bias [J]. Journal of economic perspectives, 1991.5(1):193–206.

[98]Kahneman D, Tversky A. Prospect Theory: An analysis of decision under risk [J]. Econometrica, 1979. 47(2): 263–292.

[99]Kahneman D, Knetsch J L, Thaler R H. Experimental tests of the endowment effect and the Coase theorem[J]. Journal of political economy, 1990, 98 (6): 1325–1348.

[100]Kale J R, Reis E, Venkateswaran A. Rank-order tournaments and incentive alignment: The effect on firm performance [J]. The journal of finance,

2009, 64(3): 1479-1512.

[101]Kickul J, Gundry L K, Posig M. Does trust matter? The relationship between equity sensitivity and perceived organizational justice [J]. Journal of business ethics, 2005,56(3):205-218.

[102]King Jr W C, Miles E W. The measurement of equity sensitivity[J]. Journal of occupational and organizational psychology, 1994,67(2):133-142.

[103]King Jr W C, Miles E W, Day D D. A test and refinement of the equity sensitivity construct[J]. Journal of organizational behavior, 1993,14(4):301-317.

[104]Köszegi B, Rabin M. A model of reference-dependent preferences [J]. Quarterly journal of economics,2006, 121(4): 1133-1165.

[105]Köszegi B, Rabin M.Reference-dependent risk attitudes[J].American economic review, 2007, 97(4): 1047-1073.

[106]Kräkel M. Relative deprivation in rank-order tournaments [J]. Labour economics, 2000, 7(4): 385-407.

[107]Kräkel M. Delegation and strategic compensation in tournaments[J]. Bonn Econ discussion papers(BGSE), 2000.

[108]Kulik C T, Ambrose M L. Personal and situational determinants of referent choice[J]. Academy of management review, 1992,17(2):212-237.

[109]Lallemand T, Plasman R, Rycx F. Intra-firm wage dispersion and firm performance: Evidence from linked employer-employee data[J]. Kyklos, 2004, 57(4): 533-558.

[110]Lambert R A, Larcker D F, Weigelt K. The structure of organizational incentives[J]. Administrative science quarterly, 1993: 438-461.

[111]Lawler E E. Pay and organization development[M]. Addision-wesley Pub.Co, 1981.

[112]Lawler E E. Pay and organizational effectiveness: A psychological view[M]. New York: McGrawHill, 1971.

[113]Lazear E P, Rosen S. Rank-order tournaments as optimum labor contracts[J]. Journal of political economy, 1981, 89(5): 841-864.

[114]Lazear E P. Pay equality and industrial politics[J]. Journal of political economy, 1989, 97(3): 561-580.

[115]Lee K W, Lev B, Yeo G H H. Executive pay dispersion, corporate governance, and firm performance[J]. Review of quantitative finance and accounting, 2008, 30(3): 315-338.

[116]Leonard J S. Executive pay and firm performance[J]. ILR review, 1990, 43(3): 13-S-29-S.

[117]Leventhal G S, Karuza J, Fry W R. Beyond fairness: A theory of allocation preferences[J]//G. Mikula(Ed). Justice and social interaction. 1980, 3 (1):167-218.

[118]Lind J T, Mehlum H. With or without U? The appropriate test for a U-shaped relationship[J]. Oxford bulletin of economics and statistics, 2010, 72 (1): 109-118.

[119]Loewenstein G F,Thompson L,Bazerman M H. Social utility and decision making in interpersonal contexts[J]. Journal of personality and social psychology, 1989, 57(3):426-441.

[120]Mahy B, Rycx F, Volral M. Does wage dispersion make all firms productive?[J]. Scottish journal of political economy, 2011, 58(4): 455-489.

[121]Main B G M, O'Reilly III C A, Wade J. Top executive pay: Tournament or teamwork?[J]. Journal of labor economics, 1993, 11(4): 606-628.

[122]Martin J. Relative deprivation: A theory of distributive injustice for an era of shrinking resources[M]. Graduate School of Business, Stanford University, 1979.

[123]Marwell G, Ames R E. Experiments on the provision of public goods. I. Resources, interest, group size, and the free-rider problem[J]. American journal of sociology, 1979, 84(6): 1335-1360.

[124]Mas. Pay, reference points, and police performance[J]. The quarterly journal of economics, 2006, 121(3):783–821.

[125]Mazumdar T, Raj S P, Sinha I. Reference price research: Review and propositions[J]. Journal of marketing, 2005, 69(4):84–102.

[126]Messick D M, Sentis K P. Fairness, preference, and fairness biases in equity theory[J]. Psychological and sociological perspectives, 1983, 61:94.

[127]Messick D M, Sentis K P. Estimating social and nonsocial utility functions from ordinal data[J]. European journal of social psychology, 1985, 15(4): 389–399.

[128]Messick D M, Sentis K P. Fairness and preference[J]. Journal of experimental social psychology, 1979, 15(4):418–434.

[129]Miceli M P, Lane M C. Antecedents of pay satisfaction: A review and extension [J]. Research in personnel and human resources and management, 1991, 9: 235–309.

[130]Micelli M P, Jung I, Near J P, et al. Predictors and outcomes of reactions to pay–for–performance plans[J]. Journal of applied psychology, 1991, 76 (4): 508–521.

[131]Miles E W, Hatfield J D, Huseman R C. Equity sensitivity and outcome importance[J]. Journal of organizational behavior, 1994, 15(7):585–596.

[132]Miles E W, Hatfield J D, Huseman R C. The equity sensitivity construct: Potential implications for worker performance[J]. Journal of management, 1989, 15(4):581–588.

[133]Milgrom P, Roberts J. An economic approach to influence activities in organizations[J]. American journal of sociology, 1988, 94: S154–S179.

[134]Milkovich G T, Newman J M, Milkovich C. Compensation[M]. Nove Iorque: Mc Graw–Hill/Irwin, 2014.

[135]Murphy K J. Executive Compensation[J]. Hankbook of labor economics, 1999, 3(2):2485–2563.

[136]Novemsky N, Kahneman D. The boundaries of loss aversion[J]. Journal of marketing research, 2005, 42(2):119-128.

[137]Oldham G R, Kulik C T, Stepina L P, et al. Relations between situational factors and the comparative referents used by employees[J]. Academy of management journal, 1986, 29(3): 599-608.

[138]O'Neill B S, Mone M A. Psychological influences on referent choice [J]. Journal of managerial issues,2005(17):273-282.

[139]O'Reilly Ⅲ C A, Main B G, Crystal G S. CEO compensation as tournament and social comparison: A tale of two theories[J]. Administrative science quarterly, 1988: 257-274.

[140]Pareto V. Cours d'économie politique [M]. Lausanne, Switzerland, Rouge, 1896.

[141]Goodman P S. An examination of referents used in the evaluation of pay[J]. Organizational behavior and human performance, 1974, 12(2):170-195.

[142]Propper C Vam Reenen J. Can pay regulation kill? Panel data evidence on the effect of labor markets on hospital performance[J]. Journal of political economy, 2010, 118(2):222-273.

[143]Rabin M. A perspective on psychology and economics[J]. European economic review, 2002, 46(4-5):657-685.

[144]Rabin M. Incorporating fairness into game theory and economics[J]. American economic review,1993, 83(5):1281-1302.

[145]Rice R W, Phillips S M, McFarlin D B. Multiple discrepancies and pay satisfaction[J]. Journal of applied psychology, 1990, 75(4): 386-393.

[146]Ridge J W, Aime F, White M A. When much more of a difference makes a difference: Social comparison and tournaments in the CEO's top team [J]. Strategic management journal, 2015, 36(4): 618-636.

[147]Rosen S. Prizes and incentives in elimination tournaments[J]. American economic review,1986,76(4): 701-715.

[148]Sanchez-Marin G, Baixauli-Soler J S. TMT pay dispersion and firm performance: The moderating role of organizational governance effectiveness[J]. Journal of management & organization, 2015, 21(4): 436-459.

[149]Shore T H. Equity sensitivity theory: Do we all want more than we deserve? [J]. Journal of managerial psychology, 2004, 19(7): 722-728.

[150]Siegel P A, Hambrick D C. Pay disparities within top management groups: Evidence of harmful effects on performance of high-technology firms[J]. Organization science, 2005, 16(3):259-274.

[151]Smith A. An inquiry into the nature and causes of the wealth of nations[M]. London: Methuen,1776/1904.

[152]Smola K W. Incorporating individual-difference, monetary - based constructs into a multi-dimensional pay satisfaction model[D]. Auburn University, PH. D thesis, 2003.

[153]Sweeney P D, McFarlin D B, Inderrieden E J. Using relative deprivation theory to explain satisfaction with income and pay level: A multistudy examination[J]. Academy of management journal, 1990, 33(2): 423-436.

[154]Sweeney P D, McFarlin D B. Social comparisons and income satisfaction:A cross-national examination[J].Journal of occupational and organizational psychology, 2004, (77):149 -154.

[155]Terpstra D E, Honoree A L. The relative importance of external, internal, individual and procedural equity to pay satisfaction: Procedural equity may be more important to employees than organizations believe[J]. Compensation & benefits review, 2003, 35(6): 67-74.

[156]Teyssier S. Inequity and risk aversion in sequential public good games [J]. Public choice,2012,151(1-2):91-119.

[157]Thaler R. Toward apositive theory of consumer choice[J]. Journal of economic behavior & organization, 1980,1(1):39-60.

[158]Thibaut J W, Walker L. Procedural justice: A psychological analysis

[M]. Hillsdale, NJ: Lawrence Erlbaum Associates, 1975.

[159]Tom S M, Fox C R, Trepel C, et al. The neural basis of loss aversion in decision-making under risk[J]. Science, 2007, 315(5811):515-518.

[160]Tremblay M, Sire B, Balkin D B. The role of organizational justice in pay and employee benefit satisfaction, and its effects on work attitudes [J]. Group & organization management, 2000, 25(3): 269-290.

[161]Tremblay M, St-Onge S, Toulouse J M. Determinants of salary referents relevance: A field study of managers[J]. Journal of business and psychology, 1997, 11(4):463-484.

[162]Tsou M W, Liu J T. Wage dispersion and employment turnover in Taiwan[J]. Economics letters, 2005, 88(3): 408-414.

[163]Tversky A, Kahneman D. Loss aversion in riskless choice: A reference-dependent model[J]. The quarterly journal of economics, 1991, 106(4): 1039-1061.

[164]Umphress E E, Labianca G, Brass D J, et al. The role of instrumental and expressive social ties in employees' perceptions of organizational justice[J]. Organization science, 2003, 14(6):738-753.

[165]Dholakia U M, Simonson I. The effect of explicit reference points on consumer choice and online bidding behavior[J]. Marketing science, 2005, 24 (2): 206-217.

[166]Wang X T, Johnson J G. A tri-reference point theory of decision making under risk [J]. Journal of experimental psychology: general, 2012, 141(4): 743-756.

[167]Williams M L, Mcdaniel M A, Nguyen N T. A meta-analysis of the antecedents and consequences of pay level satisfaction[J]. Journal of applied psychology, 2006, 91(2): 392-413.

[168]Williams M L. Antecedents of employee benefit level satisfaction: A test of a model[J]. Journal of management, 1995, 21(6): 1097-1128.

［169］Witt L A, Nye L G. Gender and the relationship between perceived fairness of pay or promotion and job satisfaction［J］. Journal of applied psychology, 1992, 77(6): 910-917.

［170］Xu Y, Liu Y, Lobo G J. Troubled by unequal pay rather than low pay: The incentive effects of a top management team pay gap［J］. China journal of accounting research, 2016, 9(2): 115-135.

［171］Yates F J, Stone E R. The risk construct ［M］. New York: John Wiley is sons, 1992, 1-25.

［172］Zhou H, Long L. Relationship between paternalistic leadership and organizational justice［J］. Acta psychological sinica, 2007, 39(05): 909-917.

［173］博尔顿,德瓦特里庞,合同理论［M］,费方域等,译.上海:格致出版社、上海人民出版社,2008.

［174］陈丁,张顺.薪酬差距与企业绩效的倒 U 型关系研究——理论模型与实证探索［J］.南开经济研究,2010,13(5):35-45.

［175］陈冬华,陈信元,万华林.国有企业中的薪酬管制与在职消费［J］.经济研究,2005(2): 92-101.

［176］陈强.高级计量经济学及 Stata 应用［M］.北京:高等教育出版社,2014: 269-270.

［177］陈信元,陈冬华,万华林,等.地区差异、薪酬管制与高管腐败［J］.管理世界,2009(11): 130-143.

［178］陈叶烽,叶航,汪丁丁.超越经济人的社会偏好理论:一个基于实验经济学的综述［J］.南开经济研究,2011(5):63-100.

［179］陈叶烽,周业安,宋紫峰.人们关注的是分配动机还是分配结果?——最后通牒实验视角下两种公平观的考察［J］.经济研究,2011(6): 31-44.

［180］谌新民,刘善敏.上市公司经营者报酬结构性差异的实证研究［J］.经济研究, 2003(8): 55-63+92.

［181］杜兴强,王丽华.高层管理当局薪酬与上市公司业绩的相关性实

证研究[J].会计研究,2007(1):58-65+93.

[182]樊纲,王小鲁,张立文,等.中国各地区市场化相对进程报告[J].经济研究,2003(3):9-18+89.

[183]高良谋,卢建词.内部薪酬差距的非对称激励效应研究——基于制造业企业数据的门限面板模型[J].中国工业经济,2015(8):114-129.

[184]高义.使用不同参照对象的相对业绩评价检验——来自中国上市公司的证据[J].山西财经大学学报,2006,28(2):86-89.

[185]何贵兵,于永菊.决策过程中参照点效应研究述评[J].心理科学进展,2006,14(3):408-412.

[186]何奇学,张昊民.激励还是抑制?高管薪酬差距影响企业绩效的边界条件——人力资本破产成本视角下企业负债和通货膨胀的作用[J].中国人力资源开发,2017(12):19-32.

[187]贺伟,龙立荣.薪酬体系框架与考核方式对个人绩效薪酬选择的影响[J].心理学报,2011,43(10):1198-1210.

[188]胡奕明,傅韬.内部薪酬差距与企业绩效:U型还是倒U型?——基于高管团队内部及高管—员工薪酬差距视角[J].现代管理科学,2018(7):117-120.

[189]黄邦根.公平偏好、高管团队锦标激励与企业绩效[J].商业经济与管理,2012(11):62-70.

[190]黄健柏,徐江南,李会玲.非公平规避衰变路径实验研究[J].系统工程,2010,28(1):68-72.

[191]黄再胜,王玉.公平偏好、薪酬管制与国企高管激励——一种基于行为合约理论的分析[J].财经研究,2009,35(1):16-27.

[192]黄再胜,王玉.公平偏好约束、身份模糊化与国企经营者薪酬管制——基于行为合约理论的分析[J].云南财经大学学报,2009,25(1):41-46.

[193]景琳.公共物品自愿供给中的损失厌恶:为什么我们达不到最优水平?[D].山东大学,2012.

[194]凯莫勒,罗文斯坦,拉宾.行为经济学新进展[M].贺京同等,译.北

京：中国人民大学出版社，2010.

[195]拉丰,马赫蒂摩.激励理论(第一卷)：委托—代理模型[M].陈志俊等,译.北京：中国人民大学出版社,2002.

[196]黎文靖,岑永嗣,胡玉明.外部薪酬差距激励了高管吗——基于中国上市公司经理人市场与产权性质的经验研究[J].南开管理评论,2014,17(4):24-35.

[197]李爱梅,凌文辁.心理账户的非替代性及其运算原则[J].心理科学,2004,27(4):952-954.

[198]李爱梅,凌文辁.心理账户与薪酬激励效应的实验研究[J].暨南学报(哲学社会科学版),2009,31(1):80-87.

[199]李海军,徐富明,相鹏,等.基于预期理论的参照依赖[J].心理科学进展,2013(21):317-325.

[200]李绍龙,龙立荣,贺伟.高管团队薪酬差异与企业绩效关系研究:行业特征的跨层调节作用[J].南开管理评论,2012,15(4):55-65.

[201]李维安.演进中的中国公司治理:从行政型治理到经济型治理[J].南开管理评论,2009(1):1.

[202]李维安,刘绪光,陈靖涵.经理才能、公司治理与契约参照点——中国上市公司高管薪酬决定因素的理论与实证分析[J].南开管理评论,2010,13(2):4-15.

[203]李训,曹国华.公平偏好员工的锦标激励研究[J].管理工程学报,2009,23(1):143-144+153.

[204]李训,曹国华.基于公平偏好理论的激励机制研究[J].管理工程学报,2008,22(2):107-111.

[205]连洪泉,周业安,陈叶烽,等.不平等厌恶、合作信念与合作行为——来自公共品实验的证据[J].经济学动态,2016(12):14-27.

[206]林浚清,黄祖辉,孙永祥.高管团队内薪酬差距、公司绩效和治理结构[J].经济研究,2003(4):31-40+92.

[207]林卫斌,苏剑.论国有企业薪酬管制的经济机理——基于代理成

本视角的分析[J].学术月刊,2010,42(11):85-91.

[208]刘新民,刘晨曦,纪大琳.基于公平偏好的三阶段锦标激励模型研究[J].运筹与管理,2014,23(3):257-263.

[209]刘张发,田存志,张潇.国有企业内部薪酬差距影响生产效率吗[J].经济学动态,2017(11):46-57.

[210]刘子君,刘智强,廖建桥.上市公司高管团队薪酬差距影响因素与影响效应:基于本土特色的实证研究[J].管理评论,2011,23(9):119-127+136.

[211]卢锐.管理层权力、薪酬差距与绩效[J].南方经济,2007(7):60-70.

[212]鲁海帆.高管团队内部货币薪酬差距与公司业绩关系研究——来自中国A股市场的经验证据[J].南方经济,2007(4):34-44.

[213]鲁海帆.高管团队内薪酬差距、风险与公司业绩——基于锦标赛理论的实证研究[J].经济管理,2011,33(12):93-99.

[214]鲁海帆.内生性视角下高管层薪酬差距与公司业绩研究[J].软科学,2009(12):22-29.

[215]麻健.美国总统50万限薪令的启示[J].国有资产管理,2009(4):3.

[216]梅春,赵晓菊.薪酬差异、高管主动离职率与公司绩效[J].外国经济与管理,2016,38(4):19-35.

[217]缪毅,胡奕明.产权性质、晋升激励与公司业绩[J].南开管理评论,2014(4):4-12.

[218]潘欣,李绍龙,贺伟.高管团队薪酬差异与企业绩效关系的研究进展[J].中国人力资源开发,2014(3):43-49.

[219]彭剑锋,崔海鹏,王涛.高管薪酬:最佳实践标杆[M].北京:机械工业出版社,2009.

[220]蒲勇健,郭心毅,陈斌.基于公平偏好理论的激励机制研究[J].预测,2010,29(3):6-11.

[221]蒲勇健.建立在行为经济学理论基础上的委托—代理模型:物质效用与动机公平的替代[J].经济学(季刊),2007,7(1):297-318.

[222]蒲勇健.植入"公平博弈"的委托—代理模型——来自行为经济学的一个贡献[J].当代财经,2007(3):5-11.

[223]权小锋,吴世农,文芳.管理层权力、私有收益与薪酬操纵[J].经济研究,2010(11):73-87.

[224]覃予.公平偏好、企业内部薪酬不公平与企业业绩[D].厦门大学,2009.

[225]王晓田,桑轲.薪酬预期与选择:基于三参照点理论的验证与探讨[J].心理科学,2009,32(3):691-693.

[226]王晓田,王鹏.决策的三参照点理论:从原理到应用[J].心理科学进展,2013,21(8):1331-1346.

[227]王晓文,魏建.中国国企高管薪酬管制的原因及其对绩效的影响——基于委托人"不平等厌恶"模型[J].北京工商大学学报(社会科学版),2014,29(1):69-75.

[228]王宇清,周浩.组织公正感研究新趋势——整体公正感研究述评[J].外国经济与管理,2012,34(6):25-32.

[229]韦志林,芮明杰.薪酬心理折扣、薪酬公平感和工作绩效[J].经济与管理研究,2016,37(4):59-65.

[230]魏刚.高级管理层激励与上市公司经营绩效[J].经济研究,2000(3):31-37.

[231]魏光兴,蒲勇健.公平偏好与锦标激励[J].管理科学,2006,19(2):42-47.

[232]魏光兴,蒲勇健.基于公平心理的报酬契约设计及代理成本分析[J].管理工程学报,2008,22(2):58-63.

[233]魏光兴,唐瑶.考虑偏好异质特征的锦标竞赛激励结构与效果分析[J].运筹与管理,2017,26(9):113-126.

[234]魏光兴.公平偏好的博弈实验及理论模型研究综述[J].数量经济技术经济研究,2006(8):152-161.

[235]夏立军,陈信元.市场化进程、国企改革策略与公司治理结构的内

生决定[J].经济研究,2007(7):82-95+136.

[236]肖继辉.上市公司相对业绩评价假设的强式和弱式有效性——来自我国上市公司经理报酬契约的证据[J].经济管理,2005(14):17-27.

[237]肖婷婷.国外国有企业高管薪酬[M].北京:社会科学文献出版社,2015.

[238]谢晓非,陆静怡.风险决策中的双参照点效应[J].心理科学进展,2014,22(4):571-579.

[239]谢晓非,谢佳秋,任静,等.逼近真实风险情景下的动态决策[J].北京大学学报(自然科学版),2009,45(5):884-890.

[240]谢延浩,孙剑平,申瑜.薪酬参照体的效应研究:基于多表征的路径模型与相对重要性[J].管理评论,2012,24(9):130-142.

[241]辛清泉,谭伟强.市场化改革、企业业绩与国有企业经理薪酬[J].经济研究,2009,44(11):68-81.

[242]熊冠星,李爱梅,王晓田.基于三参照点理论的薪酬差距与离职决策的分析[J].心理科学进展,2014,22(9):1363-1371.

[243]徐江南,黄健柏.基于参照依赖实验的公平偏好性质探究——来自中国情境下的实验证据[J].管理评论,2014,24(4):115-123.

[244]徐淋,刘春林,杨昕悦.高层管理团队薪酬差异对公司绩效的影响——基于环境不确定性的调节作用[J].经济管理,2015,37(4):61-70.

[245]徐细雄,刘星.放权改革、薪酬管制与企业高管腐败[J].管理世界,2013(3):113-132.

[246]徐细雄,谭瑾.高管薪酬契约、参照点效应及其治理效果:基于行为经济学的理论解释与经验证据[J].南开管理评论,2014,17(4):36-45.

[247]徐向艺,王俊韡,巩震.高管人员报酬激励与公司治理绩效研究——一项基于深沪A股上市公司的实证分析[J].中国工业经济,2007(2):94-100.

[248]晏艳阳,金鹏.公平偏好下的多任务目标与国企高管薪酬激励[J].中国管理科学,2014,22(7):82-93.

[249]杨志强,王华.公司内部薪酬差距、股权集中度与盈余管理行为——基于高管团队内和高管与员工之间薪酬的比较分析[J].会计研究,2014(6):57-65+97.

[250]于海波,郑晓明.薪酬满意的动力机制:比较、公平、满意[J].科学学与科学技术管理,2013,34(6):163-171.

[251]于海波,郑晓明.薪酬满意度与社会比较的关系[J].未来与发展,2009,30(1):69-74.

[252]袁茂,雷勇,蒲勇健.基于公平偏好理论的激励机制与代理成本分析[J].管理工程学报,2011,25(2):82-86.

[253]张春强,李波.高管团队薪酬差距、行业竞争与债券发行价差[J].华东经济管理,2018,32(12):124-132.

[254]张军伟,徐富明,刘腾飞,等.行为决策中损失规避的影响因素及行为表现[J].心理研究,2011,4(3):59-66.

[255]张玲.心理因素如何影响风险决策中的价值运算?——兼谈Kahneman的贡献[J].心理科学进展,2003,11(3):274-280.

[256]张楠,卢洪友.薪酬管制会减少国有企业高管收入吗——来自政府"限薪令"的准自然实验[J].经济学动态,2017(3):24-39.

[257]张维迎.博弈论与信息经济学[M].上海:上海三联书店,1996.

[258]张玮,陈凌,朱建安.非家族高管更加"患不均"?——家族企业CEO身份对高管薪酬差距的影响研究[J].商业经济与管理,2018(11):40-50.

[259]张正堂,李欣.高层管理团队核心成员薪酬差距与企业绩效的关系[J].经济管理,2007,29(2):16-25.

[260]张正堂.高层管理团队协作需要、薪酬差距和企业绩效:竞赛理论的视角[J].南开管理评论,2007,10(2):4-11.

[261]张正堂.企业内部薪酬差距对组织未来绩效影响的实证研究[J].会计研究,2008(9):81-87.

[262]张志学,王敏,韩玉兰.谈判者的参照点和换位思考对谈判过程和谈判结果的影响[J].管理世界,2006(1):83-95.

[263]赵海霞,郑晓明,龙立荣.团队薪酬分配对团队公民行为的影响机制研究[J].科学学与科学技术管理,2013,34(12):157-166.

[264]周蓓蓓,曹建安,段兴民.上市公司高管相对薪酬差距与公司绩效相关性研究[J].商业研究,2009(2):184-188.

[265]周浩,龙立荣.公平感社会比较的参照对象选择研究述评[J].心理科学进展,2010,18(6):948-954.

[266]周浩,龙立荣.薪酬社会比较对薪酬满意度影响的实验研究[J].华东经济管理,2010,24(4):156-160.

[267]邹东涛.中国经济发展和体制改革报告——中国改革开放30年(1978~2008)[M].社会科学文献出版社,2008.